KB041393

그러니까, 친환경이 뭔가요?

그러니까, 친환경이 뭔가요?

오늘부터 시작하는 에코 라이프

조지나 윌슨 파월 지음
서지희 옮김

문예춘추사

CONTENTS

6   머리말: 바로 지금 시작해야만 한다

8   그럼, 이 책은 친환경적인가?

10   기후 비상사태는 현실이다

12   지구가 직면한 9가지 중대한 문제

16   누구나 무엇인가를 해야 한다

18   양심까지 깨끗해지는 '친환경 주방'

32   탄소 발자국을 고려해야 할 '음식과 음료'

70   제로 웨이스트 '친환경 욕실' 만들기

88   패스트 패션을 거부하는 '친환경 옷장'

108   공급망은 최대한 짧게! '친환경 쇼핑'

132   재생 에너지로의 전환, '친환경 기술'

144   친환경적 실천의 소우주, '친환경 정원'

164   지구의 행복까지 고려하는 '일과 놀이'

178   '가족과 인간관계', 보다 중독적인 친환경으로!

196   생태적 고려가 필수인 '여행과 교통'

215   감사의 말

216   용어 해설

218   찾아보기

바로 지금 시작해야만 한다

처음부터 분명히 짚고 넘어가자. 나도 당신과 똑같다. 유기농 농장에서 채소들을 기르며 자랐다면 좋았으련만, 그러지 못했다. 나는 1980년대에 태어난 여느 아이들과 마찬가지로 전자레인지용 감자튀김, 일회용품을 남용하는 파티들, 유행하는 패션으로 가득 찬 평범한 어린 시절을 보냈다. 우리가 매일같이 소비하는 그 엄청난 양의 것들이 버려진 이후에는 어떻게 되는지, 아무도 관심을 기울이지 않았다.

내가 십대였을 당시의 환경 운동들은 주로 산성비와 열대우림 보호에 초점을 맞추었다. '지구 온난화'는 기껏해야 이론적인 것, 아무리 나빠봐야 다른 누군가의 문제로만 여겨졌다. 문제는 그 둘 다 틀렸다는 것이다. 우리가 인정을 하든 안 하든 관계없이, 그것은 실제로, 바로 지금, 극심한 기후 현상들을 통해 우리에게 영향을 미치고 있다. 손가락으로 귓구멍을 틀어막는 것이 수가 아니다. 모두가 각자의 역할을 다해야 한다.

코로나19(COVID-19) 유행병이 일부 사람들에게는 일종의 경종이 되어 무엇을 살지, 누구에게 살지, 또 군이 그것을 살 필요가 있기는 한지에 대해 한 번 더 생각해보는 계기로 작용하긴 했다. 하지만 과잉 소비는 여전히 우리 사회의 가장 중요한 문제점으로 남아 있다. 소비자의 힘과 물건, 경험, 즐거움에 대한 욕망은 기업들로 하여금 계속 지구의 자원들을 남용하도록 만들고 있으며, 이는 처참한 결과를 초래할 것이다.

이 책은 나와 내 친구들, 동료들, 그리고 독자들이 일상생활에서 직면하게 되는 친환경 딜레마들을 다룬다. 혼란스럽고 종종 모순적인 조언을 들으면 그냥 어깨만 으쓱할 뿐 아무 일도 하지 않기 쉽다. 나를 포함해서 우리 중 대부분은 유죄이다. 바로 이런 행동을 우리가 바꿔야만 한다. 각 사례에서 나는 가장 친환경적이고 단순한 해결책을 찾고자 노력했으며, 그것이 불가능한 경우에는 그 이유를 설명해두었다.

내가 다룬 문제들은 각각을 주제로 삼아도 책을 몇 권은 쓸 수 있을 만한 것들이지만, 나는 이 책이 맛보기용으로서 집, 직장, 사회적 관계에서 작은 변화를 만드는 간단한 도구들을 제공하기를 바랐다. 우리가 적응해야 하는 일상적인 행동들 말이다.

머리말

그럼 나는 왜 이 책을 쓰게 되었을까? 10년 전, 나는 두바이에서 여행 잡지 기자로 일하며 한때는 꿈으로만 여겼던 제트족의 라이프스타일을 경험했다. 재미는 있었지만, 일 년에 25회가 넘는 비행의 탄소 발자국은 누구에게도 도움이 되지 않으며, 나 자신도 만족시킬 수 없다는 느낌이 서서히 밀려왔다. 나 혼자서도 일주일 만에 작은 산을 이룰 양의 플라스틱 물병들을 사용하고, 비행기를 버스 타듯이 탄다면 우리의 아름다운 지구가 얼마나 못쓰게 될지 염려가 되기 시작했다.

무엇을 해야 하는지 알고 태어나는 사람은 아무도 없다. 하지만 때로는 자라나면서 배운 뿌리 깊은 습관에 반하는 것들도 다 새로 익히지 않던가. 대부분의 사람들은 금전적 제한이 있고 시간도 부족하지만, 그래도 변화를 만들 수 있다. 내가 할 수 있으면, 당신도 할 수 있다.

두바이를 떠나온 뒤 나는 기후 위기와 싸울 새로운 방법(사과 껍질로 가죽 만들기, 해양 플라스틱 수집용 배 만들기 등)을 모색하는 사람들에게 소개할 만한 무언가를 하고 싶었다. 그리고 2016년에 스타일리시하면서도 지속 가능한 삶을 위한 무료 디지털 잡지, 〈페블(pebble)〉을 창간했다.

친환경으로 간다는 것은 작은 변화들을 통해 커다란 사회적 행동의 변화를 이루는 것을 의미한다. 우리 모두가 얼마나 신속하게 그 불필요한 플라스틱 빨대들을 없애버렸는지, 또 봉쇄령 시기에 이동을 멈추었는지를 보라. 우리가 힘을 합치면 세계적 브랜드들이든, 정부든, 우리 위에 군림하는 그들에게 압력을 행사할 수 있다. 절망하지 말고, 포기하지 마라. 이 책을 이용해 즉각적인 성과와 장기적인 목표를 이루어라. 친구들에게 영감을 주고, 직장 상사나 동료들과 대화하고, 질문하고, 당신과 같이 기후 비상사태를 염려하지 않는 사람들에게 돈을 쓰지 않는 등, 당신의 앞선 생각을 공유하라. 누구나 무언가를 할 수 있다. 세상은 당신이 시작해주기를 바라고 있다. 어떤 방식으로든, 바로 오늘.

조지나 윌슨 파월

그럼, 이 책은 친환경적인가?

우리는 이 책을 환경에 최대한 영향을 덜 미치는 방식으로 만들기를 원했다. 이 책의 모든 물리적 성분을 살피고 그것들이 어디서 나는지, 무엇으로 만들어지는지를 조사했으며, 운송 수단의 영향을 최소화하는 방법을 강구했고, 작업장들에서도 친환경적인 작업을 습관화했다. 이 모든 원칙들은 DK출판사의 녹색 서약(Green Pledge)의 일환으로, 우리는 이를 통한 윤리적 공급망의 창조 및 유지를 목표로 한다. 자세한 내용은 다음과 같다.

종이
우리는 '새' 종이 대신 FSC(Forest Stewardship Council, 국제산림관리협의회) 인증을 받은 재생지를 사용했다. 새 종이를 쓰는 것이 곧 나무를 베는 것을 의미하긴 하지만, 공급처들마다 탄소 발자국 차이가 크기 때문에 어떤 재생지는 새 종이보다 덜 친환경적이기도 하다. FSC의 CoC(Chain of Custody, 관리 연속성) 인증은 해당 종이를 지속 가능하고 윤리적인 방식으로 얻었다는 확실한 증명이 된다. 우리는 우리가 쓰는 종이가 탄소를 비교적 적게 배출하고 인쇄

소로 가기 위해 너무 멀리 이동하지 않아도 되게끔 오랫동안 지속 가능한 방식으로 일해온 재생지 공급처 두 곳을 찾았다. 또 필요한 원료의 양을 줄이기 위해 가벼운 종이를 선택했다. (원서의 경우에는 책 표지의 감촉을 좋게 하고 닳는 것을 방지하기 위해 처리하는 비닐 필름 코팅도 하지 않고, 제조 과정에서 에너지 사용을 줄이기 위해 수상 광택제를 선택했다.)

잉크
우리는 광물성 기름이 들어간 잉크 대신, 재생 가능 자원들로 만들어진 식물성 기름 잉크들을 사용했다. 또 컬러 대신 흑백(원서는 흑백, 한국어판은 2도로 인쇄했다)으로 인쇄하기로 결정했다. 사용되는 잉크의 양은 양쪽이 크게 다르지 않지만, 유색 잉크를 쓰면 인쇄에 더 많은 에너지가 소모된다.

판형
페이퍼백과 하드커버 중에 선택하는 것은 어렵지 않았다. 제본 과정이 더 간단한 페이퍼백이 에너지와 재료를 덜 소모하니까. 책의 크기도 문제인데, 어떤 판형들은 인쇄소의 표준 크기 종이에서

책이 재단될 때 버려지는 종이가 더 많기 때문이다. 우리가 선택한 크기는 그 버려지는 양을 최소화한 것이다.

인쇄소

제지공장, 인쇄소와 창고의 위치 모두가 고려되어야 했다. 각각의 인쇄소들과 그곳에서 사용되는 인쇄기들의 친환경 인증을 비교하고 운송에 소모되는 에너지의 감축을 목표로 하여, 우리는 제지공장, 각각의 책 판매점들과 최대한 가까운 곳에서 인쇄를 했다. 예를 들면, 영국판은 영국 남부에서, 미국과 캐나다판은 캐나다 동부에서 인쇄하는 식으로. 우리가 선택한 인쇄소들은 ISO 14001(환경경영시스템 인증)과 FSC CoC 인증을 모두 받았는데, 이 두 가지는 지속 가능성에 대한 확실한 헌신을 적극 입증하는 것이다.

우리의 작업 방식

이 책을 쓰는 동안 우리는 인쇄를 최소화하고 온라인으로 작업 내용을 공유했다. 홍보를 위한 견본은 인쇄하지 않기로 결정했다. 외부 동료들과의 미팅은 직접 사무실에 찾아가기보다는 비디오 링크를 통해 이루어졌으며, 2020년 초 봉쇄령이 내려졌을 때는 모든 미팅을 온라인으로 진행했다. 이러한 작업 방식의 미세한 변화들은 우리가 만드는 모든 책에 대한 접근법에 큰 영향을 주었다.

왜 전자책으로만 내지 않았나?

우리는 이 책에 든 정보가 최대한 많은 사람들에게 전해지기를 바라며, 그래서 종이책과 전자책 둘 다 만들었다. 전자책 단말기 생산에 쓰이는 에너지와 재료들이 같은 수의 종이책들보다 환경에 영향을 덜 미치려면 일 년에 약 25권의 전자책을 읽어야 한다는 연구 결과들이 있다. 우리는 당신이 이 책을 읽고 나서 가족과 친구들에게 넘겨주기를, 그리고 마지막에는 이 책을 재활용하기를 권장하는 바이다.

기후 비상사태는 현실이다

우리가 사는 세상은 생태학적으로 붕괴하기 일보직전이며, 이러한 상황은 인류 전체를 위협하고 있다. '기후 비상사태(climate emergency)'라는 말을 쓰는 이유는 정말 비상사태이기 때문이다. UN에 따르면, 2019년을 기준으로 우리가 지구를 살릴 수 있는 시간이 11년 남았다고 한다. 이는 우리가 탄소 배출을 규제하고, 지구 온도가 산업화 이전 수준에 비해 1.5도 이상 올라가지 않도록 막을 시간이 11년 남았다는 뜻이다. 그렇게 하지 않으면 2100년에는 지구 온도가 3~4도 올라갈 위험이 있다. 그 결과 생태계와 인간 사회가 제 기능을 하지 못하게 되어, 우리 지구는 사람이 살기 힘들어지고 알아볼 수 없을 만큼 훼손될 수 있다.

지구는 적정 온도로 유지될 때에만 그곳에 사는 생명을 부양할 수 있다. 세상이 따뜻해진다는 것은 우선 만년설이 없어진다는 것을 의미한다. 지구상의 모든 빙상과 빙하가 녹는다면 해수면이 60미터가량 상승해, 해안 도시들과 농지, 섬들이 물에 잠기고 내륙으로의 대규모 인구 이동이 일어날 것이다. 우리가 이미 경험한 온도 상승(1.1도)만으로도 그 효과는 분명히 나타나, 해수면은 15센티미터 상승했다. 극심한 기후 현상들이 점차 흔해지고(영국의 홍수나 호주의 산불 등), 바다는 따뜻해지며(극심한 태풍을 더 자주 발생시키고 지구상의 산호초들을 위협), 주요 야생동물 종들이 현저히 줄고 있다. 이 모든 문제는 식량 부족에서부터 물 부족에 이르기까지 여러 가지 직·간접적 결과들을 야기하며, 이것들이 복합적으로 일어나면 상황이 더 악화되기도 한다.

어쩌다가 이렇게 되었나?

하룻밤 만에 이렇게 된 게 아니다. 수십년간 학자들은 대기 중의 탄소량을 증가시키는 습관들(화석 연료의 사용과 산업형 농업 등)에 의지함으로써 발생되는 의도하지

전 세계의 **탄소 배출**은
1950년대 이후
640% 증가했다.

않은 결과들에 대해 경고해왔다. 산업형 농업은 코로나19 유행병 상황에도 틀림없이 한몫을 했을 터인데, 이는 우리가 더 지속 가능한 농업 방식들을 도입하지 않을 경우 미래에 겪게 될 기후 관련 비상사태의 전초전으로 볼 수 있다.

지난 70여 년간, 지구 온도는 거의 끊임없이 상승해왔다. 우리가 이러한

상황에 놓이게 된 원인은 한정된 자원에 의존하는 상품들과 경험들에 대한 우리의 억제할 수 없는 욕망, 또 우리가 미미한 일부로 속해 있는 자연 세계와의 단절 때문이다.

또 기후 비상사태는 우리를 행동하지 않게 만드는 최악의 상황이기도 하다. 그것은 보통 실체가 없지만 지형을 변화시키며 빠른 속도로 생명들을 파괴한다. 워낙 엄청나고 복잡한 문제이다 보니 다른 누군가가 해결해주기를 기다리는 편이 더 쉽게 느껴졌다. 정부, 기업, 많은 개인들이 변화가 너무 어렵고, 너무 크고, 또는 너무 무익해 보여서인지, 자연과 전문가들의 경고를 무시해왔다. 우리 대부분에게 유행병은 평범한 삶의 붕괴라는, 전에는 상상하기도 힘들었던 일을 야기했다. 온 세상이 그 2020년의 사건으로 무엇을 해야 할지, 무엇을 하지 말아야 하는지에 대한 교훈을 얻고 있다. 기후 위기에서 살아남기 위해서는 재난에 직면했을 때의 회복력(resilience)과 준비성 역시 탄소 배출을 줄이는 것만큼이나 중요하다.

지금 세상은 지난 2천 년 중 그 어느 때보다 더 따뜻하다. 2021년, 현재 상황은 지구상의 모든 사람과 앞으로 태어날 모든 세대에게 영향을 미치는 비상사태라고밖에 볼 수 없다.

지구가 직면한 9가지 중대한 문제

우리들 세상은 복잡하고 상호 연결된 곳이다. 사람들이 말하는 '기후 변화'란 보통 서로 영향을 주고받는 아래 문제들 중 하나 또는 여러 개를 일컫는 것이다.

1. 지구 온난화

지구 온난화는 대기 중의 온실가스들(수증기, 이산화탄소, 메탄, 이산화질소, 불소 가스, 오존)의 증가로 소위 '온실' 효과가 발생한 결과이다. 태양열은 지구 표면에 흡수되었다가 다시 방출되는데, 일부는 온실가스에 의해 방출되지 못하고 지구 표면을 덮는다. 대기는 지구를 사람이 살 수 있는 온도로 유지하며 대부분의 해로운 태양 광선들로부터 우리를 보호하지만, 우리는 산업 활동을 통해 공기 중에 온실가스들을 더 많이 배출함으로써 대기 온도를 올린다. 지구가 더워지면 기후 패턴이 무너지고 전 세계 생물 종들이 생존의 위협을 받는다.

2. 산림 피괴

숲은 현재 지구 육지 면적의 약 30%를 차지하지만, 빠르게 사라져가고 있다. 전 세계적으로 우리는 매년 영국의 크기와 맞먹는 오래된 삼림지대를 잃고 있다. 지난 50년간 아마존 우림의 17%가 사라졌다. 산림 파괴는 멸종 위기 동물들의 서식지를 파괴하고 토착민들이 살 곳을 잃게 만들 뿐 아니라, 기후에도

심각한 영향을 미친다. 나무는 대기 중의 이산화탄소를 흡수하여 수십, 수백 년간 보관하는 '탄소 흡수원' 역할을 한다. 나무는 또 생물 다양성을 보전하고 홍수와 산사태를 방지하며, 숲을 산책하는 사람들의 정신적 건강을 증진시켜 주기도 한다. 더 '가치 있는' 작물(콩이나 목화 같은)을 심으려는 기업들에 의해 대량으로 베어지기에는 너무도 귀중한 것이다. 단순히 새로운 나무를 심는 것은 해결책이 될 수 없다. 그 나무들이 우림과 맹그로브의 사라져가는 다양한 생태계만큼 탄소를 효율적으로 저장하게 되기까지는 수십 년이 걸리기 때문이다.

3. 물 안보

UN에 따르면 온도 상승, 사막화, 산업 공해는 깨끗한 물의 부족이라는 또 다른 위기를 야기하고 있다. 지하수계의 3분의 1은 이미 바닥이 난 상황인데, 자연적으로 보충되는 양보다 더 많은 담수를 우리가 소모하고 있기 때문이다. 세계 곳곳에서(주로 이미 황폐화된 곳들) 사람들이 필요로 하는 담수계가 없는 경우가 있다. 기후 패턴의 변화 때문에 일부 호수와 강들이 마르고, 반면 다른 지역들에서는 정기적으로 홍수가 나곤 한다. 이러한 불균형이 온도 상승과 결합해서 차후 수십 년간에 대규모 인구 이동과 지리적 갈등을 유발하게 될 것이다.

4. 오염

독성 공기에서부터 유독 물질로 오염된 탁한 강, 패션 산업 및 농업으로 인해 형성된 사수역(dead water zone)에 이르기까지, 오염은 기후 비상사태의 영향들 가운데 눈에 가장 잘 보이는 것임에 틀림없다. 일부 도시들과 공업 단지들의 공기는 거의 숨 쉬기가 힘들 정도이고, 공업용 화학 물질들은 넓은 토양의 영양분을 앗아가고 있으며, 기름 유출은 바다를 질식시킨다. 오염은 풍경, 동물은 물론 사람까지 죽이고 있다. 공기 오염은 전 세계적으로 사망 위험 요인 5위로 꼽히며, 세계에서 가장 오염된 도시들에서는 수명이 10년까지 줄어든다고 한다.

5. 쓰레기

물건을 많이 소비할수록 많이 버리게 된다. 현재 대부분의 쓰레기에는 플라스틱이 들어 있는데, 이는 곧 썩거나 생분해되지 않고 매립지와 바다에 모이거나 태워진다는(공기 오염 문제를 더함) 의미이다. 매분마다 트럭 한 대 분량의 플라스틱이 바다에 버려진다고 한다. '눈에서 멀어지면, 마음에서도 멀어진다'는 말은 그것이 없어진다는 말이 아니다. 사실 한번 만들어진 플라스틱은 여전히 존재하며, 그중 90%는 재활용되지 않는다. 쓰레기에 대한 우리의 무신경한

▲ 우리가 살아가기 위해 의존하는 천연 자원들(땅, 물, 연료, 광물 등)의 대부분이 과잉 소비로 인해 점점 더 많이 고갈되고 있다.

태도와 관련된 다른 환경 문제들도 많다. 예를 들어 음식 쓰레기는 중대한 문제이며, 대단히 낭비적인 패션 업계의 관습들은 자원을 크게 고갈시킨다.

6. 생물 다양성

생물 다양성(다양한 생물 종들의 총체와 그들 사이의 관계망)은 지구상의 모든 생명체에게 필수적이다. 각각의 종들은 작물의 가루받이에서부터 포식자나 피식자로서 먹이 사슬의 균형을 유지하는 것, 유기 폐기물의 재활용까지, 자연환경이 번성하는 데에 일조한다. 우리가 깨끗한 공기를 마실 수 있으려면 건강한 숲이 필요하고, 식량이 공급되려면 작물의 가루받이가 필요하며, 건강한 어류 개체군을 확보하려면 깨끗한 바다가 필요하다. 이 모든 것의 열쇠가 바로 생물 다양성이다. 이제야 겨우 우리가 생물 다양성에 얼마나 복합적으로 의존하고 있는지를 이해하기 시작했는데, 해마다 2백~2천 종이 멸종하고 있다. 전 세계적으로 지난 40년 동안 곤충 종들은 41%가 감소했다. 현재 1백만 종의 동식물이 멸종 위기에 놓여 있다.

7. 해양 산성화

언론 보도는 대부분 해양 플라스틱에 집중하고 있지만, 산성화가 더 큰 치명타임이 틀림없다. 해양 생물은 온도와

▲ 기후 학자들이 예견하기를, 우리가 2030년까지 선진국식 라이프스타일을 과감히 변화시키지 않는다면 환경이 회복 불가능한 정도로 손상될 것이라고 한다.

산성도의 미묘한 균형 덕분에 살아갈 수 있다. 해양은 스펀지처럼 공기 중의 이산화탄소를 흡수한다. 그 이산화탄소는 물과 섞여 탄산을 형성한다. 우리가 더 많은 이산화탄소를 배출할수록 해양의 산성도는 더 높아지며, 실제로 지난

해양은 지구 온난화로 인한
여분의 열 가운데
약 93%를 흡수한다.

150년 동안 30%나 높아졌다. 그 결과 산호초 및 다른 해양 생태계들의 미묘한 균형이 깨어져 살아남지 못하게 된다. 산성도가 높거나 산소가 부족해서 해양 생물이 살지 못하는 사수역이 점차 넓어지고 있으며, 우리는 향후 수십 년 내에 세계의 산호초를 다 잃을 위기에 직면해 있다.

8. 토양 침식

우리의 겸손한 흙은 그다지 주목을 받지 못한다. 하지만 우리 발밑과 들판에서 일어나는 일들은 엄청나게 중요하다. 건강한 토양은 영양가 있는 식량을 자라게 할 뿐 아니라, 대기보다 세 배 많은 탄소를 함유하고, 홍수를 방지하며, 빗물이 지하 담수계로 스며들 때 정화하는 기능도 한다. 무리한 경작, 단일 재배, 살충제의 광범위한 사용은 지난 1백 년간 토양이라는 기본 구성 요소에 막대한 피해를 입혀 제 기능을 하지 못하는 황폐하고 죽은 토양으로 만들었다. 유기농, 재생 및 영속 농업은 토양 건강 복원을 핵심으로 한다.

9. 자원 감소

위의 모든 문제는 땅, 물, 에너지 공급 등의 자원에 엄청난 압박으로 작용하는데, 우리는 늘어가는 인구를 살리기 위해서 그러한 자원을 더 많이 필요로 하게 된다. 황폐한 해양과 땅, 극심한 기후 현상은 모두가 나눌 수 있을 만큼 충분한 식량을 생산하기 어렵게 만든다. 우리는 한정된 지구에서 한정된 자원들을 갖고 살면서도 무제한적인 성장을 기대한다. 하지만 아마도 석유 생산량을 유지할 수 없는 시점이 60년 내에 도래할 것이다. 자원이 감소하면 값은 더 비싸질 것이며, 우리 삶의 방식도 완전히 달라질 것이다.

누구나 무엇인가를 해야 한다

젊었든 늙었든, 영국에 살든 아랍에미리트에 살든, 당신은 긍정적인 영향을 줄 수 있다. 소비자의 힘은 지갑에서 나온다. 매번 돈을 쓸 때마다 당신은 보고 싶은 미래에 한 표를 던지는 것이다. 글로벌 브랜드들에게 책임이 있는 것처럼 보일지 모르지만, 그들의 성공은 당신의 지지에서 비롯된 것이다. 당신이 힘들게 번 돈을 어디로 보낼지 직접 선택하고, 의식적으로 지구(그리고 사람들)를 우선시하는 상품들에 돈을 써라. 우리 모두가 행동을 결심하면 생각만 하는 것보다 훨씬 더 빨리 변화를 일으킬 수 있다(코로나19 유행병 시기에 각국에서 볼 수 있었듯이). '정상 생활'로 아직 돌아가지는 못했지만, 전 세계 사람들은 몇 주 만에 광범위한 체계적 변화를 만들 수 있다는 사실을 깨닫게 되었다. 2020년은 우리 사회와 세계적 공급망을 개조 및 재정리하는 것이 가능함을 보여준 해였다. 우리는 이 유행병 시기에 발견한 의지력을 활용해 궁극적으로는 그보다 훨씬 더 오래 지속될 세계적 문제를 다룰 필요가 있다.

어디서부터 시작해야 할지 몰라 부담스러운 기분이 들 수도 있고, 당신이 하는 일이 정말 변화를 만들 수 있을지 의문이 들 수도 있다. 하지만 그러한 감

정들로 '적극적 희망'을 부추겨보자, 앉아서 기다리기만 하는 게 답이 될 수는 없으니까. 항상 그렇듯, 아무것도 안 하는 것보다는 무언가를 하는 편이 더 기분이 좋다. 당신 앞에 놓인 문제에 집중하고, 매일 할 수 있는 일을 하라. 지역 사회에 시간과 돈을 투자하면 더 회복력 있는 사회와 공급망이 형성되므로, 이러한 교훈을 기후 변화라는 다음 도전 과제에 적용해보자.

이 책에 등장하는 사람들처럼 변화를 만들고 싶다고 해서 꼭 당신 자신에게 운동가라는 딱지를 붙일 필요는 없다. 단순히 돈을 아끼려는 목적이라고

해도(이는 전혀 잘못된 것이 아니다), 지구 보호에 도움이 된다는 결과는 똑같다. 혼자 고립되어 사는 것도 아니다. 가족, 친구, 동료들에게 당신이 만들어낸 변화들과 그 이유에 대해 이야기하라. 학교든 직장이든, 아니면 가족이나 친구들 사이에서든, 당신이 열정적으로 참여하는 활동을 주제로 하는 새로운 모임을 만들거나, 그 모임에 참여하라.

당신 혼자 모든 것을 해결할 수는 없으므로, 할 일을 선택하라. 친절해라. 용기를 내라. 담대해져라. 지구가 당신을 필요로 하고 있다.

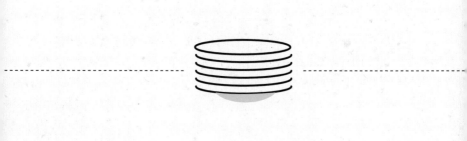

양심까지 깨끗해지는

친환경 주방

가스레인지?
아니면 전기레인지와 오븐?

'가스, 전기, 아니면 인덕션' 논란에 대해 요리하는 사람들의 의견은 확고히 갈린다. 다행히 그중 어느 것이 환경에 최선인지는 쉽게 알아볼 수 있다.

가스레인지는 즉시 열을 내지만 요리를 위해 화석 연료를 사용하는 것은 친환경적이라고 할 수 없다. 전기레인지는 재생 가능 에너지를 연료로 하며, 열을 내는 데 시간은 좀 걸리지만 가스에 비해 에너지 효율이 더 좋다. 그러나 가장 환경 친화적인 레인지를 고르라면 인덕션일 텐데, 이것은 가스레인지와 일반 전기레인지에 비해 에너지 효율이 좋기 때문이다. 다만 인덕션은 열을 발생시키기 위해 전자기장을 이용하므로 구리나 알루미늄으로 된 팬은 쓸 수 없고, 무쇠나 스테인리스 스틸처럼 자성을 띠는 금속으로 된 팬이 필요하다. 팬 크기

에 맞는 뚜껑을 사용하고, 주전자에 미리 끓여둔 물을 쓰는 등의 시간 단축법을 이용하면 조리 시간이 빨라져 레인지 종류에 상관없이 에너지 소비를 줄일 수 있다.

가장 친환경적인 오븐은 컨벡션 오븐이다. 일반 오븐들에 비해 더 빨리 데워져서 에너지를 약 20% 덜 사용하기 때문이다.

다른 친환경 요리 비법들로는 가능하면 그릴보다는 토스터 사용하기라든가, 스튜 같은 요리를 할 때 오븐에 비해 전력이 덜 드는 슬로우 쿠커 쓰기 등이 있다.

▼ 인덕션은 가스레인지나 일반 전기레인지에 비해 동량의 음식을 조리할 때 에너지가 덜 든다(킬로와트시로 측정했을 때).

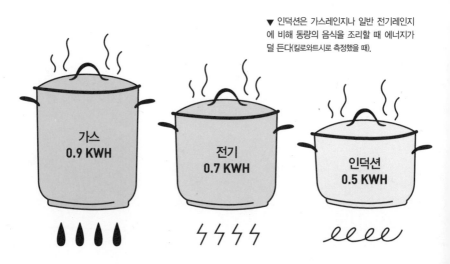

가스
0.9 KWH

전기
0.7 KWH

인덕션
0.5 KWH

우리집 냉장고가 친환경적인지 확인하는 방법은?

냉장고는 주방의 필수품이지만 에너지 소비가 많을 수 있다. 냉장고가 환경에 미치는 영향을 최소화할 수 있는 몇 가지 방법이 있다.

냉장고는 항상 켜져 있는 대형 가전제품이기 때문에 에너지를 많이 소모할 수 있다. 냉장고의 효율은 몇 가지 요인들에 따라 달라진다.

냉장고가 오븐, 세탁기, 식기세척기처럼 열을 발생하는 가전제품 가까이에 있거나 직사광선을 받는 곳에 놓여 있다면, 냉기를 유지하기 위해 더 많은 에너지를 쓰며 더 세게 가동된다. 냉장고는 응축기를 통해 열을 방출하는데, 이것은 냉장고의 밑부분이나, 특히 오래된 모델들의 경우에는 뒷부분에 달려 있다. 냉장고의 뒷부분과 벽 사이에 틈이 없거나 응축기에 먼지가 쌓였다면 열이 잘 방출되지 않고, 역시 더 세게 가동된다.

환경에 미치는 영향은 거기서 끝나지 않는다. 오존층을 파괴하는 염화불화탄소(CFCs)를 냉장고의 냉매로 사용하는 것은 오래전에 불법화되었지만, 미국을 비롯한 일부 국가들은 여전히 그 대체제로 수소불화탄소(HFCs)와 수소염화불화탄소(HCFCs)를 사용한다. 냉장고가 폐기될 때 이 강력한 온실 가스들이 대기로 방출되며 지구 온난화를 악화시킨다.

당신의 냉장고가 환경에 미치는 영향을 최소화하는 방법은 다음과 같다.

- 주방 구조를 새롭게 바꿀 계획이라면, 냉장고는 열원에서 먼 곳에 놓아라.
- 새 냉장고를 사려고 한다면, 에너지 효율 1등급 제품을 선택하고 지나치게 큰 것은 피하라. 크기가 큰 모델일수록 에너지도 많이 소모되므로, 필요 이상으로 큰 것을 사지 않도록 주의하라.

영국에서는
매년 350만 대의
냉장고가 버려진다.

- 점검도 중요하다. 냉장고 문에 둘러진 고무 패킹이 제 기능을 하고 있는지 잘 살펴라. 찬 공기가 새어나가면 냉장고의 효율이 떨어진다. 응축기 외부의 먼지는 일 년에 두 번 정도 닦아낸다.
- 온도 조절기의 온도는 냉장, 냉동에 맞는 권장 온도로 유지시킨다. 온도가 너무 낮으면 에너지를 낭비하게 되고, 너무 높으면 음식을 버리는 일이 생긴다.

요구르트 통을 재활용하기 전에 꼭 씻어야 할까?

빈 음식 통을 쓰레기통에 버리기 전에 헹구는 것이 물 낭비로 보일 수도 있지만, 이는 재활용 제도의 효과적인 운영을 위한 핵심이라 할 수 있다.

이 딜레마에 대한 대답들은, 간단히 말하자면, 사는 곳에 따라 달라진다. 영국이나 미국에서 재활용을 하려는 경우에는 유리, 금속, 플라스틱 통과 포장재를 물로 헹궈야 한다. 영국에서는 물질 회수 시설(materials recovery facility)에서 재활용이 진행되는데, 한 통에 오염된 것이 들어 있으면 그 통 전체가 분류 및 재활용이 되지 못할 수도 있다. 그리고 이때 음식물 쓰레기도 오염으로 간주된다. 재활용이 되지 못한 물건은 소각되거나 매립지로 보내져, 전체 제도의 낭비를 불러일으킨다. 그러므로 요구르트 통과 파스타 소스 병을 씻어 버려야 하는 곳에 산다면, 자랑스럽게 그렇게 하길 바란다.

재활용 에티켓

재활용품들을 마구 섞어놓거나, 재활용될 수 없는 물건들(검정 플라스틱 통이나 대부분의 피자 상자들)을 재활용 쓰레기통에 넣는 것도 같은 문제다. 그러면 그 통 전체가 재활용되지 못할 위험이 있다.

씻는 과정에서 물이 사용되기는 하지만, 그 과정을 통해 재활용이 되지 않을 시 발생하는 에너지 낭비를 막을 수 있다(이 역시 세금으로 내야 하는 비용). 호주 등 일부 국가들에서는 재활용품들을 재활용 시설에서 세척하기 때문에 직접 씻어서 버릴 필요가 없다. 되는 대로 하지 말고 조사를 하도록 하자.

진짜 논쟁거리는 얼마나 많은 쓰레기가 실제로 재활용되는가 하는 것이다. 한때 세계에서 재활용을 가장 잘한다고 여겨졌던 몇몇 국가들은 사실 재활용품을 다량 외국으로 보냈고, 그것들은 그곳에서 그냥 버려지거나 소각되었다(24쪽 참조).

- 당신이 사는 지역의 재활용 정책을 온라인으로 검색하거나 담당 기관에 문의하여 숙지하도록 하라.
- 재활용품을 씻을 때 너무 공들일 필요는 없다. 새것처럼 깨끗할 필요 없이, 그저 잘 씻긴 상태이기만 하면 된다.
- 기름기가 묻은 판지(피자 상자 등), 비닐봉지, 내열 유리(파이렉스 등), 스티로폼은 대표적인 재활용 불가 물품들이므로 애초에 시도하지 말도록 한다.

재활용 시설로 보내지는 용품들의 **평균 25%**가 **오염된 상태**이다.

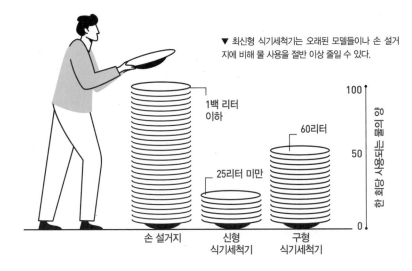

▼ 최신형 식기세척기는 오래된 모델들이나 손 설거지에 비해 물 사용을 절반 이상 줄일 수 있다.

1백 리터 이하

60리터

25리터 미만

100

50

0

한 회당 사용하는 물의 양

손 설거지   신형 식기세척기   구형 식기세척기

손 설거지와 식기세척기 사용 중 어느 것이 나을까?

요즘에는 식기세척기들의 에너지 효율이 좋아졌다. 현명하게 사용한다면, 이 편리한 주방 기구는 물 낭비를 줄이는 환경 전사가 될 수 있다.

현대의 식기세척기들은 당신이 생각하는 것보다 덜 낭비적이다. 같은 양의 그릇들을 싱크대에서 손 설거지할 때보다 물이 몇 분의 일밖에 안 든다. 수도꼭지를 세게 틀면 분당 9리터의 물이 쏟아져 나오는 반면, 식기세척기는 한 회당 25리터의 물을 사용한다.

둘 다 비슷한 양의 에너지를 소모하지만, 설거지에 드는 물의 양을 고려하면 식기세척기가 더 낫다. 다만 몇 가지 주의할 점이 있다. 꽉 채워서만 사용하고, 에코 모드(전기를 20%까지 절약할 수 있는)로 설정하며, 사용 전 남은 음식을 물로 헹구기보다는 긁어내는 것이다. 물로 미리 헹구게 되면 일 년에 2만 7천 리터의 물을 낭비하게 된다. 마지막으로, 건조 과정은 생략하고 문을 열어 건조되도록 한다.

매일 설거지를 한다고 할 때 식기세척기가 비교적 친환경적이기는 하지만, 그 기계의 제조와 처분은 따로 생각해 볼 문제다.

구매 가능한 범위 내에서 에너지 효율이 가장 좋은 모델을 선택하고, 오래 사용할 수 있도록 잘 관리하라(필터 청소, 찌꺼기 제거 등). 식기세척기가 없다면 설거지를 할 때 수도꼭지를 계속 틀어놓지 말고 물을 최대한 아껴 쓰도록 한다.

우리가 버리는 것 중에 실제로 재활용되는 양은 얼마나 될까?

재활용을 위해 노력하는 것은 좋지만, 우리 눈앞에서 사라진 쓰레기들은 어떻게 될까? 재활용 제도는 우리의 바람처럼 항상 친환경적이지만은 않다.

'절약(reduce), 재사용(reuse), 재활용(recycle)'이라는 환경 슬로건에서 재활용이 맨 뒤에 나오는 데에는 다 이유가 있다. 우리가 배출하는 산더미 같은 재활용 쓰레기를 처리하는 일은 하나의 도전이다. 그중 얼마나 많은 재활용 쓰레기가 처리되는지는 전적으로 당신이 어디에 사느냐에 달려 있다.

많은 국가들에서 재활용 쓰레기는 우선 물질 회수 시설로 보내져 판지, 알루미늄, 플라스틱 등으로 분류된다. 그후에는 대부분이 해외로, 특히 아시아로 수출된다. 중국은 2018년에 타국 쓰레기의 수입을 금지했다. 쓰레기 수출은 일부 개발도상국들을 세계의 '쓰레기통'으로 만들어놓았으며, 그 국가들에서 재활용 쓰레기가 어떻게 처리되는지는 불분명하다. 유리와 금속은 세척된 뒤 녹여져 새로운 재료가 되지만, 다른 쓰레기들은 보통 매립되거나, 유독 물질을 방출하며 소각된다.

부유한 국가들은 쓰레기를 많이 배출하는 경향이 있다. 예를 들어, 미국에서는 일반인이 하루에 2킬로그램의 쓰레기를 배출한다. EU는 2020년까지 각국의 가정 쓰레기 가운데 최소 50%를 재활용할 것을 목표로 삼았지만, 그걸 달성한 국가는 극소수에 불과했다.

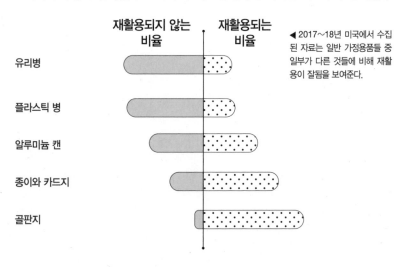

재활용되지 않는 비율 **재활용되는 비율**

유리병

플라스틱 병

알루미늄 캔

종이와 카드지

골판지

◀ 2017~18년 미국에서 수집된 자료는 일반 가정용품들 중 일부가 다른 것들에 비해 재활용이 잘됨을 보여준다.

전 세계적으로 플라스틱은 약 9%만이 재활용된다.

이러한 상황에서 자신감을 갖기란 힘들며, 관계당국이 리더십을 발휘하지 못하는 경우라면 더욱 그렇다. 재활용할 수 있는 것과 없는 것을 구별할 수 있으려면, 개방성과 제도의 단순화가 필요하다. 독일, 스웨덴, 룩셈부르크, 아

재활용 쓰레기를 포함한
영국의 모든 쓰레기 가운데
40%는 결국 **소각된다.**

일랜드 등의 국가들에서는 명확한 설명과 잘 구별된 쓰레기통들 덕분에 효율적인 재활용이 가능하다.

쓰레기 부담을 줄이는 방법은 아래와 같다.

* 가정 쓰레기 총량 중 재활용 비율을 재구성하라. 소비를 줄이고 가능한 것은 재사용하여 처음부터 쓰레기가 생기는 것을 막으면 된다.

* 최대한 재활용하라. 플라스틱 물품은 재활용 가능 여부를 알려주는 번호 체계가 있다. 2, 4, 5번은 재활용할 수 있으며, 다른 번호는 안 된다.

* 재활용 쓰레기들이 어디로 가게 되는지 지역 당국에 문의하라. 기업들은 투명하고 책임감 있는 폐기물 관리 정책을 펼치고 있는가? 만일 그렇지 않다면 지역적 변화를 위한 캠페인을 고려해보라.

음식물 쓰레기와 일반 쓰레기를 분류할 필요가 있을까?

음식물 쓰레기용 쓰레기통을 따로 둔다는 게 불편해 보일 수도 있지만, 지구는 당신에게 감사해할 것이다.

호주의 한 연구 결과, 일반적인 가정 쓰레기통의 내용물 중 음식물 쓰레기가 차지하는 비중이 35%를 넘었다.

지역적으로 음식물 재활용 제도가 마련되어 있거나 집에 음식물 퇴비함이 있다면 음식물 쓰레기를 일반 쓰레기와 분리하는 것이 당연히 좋다. 음식물이 매립지로 가게 되면 효율적으로 분해되지 않는다. 음식물 쓰레기가 분해되려면 빛과 산소가 필요한데, 매립지에서는 그 둘 다 부족하기 때문이다. 오히려 분해가 너무 느리게 이루어져서 도중에 강력한 온실 가스인 메탄을 방출한다.

* 최우선 목표로, 음식물 쓰레기를 가능하면 적게 배출하도록 하라(26쪽 참조).

* 지역 당국이 음식물 쓰레기를 재활용하기 위해 수거한다면, 이를 최대한 활용하라. 음식물 쓰레기는 퇴비화되어 비료로 사용되기도 하고(실질적인 '재활용'), 연료로 탈바꿈되어 열 또는 전기를 생산하거나 차량의 동력으로 이용되기도 한다.

* 아니면, 직접 음식물 쓰레기를 퇴비화하라(그 방법에 대해서는 160~1쪽 참조).

가정에서 음식물 쓰레기를 줄이고 재사용하는 방법은?

음식물 쓰레기는 환경과 관련된 큰 쟁점이다. 음식을 상습적으로 버리는 문제에 대해 분명 뭔가 할 수 있는 일이 있을 것이다.

전 세계에서 생산되는 식량의 약 3분의 1이 소비되지 않는 상황에서, 음식물 쓰레기는 심각히 우려되는 문제이다. 음식이 버려진다는 것은 곧 그것을 생산하고 운송하는 데에 사용된 에너지와 물 등의 자원이 낭비됨을 의미한다. 매년 소비되지 않는 식량을 길러내는 데에는 중국보다 더 광대한 땅이 필요하다. 음식이 비료화되거나 연료로 사용(25쪽 참조)되지 않고 매립지에서 썩게 되면, 강력한 온실 가스인 메탄을 발생시켜 지구 온난화를 악화시킨다.

음식물 쓰레기 줄이기

구매 계획 세우기, 음식을 보다 오래 먹을 수 있는 보관법 알기, 남은 음식 다 소진하기 등은 모두 쓰레기를 줄이는 비결이다.

- 식사 계획표를 작성하여 적게 사고, 이미 찬장에 들어 있는 재료들을 다 소진할 수 있도록 하라.
- 구매 목록을 식사 계획표에 따라 만들고, 그 목록대로 구매하라.

▼ 아일랜드에서 여러 가정을 대상으로 연구한 결과, 버려진 음식의 대부분이 전혀 버려질 이유가 없는 것들이었다.

60%
버릴 이유가 없는
음식물 쓰레기

20% 어쩌면
버리지 않아도 되는
20%
버려야 하는

- 브랜드를 꼼꼼히 비교하고, 특가 상품을 경계하라. '1+1' 상품은 고객을 유혹하기 위해 기획된 것이므로, 실제 그걸 다 먹을 수 있다는 확신이 있을 때에만 구입하는 것이 좋다.
- 신선 식품 보관법을 배워라. 예를 들어, 감자는 어두운 곳에 두고, 버섯은 점액이 생기지 않도록 종이로 싸서

영국에서는 해마다
450만 톤의 음식이 버려진다.

냉장고에 넣고, 생 허브는 물을 머금게 한 상태로 냉장고에 보관한다(냉장하면 시들어버리는 바질은 제외).
- 냉동실을 잘 활용하라. 여분의 생 허브나 남은 와인은 얼음 틀에 얼렸다가 요리에 필요할 때 사용한다. 오래된 빵은 갈아서 빵가루로 만들어 얼리고, 남은 채소는 다져서 얼려두면 필요할 때 바로 쓸 수 있다.
- 마른 식품은 유리나 플라스틱 용기에 보관하고, 냉동한 음식들에는 라벨을 붙여서 어떤 음식이 있는지 항상 확인할 수 있도록 한다.

식품 소진하기

주방에서 창의력을 발휘하는 방법은 무궁무진하다. 잠깐의 인터넷 검색만으로도 순식간에 스무디 만들기, 아보카도, 콩, 토마토나 비트 등을 때려넣어 후무

스 만들기 등, 수십 가지의 간단한 레시피 아이디어를 얻을 수 있다. 창의성을 기르도록 하자.
- 구매한 식품의 모든 부분을 사용하라. 허브 줄기는 페스토에, 닭 뼈는 육수에, 시트러스 류의 껍질은 진이나 보드카의 풍미를 낼 때 쓰는 식으로.
- 한 번에 많이 끓일 수 있는 스튜, 채소 타진, 카레 등은 풍부한 제철 농산물 소진용으로, 남는 것은 얼려두었다가 나중에 먹는다.
- 저녁 식사 때 남은 음식을 활용해 다음 날 맛있는 점심 식사를 만들어라. 당연한 소리로 들리지만, 과연 얼마나 자주 그렇게 하고 있나? 이렇게 하면 쓰레기도 줄일 수 있고, 점심에 플라스틱으로 포장된 음식을 사고 싶은 유혹도 물리칠 수 있다. 직장에 점심 도시락을 싸서 갈 때에는 밀폐용기를 사용하면 음식을 쉽게 가지고 갈 수 있다.

제로 웨이스트(Zero waste)를 위한 자세

- 음식물 쓰레기를 점검하고, 일주일 동안 가정에서 버려지는 모든 것을 평가해보라. 약점이 무엇인지를 알게 되면, 그것을 없앨 수 있도록 도전하라.
- 버리기 전에 먼저 스스로 묻는 습관을 들여라. '이걸 다음에 한 끼 식사로 먹어도 충분하지 않을까?' '다음 식사 때 남은 것을 같이 먹어도 되지 않을까?' 음식을 남김없이 소진하고 나면 짜릿한 쾌감을 느끼게 될 것이다.

"보다 지속 가능한
삶을 산다는 것은
보통 예전의,
자연적인 해결책으로
돌아감을 의미한다."

설거지는 무엇으로 해야 하나?

손 설거지를 하는 경우에는 스펀지, 수세미, 행주 등이 꼭 필요하지만, 지속 불가능한 일회용품들이 지구를 더럽히고 있다.

우리는 수십 년간 흰색과 파란색으로 짜여진 행주와 초록색과 노란색의 스펀지 수세미로 아무 생각 없이 설거지를 해왔지만, 사실 이 물건들은 해롭다. 폴리우레탄으로 만들어진 그 스펀지들은 주방에 있는 기간은 얼마 되지 않는 데에 비해, 매립지에서는 수백 년 동안이나 머물러 있다. 수명이 짧은 행주들은 비스코스(목재 펄프를 원료로 화학물질과 에너지가 많이 드는 과정을 거쳐 만들어진)로 된 것들이 많은데, 이것들은 조건이 맞으면 생분해가 되지만 대부분은 분해를 주도하는 미생물들에게 필요한 공기와 열이 충분치 않은 매립지로 가게 된다.

최고의 재생 가능한 대안은 주방에서 더 오래 사용할 수 있으며, 버려져도 분해되기까지 수년씩 걸리지 않는다. 슈퍼마켓에서 파는 행주 묶음 대신 낡은 천 조각을 잘라서 사용하라. 세균이 제거되도록 삶을 수도 있고, 다시 쓸 수 있다. 말 털이나 선인장으로 만든 나무 솔, 아가베 줄기나 구리선(재활용 가능)으로 된 철 수세미, 코코넛 섬유나 천연 셀룰로오스로 만든 수세미를 선택하라. 온라인 매장과 제로 웨이스트 매장들에서는 환경을 해치지 않고 재활용이 가능한, 플라스틱으로 포장되지 않은 다양한 상품들을 제공한다.

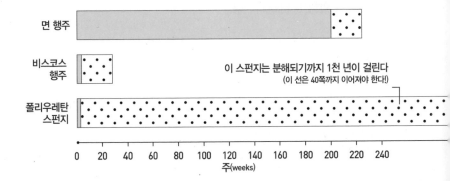

▼ 유효 수명과 폐기 후 분해되는 시간을 비교해보면, 재활용 면 행주 같은 천연 소재들이 우위를 차지한다.

유효 수명

분해되는 시간

면 행주

비스코스 행주

폴리우레탄 스펀지

이 스펀지는 분해되기까지 1천 년이 걸린다
(이 선은 40쪽까지 이어져야 한다!)

0 20 40 60 80 100 120 140 160 180 200 220 240
주(weeks)

피해야 할 세제는?

주류를 이루는 세제들을 피해야 하는 두 가지 이유가 있다. 바로 그 안에 든 성분과, 그것을 담고 있는 통 때문. 자연적인 대안들은 당신의 양심(뿐만 아니라 당신의 집)을 깨끗하게 해줄 것이다.

세제에 들어 있는 많은 화학물질들은 토양, 수로, 그리고 해양에 유입되었을 경우 해로우며, 우리 건강에도 영향을 미친다. 차아염소산 나트륨(sodium hypochlorites, 표백제의 유효 성분)이 함유된 것은 피하라. 이 화학물질이 수계에 새어 들어가면 다른 화학물질들과 섞여 다이옥신을 포함한 염소 화합물이 생성되는데, 이는 동물과 사람에게 매우 유독하며 오랫동안 우리 환경에 남아 있게 된다. 많은 세제들이 동물 실험을 거치므로, 구매 전에는 항상 먼저 조사를 하라.

세제가 담긴 플라스틱 통들이 비워

미국 오대호에서 **200가지**의 **염소 화합물**이 발견되었다.

지고 나면, 바다를 떠다니거나 수백 년간 잘게 부서지며 미세 플라스틱이 된다. 퇴비함에서 일 년 내에 생분해되는 친환경 물티슈들도 있지만, 전반적으로 사용하지 않는 편이 가장 좋다. 대부분이 플라스틱 포장재에 들어 있으며, 어

쨌든 한 번 쓰고 버리는 물건이기 때문이다.

석회 자국과 잘 지워지지 않는 얼룩을 없애기 위해 표백제나, 왠지 과학적으로 들리는 항균제가 반드시 필요한 건 아니다. 마찬가지로 효과가 좋으면서도 보다 친지구적인 대안들도 아주 많다.

- **당신만의 자연적인**, 로우 테크(low-tech) 세제 만들기를 고려해보라. 식초, 레몬즙, 베이킹소다를 중심으로 하는 전통적 처방을 찾아보라.
- **구매한다면** 슈퍼마켓과 인터넷에서 구할 수 있는 식물성 세제를 선택하라. 리필이 가능한 기업의 제품을 사서 일회용 플라스틱 소비를 줄이거나, 아예 용기가 필요 없는 고체 세제를 사용하라. 유기농 성분들과 크루얼티 프리(cruelty-free, 동물 실험을 거치지 않았거나 동물성 원료를 사용하지 않았다는 의미-옮긴이) 로고를 통해 당신의 세제가 가능한 한 친지구적인지를 꼼꼼히 확인하라.

키친타월과 빨아 쓸 수 있는 대안들 중 어느 것을 써야 하나?

현대의 많은 가정의 필수품인 키친타월은 티 타월, 냅킨, 행주 등을 빨고 또 빨고 하는 것보다 더 친환경적으로 보일 수도 있지만, 사실은 정반대이다.

키친타월 제조 과정에는 자원과 에너지가 많이 소모된다. 단 1톤을 생산하는 데에 나무 열일곱 그루와 물 9만 1천 리터가 들며, 더 질기고 새하얗게 만들기 위한 유독성 화학물질들이 주입된다. 매년 전 세계적으로 650만 톤이 넘는 생산이 이루어진다.

티 타월, 냅킨, 행주를 빨 때 물과 에너지가 사용되기는 하지만, 그에 필요한 양은 당신이 매주 구매하는 새 키친타월을 만드는 데 쓰이는 양의 일부에 불과하다.

게다가 재사용이 가능한 티 타월과 행주들은 새로운 재료들을 투입할 필요가 없기 때문에 장기적으로 보면 더 지속 가능한 선택이 된다. 결국 키친타월을 치워버려야 친환경 주방이라고 할 수 있다.

- 티 타월과 냅킨을 구매할 때에는 리넨이나 유기농 면 같은 천연 섬유를 선택하라. 거기에는 화학 물질이나 떨어져나온 미세 플라스틱(96쪽 참조)이 들어 있지 않으므로.
- 새 행주를 구매하는 대신 낡은 옷을 여러 조각으로 잘라라. 이것들은 쓰다가 다른 세탁물과 함께 세탁해도 된다. 천 조각들은 흘린 것을 닦거나 표면을 깔끔하게 닦아낼 때 쓰기 좋다.
- 종이를 포기할 수 없다면, 재사용이 가능한 대나무 종이 타월로 교체하라. 이것은 천연 항균 작용을 하며 몇 번 빨아 쓸 수 있다. 대나무는 빨리 자라기 때문에 윤리적으로 공급되기만 한다면 재생 가능한 자원이며, 퇴비함에서 빠르게 생분해된다.

1.7 리터

티 타월 한 장 빨기

30리터

키친타월 한 롤 생산

▲ 키친타월을 만들 때에는 티 타월을 재사용하고 빨 때보다 훨씬 더 많은 양의 물이 필요하다. 한 롤을 안 쓸 때마다 28리터 이상의 물을 아낄 수 있다.

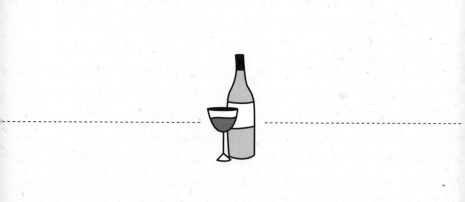

탄소 발자국을
고려해야 할
음식과 음료

채식 식단은
항상 환경에 더 좋을까?

육류와 유제품을 끊는 것은 보통 지구에 부담을 덜 주는 일이지만, 아무리 채식주의자라고 해도 딜레마가 없지는 않다. 아무튼 개인의 선택들이 변화를 만든다.

기후 변화에 관한 정부 간 협의체(IPCC)가 2019년에 발간한 논문에 따르면, 온실 가스 배출 요인 중 우리의 식량 생산 체계가 차지하는 비율이 37%에 달한다. 전 세계적으로 꾸준히 늘고 있는 육류 및 유제품 소비가 에너지 소모적인, 산업 수준의 대규모 농법을 떠받치고 있다. 육류와 유제품 생산은 전체 농지의 77%를 잡아먹고, 농업 분야 탄소 배출량의 60%를 차지하지만, 정작 그 음식들은 우리가 먹는 칼로리의 17% 밖에 공급하지 않는다. 게다가 육류 및 유제품 산업에 사용되는 농지의 33%는 가축의 사료를 재배하는 데 이용된다. 매년 전 세계에서 식용으로 길러지

는 동물은 700억 마리가 넘는다. 많은 국가들에서 육류와 유제품을 위한 대규모 동물 사육은 대대적인 산림 파괴의 원인이 되는데, 이는 가축을 먹이기 위한 보다 집약적인, 화학물질로 가득한 곡식 농사를 위해서는 숲이 자리를 내주어야 하기 때문이다. 식물성 식품을 그대로 먹지 않고 고기로 만들면 열량이 10분의 1로 줄어든다. 채식을 하면 탄소 '발자국'을 73%까지 줄일 수 있다는 연구 결과들도 있다.

하지만 채식주의자라고 해서 환경에 영향을 미칠 가능성이 없는 것은 아니다. 지난 몇 년간, '슈퍼 푸드' 열풍으로 특정 식품들의 전례 없는 수요 증가가

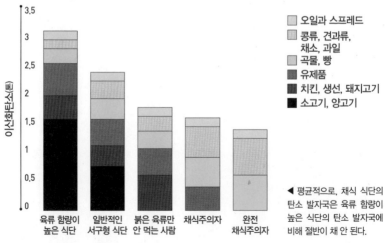

범례:
- 오일과 스프레드
- 콩류, 견과류, 채소, 과일
- 곡물, 빵
- 유제품
- 치킨, 생선, 돼지고기
- 소고기, 양고기

y축: 이산화탄소(톤)

x축: 육류 함량이 높은 식단 / 일반적인 서구형 식단 / 붉은 육류만 안 먹는 사람 / 채식주의자 / 완전 채식주의자

◀ 평균적으로, 채식 식단의 탄소 발자국은 육류 함량이 높은 식단의 탄소 발자국에 비해 절반이 채 안 된다.

일어났다. 아보카도와 아몬드 밀크는 소비자 수요의 증가가 지역적으로 끔찍한 영향을 끼치게 된 두 가지 예이다(55쪽과 42쪽 참조). 지속 불가능한 방식으로 생산된 식품을 주식으로 삼는 것은 분명 환경에 도움이 되지 않는다. 게다가 채식 식단에 빠질 수 없는 고단백 콩류는 주로 온난한 기후에서 자라는데, 이것을 세계 곳곳으로 운송하려면 탄소 비용이 든다.

그럼에도 불구하고 가까운 곳에서 생산된 채소 위주의 제철 식단이 가장 친환경적이라는 것이 분명한 중론이다. 이는 공장형 축산에서 흔히 일어나는 동물 학대와 더 이상 아무 관계가 없음을 의미하기도 한다. 우리가 먹는 매끼 식사는 지구를 위한 친환경적 선택을 할 수 있는 기회나 마찬가지다. 보다 친환경적으로 먹으려면 다음을 고려하라.

- 완전 채식주의자가 되고 싶지 않다면, '반(半)채식주의자'식 접근으로 변화를 만들 수 있다. 일주일 중 며칠만 채소 위주 식사를 하거나, 식사의 일부분만 완전 채식으로 바꾸어보라. 육류는 가끔 먹는 특별식으로 정하고, 좀 더 가까운 곳에서 유기농으로 길러진 가축을 소비하라.
- 완전 채식주의자이든 아니든, 최대한 많은 제철 식품을 먹는 것을 목표로 하라. 당신이 먹는 음식이 어디서 온 것인지 조사하고, 지속 불가능한 방식으로 생산되었거나 당신의 식탁에 오르기 위해 먼 거리를 날아와야 하는 음식들은 피하거나 제한하라.

유제품과 달걀을 먹으면서도 친환경적일 수 있을까?

채소만 먹을 마음의 준비가 되지 않았다면, 유제품을 어디서 구할지 알아보는 것이 좋다.

육류와 생선 소비를 멈춤으로써 환경 파괴적인 육류 산업과, 지속 불가능한 어획 관행에 대한 원조를 끊을 수 있다. 하지만 유제품 산업이 지구에 미치는 영향 역시 간과되어서는 안 된다(42쪽 참조). 미국에서는 농업용수 공급의 5분의 1가량이 900만 마리의 젖소를 기르는 데 사용되며, 영국에서는 한 해에 130억 개라는 믿기 어려운 양의 달걀이 소비된다. 게다가 그것을 공급해야 하는 거대한 농장들은 어마어마한 양의 전력, 동물 사료, 항생제, 또 그와 관련된 항공마일까지(수백만 톤의 온실 가스를 배출하는) 집어삼킨다. 유제품과 달걀을 끊으면 집약농업의 해로운 관행에 대한 수요를 줄이는 데 도움이 된다.

유제품과 달걀을 전부 포기하고 싶지는 않다면, 소비 줄이기, 또 구매 시에는 가까운 곳에서 자연 방목된, 유기농 제품을 선택하기를 고려해보라. 공간이 있다면 직접 닭을 기르는 것도 방법이다!

더 친환경적인 고기가 따로 있나?

고기를 먹는 것은 보통 전혀 친환경적이지 않은 일로 여겨지지만, 모든 고기가 같지는 않다. 당신이 소비하는 고기의 종류에 대한 보다 사려 깊은 선택을 통해 비교적 친환경적으로 먹는 것도 가능하다.

세계 곳곳으로 수출되는 대량 판매용 고기는 지구에 부인할 수 없이 큰 타격을 주는데, 이는 온실 가스 배출, 산림 파괴(가축에게 자리를 내주고 사료를 재배하기 위해), 토양 악화(공장식 농장에서 나온 폐기물 때문에 발생하는)의 측면에서 큰 대가를 치러야 하기 때문이다. 게다가 공장형 축산 농장들의 비좁은 환경은 동물 복지를 무시하는 것이다. 또 가축에게 기계적으로 항생제를 주입하는 관례가 건강한 동물들에게는 예방용으로, 일부 국가들에서는 성장촉진용으로 이용되는데, 이것은 사람들에게서 항생제 내성의 위험을 증가시킨다.

소고기와 양고기는 온실 가스 배출에 관한 한 최악의 범죄자들이다. 이 두 동물이 함께 발생시키는 메탄의 양은, 다른 모든 종류의 가축이 발생시키는 양보다 많다.

닭고기는 비교적 적은 탄소 발자국을 가지지만, 복지 면에서는 낮은 득점을 낼 때가 많다. 예를 들어, 영국에서는 대부분의 슈퍼마켓 닭고기가 로스(Ross) 품종이다. 35일밖에 못 사는 이 닭들은 비정상적으로 빨리 성장하도록 강요당한다. 단 하나의 사육장에 5만

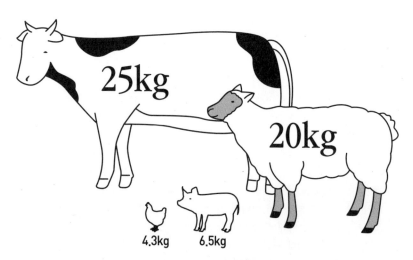

25kg

20kg

4.3kg   6.5kg

▲ 가축의 탄소 발자국은 농법에 따라 달라지지만, 이것은 단백질 1백 그램당 배출량의 전 세계적 평균을 이산화탄소 환산량 킬로그램으로 나타낸 것이다.

마리에 이르는 닭들이 빽빽이 들어차, 성장 촉진을 위해 장시간 켜놓은 인공조명 때문에 계속 깨어 있기도 한다.

더 친환경적인 방법들

환경을 덜 해치는, 오히려 긍정적 영향을 주는 가축 사육 방법들이 있다. 예를 들어 잘 관리된, 풀을 먹인 소들은 토질 개선과 탄소 격리에 도움을 주어, 그렇지 않으면 이용되지 않았을 땅을 되살린다. 하지만 이것은 모든 기후에서 가능하지는 않으며, 비용도 많이 든다. 이는 곧 육류 생산의 영향이 각 나라별로 굉장히 다양할 수 있다는 뜻이다. 일례로, 남아메리카 소고기는 유럽 소고기에 비해 탄소 발자국이 평균 세 배 더 많다.

더 희귀한 종류의 고기를 선택하는 것도 더 친환경적일 수 있다. 빌(veal, 수송아지 고기)은 유제품 산업의 부산물이다. 그 잔혹한 생산 방식 때문에 논란거리가 되기는 하지만, 윤리적으로 길러진 송아지 고기라는 새로운 산업이 떠오르고 있다. 송아지들은 보통 부분적으로는 목초를 먹고, 다 자란 소들에 비해 물과 곡물을 덜 소비하며 메탄도 덜 발생시키기 때문에, 송아지 고기가 소고기에 비해 더 지속 가능하다.

날렵한 토종 동물들(사슴 등)은 육중한 소들에 비해 토양을 덜 치밀화시키므로 역시 더 지속 가능하다. 토양의 치밀화 정도가 덜하면 물 흡수율이 높아져서 홍수 위험 완화에 도움이 된다. 사냥감(사슴 고기, 산비둘기 등 사육되지 않은 고기)

은 보통 사육된 고기에 비해 더 지속 가능하며, 특히 수를 조절하기 위해 도태된 동물들의 고기는 더 그런데, 다만 이런 방식 자체가 논란이 되기도 한다.

배양육(lab-grown meat) 업계도 발전하고 있다. 이는 동물 복지적 관점에서 보면 솔깃한 아이디어지만, '진짜' 고기보다 환경에 피해를 덜 주려면 실험실들의 에너지 소비가 최소화되고, 독성 부산물이 나오지 않아야 한다.

환경에 미치는 영향을 줄이기 위해서는 고기를 즐기되, 질 좋은 고기로, 적게 먹는 것을 목표로 하라.

- 소비를 줄여라. 고기를 덜 먹게 되면 아무래도 지속 가능한, 유기농 고기에 돈을 쓸 확률이 늘어난다.
- 너무 저렴한 슈퍼마켓 고기는 피하고, 가까우며 지속 가능하고/하거나 유기농을 시행하는 농장들을 지원하라. 이곳에서는 동물들이 과도하게 사육되지 않고 야외에서 자유롭게 돌아다니며, 곡물 사료만 먹기보다 풀을 뜯어먹는다.
- '코부터 꼬리까지(nose to tail)' 철학을 적용하라. 이는 고기를 먹을 때 동물의 모든 부분을 최대한 다 소비하자는 의미이다. 예를 들어, 로스트 치킨을 요리할 때는 닭으로 육수를 내서 쓰레기는 물론 따로 구매할 제품의 양을 줄이는 것이다.
- 일단 고기를 샀으면 낭비하지 말라. 인터넷을 통해 남는 부위를 이용한 창의적 레시피들을 찾아보라.

"밀레니얼 세대
다섯 명 중 한 명이
환경에 미치는 영향을
제한하기 위해
식단을 바꾸었다."

지구에 피해를 입히지 않고
생선을 먹을 수 있을까?

생선 섭취는 보통 우리 몸과 환경에 건강한 것으로 여겨지지만, 지속 불가능한 어획 관행들은 환경 보호를 목적으로 하는 페스카테리언(육류는 안 먹지만 생선은 먹는 부분 채식주의자-옮긴이) 식단의 신뢰도를 의심에 빠뜨린다.

한때 해안선을 감싸고 있던 복잡한 해양 생태계가 상업적 어획 때문에 심하게 훼손되고 있다. 어획 그 자체가 나쁘다는 것이 아니라, 남획(어류가 대체될 시간도 주지 않고 마구 잡는 것)이 그렇다. 120킬로미터 길이의 그물들과 낚시 바늘들로 드넓은 해저를 훑고 지나가는 저인망 어선들은 생태계를 사정없이 파괴한다. 바다 생물에게 남획은 플라스틱(이제 미세 플라스틱은 대부분의 어류와 조개류에서 발견된다)을 비롯한 다른 오염원들보다 더한, 최대의 위협이며 수산 자원량을 멸종에 가까울 정도로 빠르게 감소시킨다.

양식 어류도 나을 게 거의 없다. 집약적 양식장들의 과밀화는 질병과 바다이(sea lice) 같은 기생충들의 번식을 부추긴다. 이에 대응하기 위해 물고기들에게 항생제를 놓고, 물에 살충제를 주입한다. 이것은 서식지들과 해양의 생물 다양성을 손상시킴으로써 주변 환경에 해를 끼친다.

생선을 구매할 때는 다음을 주의하라.

- 슈퍼마켓 생선의 경우 지속 가능한 방식으로 공급된 것임을 알려주는 인증을 확인하라. 영국에서는 해양 보존 협회(Marine Conservation Society, MCS)의 신호등 제도로 생선들의 지속 가능성 순위를 매기며, '파란색 체크 표시' 로고는 해당 어장이 해양 관리 협의회(Marine Stewardship Council, MSC)의 독립적인 감사를 받았음을 의미한다. 판매 중인 생선의 자원량 수준을 조사해, 멸종 위기에 처한 종은 구매하지 않도록 한다.

- 해안가에 산다면 어떻게 잡힌 생선인지를 확인할 수 있도록 지역 어부나 생선 장수들한테서 구매하라.

불법 포획물

합법 포획물

◀ 시중에 판매되는 생선의 약 30%가 불법으로 포획된 것으로 추산되며, 이로 인해 수산 자원량은 위태로울 정도로 낮은 수준까지 떨어진다.

콩은 환경에 어떤 영향을 미칠까?

대규모 산업형 콩 재배는 놀랍도록 빠른 산림 파괴를 초래했다. 우리가 구매하는 콩이 어디서 오는지, 어떻게 사용되는지를 아는 것이 보다 지속 가능한 접근을 위한 열쇠이다.

지난 20년 동안 콩에 대한 수요는 생산이 400%나 늘어날 정도로 치솟았다. 인기가 많아진 원인은 부분적으로는 전보다 더 많은 사람들이 채소 위주의 식단을 짜기 때문일 테지만, 거의 대부분의 콩은 사람이 먹는 음식으로 사용되지 않는다. 공장식으로 사육되는 소, 돼지, 닭과 기타 가축들의 사료로 사용되는 것이다.

콩은 어떻게 재배되나?

우리가 소비하는 대부분의 콩은 브라질에서 오는데, 그곳에서는 콩 생산이 산림 파괴의 원인이 되어왔다. 2006년부터 많은 국가들이 전 아마존 열대 우림 지대에서 재배된 콩을 사지 않는 일에 동참하고 있다. 하지만 그 지역의 콩 재배자들 다수는 브라질 세라도 같은 다른 오래된 숲들로 발길만 돌렸을 뿐이다. 이 숲들의 심각한 훼손은 토질 저하, 잦은 홍수와 토사 유출, 그리고 귀중한 야생 동물들의 서식지 상실을 초래했다.

게다가 콩은 하나의 작물종이 넓은 땅을 차지하는 '단작물(monocrop)' 또는 '단일재배(monoculture)'로 길러진다. 이러한 대규모 산업형 생산은 토질을 저하시킬 뿐만 아니라 지속 불가능

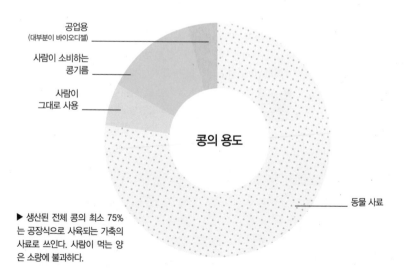

공업용
(대부분이 바이오디젤) _____

사람이 소비하는
콩기름 _____

사람이
그대로 사용 _____

콩의 용도

_____ 동물 사료

▶ 생산된 전체 콩의 최소 75%는 공장식으로 사육되는 가축의 사료로 쓰인다. 사람이 먹는 양은 소량에 불과하다.

한 양의 물, 에너지, 화학 물질들을 써 버리며, 해당 작물은 해충과 질병의 피해를 입기가 쉬워진다. 비료와 살충제의 집중적 사용은 곤충을 몰살시키고, 강을 오염시키며, 다른 식물들에 영양분을 공급할 수 없는 유독한 토양을 만든다.

대부분의 콩은 더 다루기 쉽게 만들기 위한 유전자 변형(GM), 즉 특정한 성질을 지니도록 DNA를 조작하는 과정

유럽의 육류 소비를
반으로 줄이면 **대두박* 사용을**
75% 줄일 수 있다.

* soymeal, 콩에서 기름을 짜내고
남은 찌꺼기, 가축의 사료 —옮긴이

을 거친다. GM 콩은 쉬운 잡초 제거를 위해 강력한 제초제에 대한 저항력을 갖도록 만들어진다. 잡초들이 화학 물질에 저항력을 갖게 되면 농부들이 더 강력한 화학 물질을 사용하기 때문인데, 이는 물의 부영양화와 토양 및 수로의 산성화 같은 환경 문제들을 악화시킨다.

보다 친환경적인 대안들
지속 가능한 방식으로 재배된 콩도 있기는 하지만, 많은 자선 단체와 NGO들은 그 인증이 얼마나 친환경적인지에 대해 의구심을 제기한다. 다른 많은 식품 관련 문제들과 마찬가지로, 대규모

콩 생산이 야기한 문제들에 대해서도 쉬운 해결책은 없다. 다만 다른 대안들에 대한 조사가 이루어지고 있는데, 예를 들어 가축에게 대두박 대신 곤충 사료를 먹이는 것은 보다 친환경적인 축산물 생산을 향한 중요한 진전이라 할 수 있다.

현재의 콩 수요를 줄이는 가장 효과적인 방법은 곡물을 먹인 고기의 소비를 제한하는 것이다. 당신의 콩 발자국을 줄일 수 있는 방법은 다음과 같다.

- 될 수 있으면 가까운 곳에서 길러진, 곡물보다는 풀을 먹인 가축의 고기를 구하라. 대체적으로 그 동물들은, 곡물을 먹이는 고기와 관련된 경우가 많은 공장형 체계와는 반대로, 야외 생활을 즐긴다. 풀을 먹인 고기는 영양소도 더 풍부한 편이다.

- 콩 제품들의 출처를 확인하라. 가능하다면 원산지 확인을 통해 우림 지대에서 재배된 것이 아니라 윤작 체계를 따르고, 경치를 훼손하지 않으며, 생물 다양성 보존을 약속한 농장에서 생산된 것으로 선택하라.

- 두부 제품을 살 때에는 가능하면 유기농을 선택해 해로운 화학 물질들을 피하라. 어떤 사람들은 '천연'이라고만 표시되어 있는 두부가 헥산으로 가공되었을 수도 있다고 우려한다. 헥산은 원유 정제 과정에서 생산되는 액체로, 연구 결과 쥐들의 뇌 손상을 야기할 수 있다고 한다.

어떤 우유 대체품이 가장 친환경적일까?

유제품이 들어 있지 않은(dairy-free) 우유들이 넘쳐나지만, 식물성 대체품들 중에서도 확실히 더 친환경적인 것들이 있다.

유제품 산업은 전체 온실 가스의 3~4%를 배출하는 것으로 추산된다. 엄청나게 넓은 땅이 젖소 사료용 곡물 재배에 이용되는데, 대부분이 그 대신 전 세계 인구를 먹일 수 있는 작물들을 재배하는 데에 이용될 수도 있는 땅이다. 대규모 산업형 낙농업 역시 토질 악화와 수로들의 부영양화(화학 물질이 다량 함유된 쓰레기로 인한)는 물론, 산림 파괴와 생물 다양성 상실을 초래한다. 또한 대형 농장의 젖소들은 보통 갓 태어난 새끼들과 어미 소의 분리, 수송아지들의 도태, 과도한 착유로 인한 탈진 등을 당하는 비참한 삶을 산다.

식물성 우유들 비교하기

다른 모든 환경 관련 생활 방식의 변화들과 마찬가지로, 결정을 내리기 전에 다양한 대안들의 친환경적 신뢰도를 확인해보는 것이 좋다.

- 귀리 우유는 가장 친환경적인 식물성 우유들 중 하나로 부각된다. 귀리는 집약적으로 재배되지 않는 편이며, 이산화탄소 배출 정도도 비교적 낮

선택할 것

☑ 귀리
☑ 코코넛
☑ 헴프
☑ 완두콩 단백질

피할 것

☒ 유제품
☒ 아몬드
☒ 콩
☒ 쌀

▲ 영양상의 이점을 제외하면, 대개는 왼쪽 곽에 적힌 '우유들'이 오른쪽 것들보다 더 친환경적인 선택이 된다.

고, 아몬드 재배에 비해 물이 6분의 1 밖에 안 든다(아래 참조). 게다가 생산 중 나오는 쓰레기는 바이오가스로 이용할 수도 있는데, 다만 모든 브랜드가 그렇게 하지는 않는다. 귀리는 또 서늘한 북방 기후에서도 재배된다. 이 지역에서는 식물성 우유들이 특히 인기라, 농장과 소비자 사이의 항공 마일이 얼마 되지 않는다.

- 코코넛 우유 역시 좋은 선택이다. 수요가 높은 시장들로 이동하는 길이 좀 멀 수도 있지만, 코코넛 재배에는 물과 화학 물질이 거의 들지 않으며, 그 나무들은 살아 있는 내내 이산화탄소를 빨아들이는 훌륭한 탄소 흡수원이 된다.
- 헴프 우유는 헴프(대마)의 씨로 만들어지며, 단백질과 지방산이 풍부하다. 그 강인한 식물은 살충제의 도움 없이, 비교적 적은 양의 물만 있어도 대부분의 장소에서 잘 자란다. 모든 부분이 사용되기 때문에 쓰레기도 적다.
- 완두콩 단백질 우유는 말린 노란색 완두콩으로 만들어지며, 생산 시 사용되는 물이 일반 우유에 비해 25배, 아몬드 밀크에 비해 100배 적다. 단백질과 칼슘 함량이 높아 영양적으로도 좋다.
- 아몬드는 여러 전문가와 블로거들이 그것의 건강상의 이익을 격찬함에 따라 최근 몇 년간 폭발적인 인기를 누려왔다. 그로 인한 전 세계적 수요로 인해 대규모 아몬드 농장들이 밀집해 있는 미국 캘리포니아 주는 커

다란 부담을 안게 되었는데, 이 지역은 기후 변화 때문에 이미 거의 영구적인 가뭄에 시달리고 있다. 나무에서 나는 농작물이 대부분 그렇듯이, 아몬드는 일 년 내내 물을 주어야 하기 때문에 재배자들은 다른 곳에서 물을 끌어다 대줄 수밖에 없으며, 이는 캘리포니아 주의 미래 물 공급을 위태롭게 하는 일이다. 게다가 아몬드 나무에 사용되는 살충제는 가루받이를 해주는 벌들에게 해가 된다.

- - - - - - - - - - - - - - - - - - - -

단 하나의 아몬드를 재배하는 데 3리터가 넘는 물이 필요하다.

- - - - - - - - - - - - - - - - - - - -

2018~19년에만 500억 마리가 넘는 벌들이 아몬드 산업에서 소멸되었다. 다른 견과류 우유들은 가뭄이 들지 않은 지역에서 생산될 수 있으므로 책임감 있는 브랜드의 제품을 선택하거나, 집에서 직접 만들기를 시도해보라.

- 콩 우유는 산업형 콩 농업의 지속 불가능한 관행들(40쪽 참조)과 연관되어 있으므로 대부분의 주류 브랜드들은 친환경적이지 않다. 하지만 모든 콩 생산이 그런 건 아니므로, 다시 말하지만, 구매 전에 조사를 하도록 하라.
- 쌀은 물이 많이 드는 농작물이며 유전자 변형이 되기도 한다(41쪽 참조). 또 논에서 쌀이 자랄 때 메탄, 아산화질소 같은 온실 가스들이 다량 배출된다.

팜유가 들어 있는 건
항상 피해야 할까?

팜유 논란은 당신이 생각하는 것보다 더 복잡하다. 팜유는 피하는 것이 좋지만, 대체품들의 영향을 이해하는 것도 똑같이 중요하다.

팜유(야자나무 열매를 짜서 만든 식용 기름)는 어디에나 있다. 사탕에서부터 즉석 식품까지 다양한 가공식품들(유통기한과 식감을 증진시키기 위해), 스킨케어와 메이크업 제품들, 또 다른 많은 일상용품들에 팜유가 사용된다. 수백 개의 이름들로 나오기 때문에 첫눈에 알아보지 못할 때도 있을 것이다.

세계에서 사용되는 팜유의 약 85%가 말레이시아와 인도네시아에서 생산된다. 환금이 빠른 작물인 기름야자는 대규모로 재배되기 때문에 오래된 정글들을 파괴하고, 토착민들을 쫓아내며, 야생 동물들을 위험에 빠뜨린다. 또 기름야자는 넓은 이탄 지대에서 자라는데, 이곳은 경작을 위해 배수가 될 시 토질이 저하될 뿐 아니라 엄청난 양의 이산화탄소를 배출한다.

불행히도 단순히 다른 기름으로 바꾸는 것만으로는 해결책이 될 수 없다. 해바라기유, 코코넛 오일과 같은 다른 식물성 기름들은 팜유에 비해 재배가 훨씬 덜 효율적이라 수확량이 열 배나 낮다. 현재의 수요를 공간 효율성이 낮은 작물들로 채운다면 더 많은 땅을 파괴하는 일이 될 것이다.

지속 가능한 방식으로 공급되는 팜유를 고려하고 있다면 문제는 더욱 복잡해진다. 이러한 팜유는 '지속 가능한 팜유를 위한 원탁회의(RSPO)'라는 국제적 인증 제도에 의해 검증된 농장들에서 생산된다.

일부 사람들은 일반 팜유를 생산할 때에 비해 살충제가 덜 사용되므로 그

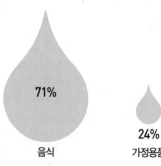

71%
음식

24%
가정용품

5%
바이오 연료

◀ 전 세계에서 생산되는 대부분의 팜유는 빵, 즉석 식품뿐만 아니라 초콜릿, 감자칩 등의 스낵까지 각종 음식에 주로 사용된다.

런대로 괜찮은 선택지라고 여긴다. 하지만 그린피스와 세계자연기금(WWF)을 포함한 다른 곳에서는 그 지속 가능성에 대한 신뢰도가 충분히 높지 않고, 여전히 너무 많은 야생 동물과 토양이 남용되고 있다고 말한다. 이런 경우에는 실행 가능한 친환경적인 대안은 아직 없다고 보는 게 맞을 것이다. 어려운 상황이지만 보다 친환경적인 행동 방안들이 없지는 않다.

- 팜유가 사용된 제품의 소비를 줄이도록 노력하라. 편리한 가공식품들에 대한 수요는 지난 50년 동안 급증해왔다. 팜유 문제를 제대로 해결하

슈퍼마켓 제품들 중

거의 **50%**에 **팜유**가
들어 있다.

기 위해서는 그 수요를 줄여야 한다. 지속 가능한 방식으로 공급된 대체 기름이 함유된 제품들로 바꾸는 것은 단기적으로는 좋은 생각일 수 있지만, 가공식품(그리고 주류 스킨케어 제품들-80쪽 참조)을 아예 피하는 것이 더 친환경적인 목표가 된다.

- 팜유의 다른 이름들을 알고 있어라. '팜핵유' '팜올레인' '글리세릴' '스테아레이트'가 가장 흔히 쓰인다.
- 슈퍼마켓 제품을 스캔할 수 있는 앱을 다운로드해서 팜유가 함유되어 있는지 알아보라.

가장 친환경적인 식용유는?

당신이 선택하는 기름의 종류보다 더 중요한 것은 그것이 어디서 어떻게 생산되었느냐 하는 것이다.

기름의 대량 생산은 화학 물질의 사용, 산림 파괴, 또는 생물 다양성 상실을 통해 토양에 부정적인 영향을 미친다. 그에 더해, 기름 생산용 작물들은 각각의 개별적인 문제를 안고 있다. 예를 들어 올리브유 생산자들이 그들의 오래된 나무를 죽이는 질병에 대처해야 하는 문제는 올리브유 가격을 상승시키고, 아시아의 수많은 코코넛 농부들은 불공정한 사업 관행 때문에 빈곤에 시달린다.

식용유를 선택할 때에는 다음을 고려해야 한다.

- 가능하면 유기농 기름을 선택하라.
- 기름을 구매할 때 가능하면 당신한테 오기까지 먼 거리를 이동하지 않은 것으로 골라라(영국에 산다면 유채씨유를 피하는 등). 당신이 거주하는 국가에서 특정 기름용 작물이 과잉 공급되면 지역 상품을 구매할 기회가 생긴다.
- 공정 무역 제품들을 고르거나, 농부와 작물 수확자들이 공정한 보수와 대우를 받고 있음을 확인할 수 있는 다른 인증을 확인하라.
- 플라스틱 병이 아닌 유리병에 든 것을 선택하라. 동네 제로 웨이스트 숍에서 기름병을 리필할 수 있는지 알아보거나(115쪽 참조), 벌크로 구매하라.

유기농으로 먹는 것이 정말 더 친환경적일까?

유기농이라고 하면 친환경에 관한 한 명백한 승자처럼 들리지만, 일부 비방자들이 토지 이용 관련 문제를 제기함에 따라 열띤 논란거리가 되고 있다.

유기농 식량 생산은 인공적인 개입이 없는 자연적인 식량 재배를 목적으로 한다. 이는 해충과 잡초를 죽이기 위한 합성 화학 물질의 사용을 피하고, 유전자 변형(GM)과, 농작물의 유전자 구성 변형 행위(41쪽 참조)를 멀리한다는 의미이다. 나라마다 유기농의 기준이 서로 다른데, 바로 이것이 인증을 그토록 복잡하게 만드는 이유 중 하나이다. 예를 들어, 어떤 유기농 농부들은 살충제를 사용한다(자세한 내용은 아래에).

토양의 중요성

유기농이냐 아니냐 하는 논쟁의 핵심은 토양이다. 화학 물질을 다량 사용하는 관행 농법은 한 지역에서 같은 농작물을 계속 재배하는(단일재배로 알려진) 남용의 문제가 있고, 또 살충제와 비료의 형태로 주입되는 화학 물질들을 통해 토질을 저하시킨다. 이는 여러 가지 결과를 초래한다. 토양의 영양분 균형과 물리적 구조가 변하면 그 속에 사는 곤충, 벌레, 미생물들이 더 이상 살아갈 수 없게 되는데, 이는 지역 생태계에 영향을 미치고 먹이 사슬을 분열시킨다. 게다가 혹사되고 침식된 표토는 탄소 저장(208~9쪽 참조) 및 빗물 흡수 능력이 약화되어 지구 온난화와 홍수에 효과적인

방벽의 역할을 잘 해낼 수 없게 된다.

유기농은 생물 다양성을 증진시키고 토양이 효과적인 탄소 흡수원으로 남게 함으로써 토양 건강이 회복되고 유지되는 데 도움을 준다.

발전의 여지

유기농의 한 가지 단점은 효율이다. 같은 수확량을 얻으려면 유기농 방식이 관행 농업에 비해 더 넓은 땅을 필요로 하며, 이는 지구가 더 많은 사람들을 먹

전체 토양에는 대기 중에 있는 것보다 **세 배** 더 많은 **탄소**가 함유되어 있다.

여야만 하는 미래에 문제가 될 수 있다. 만약 인구가 예상대로 계속 늘고 우리가 식량 소비 습관을 변화시키는 데에 실패한다면, 2050년에는 식량 수요가 현재의 거의 두 배가 될 것으로 여겨진다.

그러나 만일 식량 체계의 비효율성들을 수정한다면 오늘날 지구상의 모든 사람을 먹일 수 있을 것으로 추정된다. 한 가지 아이디어는 여러 층으로 쌓인 선반에서 농작물을 재배하는 수직 농법이다. 이 방식은 대규모 유기농을 도심

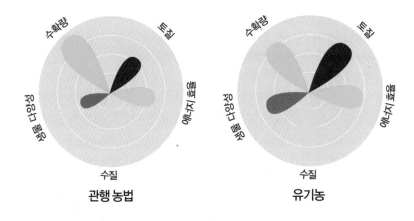

관행 농법   유기농

▲ 유기농이 수확량은 보통 더 낮은 반면 토양, 야생
동물, 수로 측면에서는 전부 더 나으며, 온실 가스 배
출도 줄어든다.

에서 실시할 수 있도록 하여 운송 중 배기가스와 물 사용을 줄이는 반면, 관행 농법에 비해 훨씬 높은 수확량을 내면서도 에너지는 50%나 덜 소모한다. 게다가 대규모 유축 농업(작물 재배와 가축 사육을 결합한 농업 형태-옮긴이)에서 벗어남으로써 가축을 먹이기 위한 것이 아닌, 곧장 사람이 먹을 작물들을 재배할 땅을 확보할 수 있다(34쪽 참조).

유기농의 또 다른 잠재적 도전 과제는 일관적인 규제의 부재이다. 일부 국가들은 유기농 작물에 특정 살충제들의 사용을 허가하는데, 그 결과 관행 농법에서와 마찬가지로 살충제가 수로로 유출된다.

이런 의구심들에도 불구하고, 유기농 식품과 농업 부문은 빠르게 성장하고 있다. 2020년에 EU는 2030년까지 유기농산물 생산 농지 25% 달성을 목표로 정했고, 다른 국가들도 비슷한 포부를 갖고 있다.

가능한 한 유기농으로 전환하는 일은 창의적 영농 체계의 발전을 돕는 길이다. 이는 가장 전통적이고, 영향을 덜 미치며, 지속 가능한 기술들의 이용과 21세기적 접근법 간의 균형을 통해 늘어나는 인구를 먹여 살리는 것이다.

유기농 감자 한 봉지를 구매하는 것이 대단히 혁명적인 행동처럼 보이지 않을 수도 있지만, 이런 작은 행동들 하나하나가 보다 친환경적인 세상을 만들기 위한 방법을 구축해나가는 사람들의 버팀목이 된다. 유기농 제품들에 대한 수요가 늘어나면 산업형 농업이 시행되는, 오염된, 야생 동물들을 빼앗긴 토지의 양이 줄어들게 될 것이다.

꼭 가까운 곳에서 생산된 식품만 사야 할까?

이것은 당신의 생활방식에 따라 답이 크게 달라질 수 있는 어려운 문제이다. 대체적으로 너무 멀리 이동하지 않아도 되는 식품을 선택하는 것이 친환경적인 접근이다.

장거리 식품 수입과 관련된 가장 명백한 환경 문제는 운송 시의 이산화탄소 배출이다. 배, 트럭, 그리고 특히 비행기는 전부 연료를 사용함으로써 배기가스와 오염을 발생시킨다. 냉장 운송은 더 많은 에너지를 필요로 한다. 보통 항공 운송된 과일은 목적지 국가에 도착한 뒤 어마어마하게 큰 창고에서 숙성되는데, 이때에도 많은 배출물이 나온다. 또 복잡한 공급망들은 플라스틱에 크게 의존하는 경향이 있으며, 농장에서부터 식탁까지 이르는 단계들이 늘어나면 각 단계의 노동자들이 공정한 대우를 받고 있는지를 알기가 더 어려워진다.

장점과 단점

모든 수입 식품을 피하는 게 꼭 가장 친환경적인 행동 방침이라고 할 수는 없다. 국산 식품이 외국 식품에 비해 더 큰 영향을 미치는 경우들도 많다. 심지어 쇼핑 습관을 바꾸는 것이 더 많은 배출을 야기하기도 한다. 예를 들어, 최근

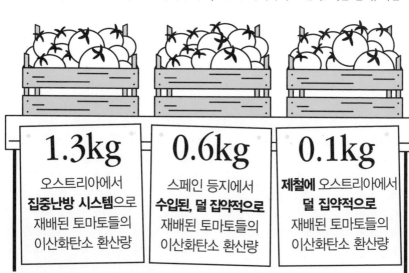

1.3kg	0.6kg	0.1kg
오스트리아에서 **집중난방 시스템으로** 재배된 토마토들의 이산화탄소 환산량	스페인 등지에서 **수입된, 덜 집약적으로** 재배된 토마토들의 이산화탄소 환산량	**제철에** 오스트리아에서 **덜 집약적으로** 재배된 토마토들의 이산화탄소 환산량

▲ 토마토의 킬로그램당 배출량의 이산화탄소 환산량을 비교한 오스트리아의 연구는 저에너지 농법 적용 시 지역에서 재배된 토마토가 더 친환경적일 수 있음을 보여준다.

의 싱크탱크 연구는 팜 숍(farm shop)이나 개별 상점들 여러 군데를 차로 돌아다니는 것이 아프리카에서 유럽으로 물건들을 대량 운송하는 것보다 더 많은 배기가스를 배출시킬 수 있음을 알아냈다. 국산 농산물을 수개월간 냉동 창고에 보관하다가 세계 곳곳으로 운송하는 것 역시 대규모 화물 운송보다 배기가스를 더 많이 배출한다.

지역 농산물 구매로 우리가 원하는 만큼 많은 양의 배기가스를 줄일 수는 없을지 몰라도, 다른 문제들과 싸울 수는 있다. 지역 생산자들로부터 식품을 공급받음으로써 당신은 공급망 단축(농장에서 식탁으로, 또는 농장에서 팜 숍을 거쳐 식탁으로)에 일조하게 되며, 보통 이것은 음식물 쓰레기와 플라스틱 사용, 공급 과정에서 운송의 필요성이 줄어듦을 의미한다. 또 지역 경제에 투자하는 효과도 있어서 자영업자들(세계적 브랜드들에 비해 전반적으로 환경에 영향을 덜 미치는)을 도울 수 있다.

제철 식품 먹기

지역에서 생산된 과일이나 채소들이 쓸데없이 큰 탄소 발자국을 만들어내지 못하게 하는 가장 좋은 방법은 계절에 맞게 먹는 것이다. 제철 음식을 먹으면 농장들이 과일과 채소를 에너지가 많이 드는 인위적인 환경에서 제철이 아닌 과일과 채소를 억지로 재배(영국에서 크리스마스에 아스파라거스를 재배하는 것처럼)할 필요가 없기 때문에 지구에 영향을 덜 미치게 된다. 또 수확한 지 얼마 되지 않

은 식품은 냉장 트럭이나 슈퍼마켓 선반에 한동안 놓여 있던 것보다 맛이 신선할 뿐 아니라 확실히 영양가도 더 높을 것이다.

이 문제에 관해서 명확하고 단순한 조언을 하기란 불가능하다. 왜냐하면 당신의 식품 선택이 환경에 미치는 영향은 그 식품이 무엇인지, 언제 구매하는지, 당신이 어디에 사는지에 따라 매번 달라지기 때문이다. 하지만 이 주제에 대한 최선의 조언들 대부분은 결국 오래된 상식들이다.

- 가능하면 국산이나 지역 브랜드를 선택하라. 요구르트, 와인, 꿀, 아이스크림, 초콜릿, 진, 맥주 등등.
- 지역 과일 및 채소 배달 서비스는 지역의 제철 식품을 더 많이 먹고자 하는 사람들에게 시간을 절약해주는 선택지가 된다. 최근의 한 연구에 따르면 이 방법은 차를 타고 팜 숍에 직접 찾아가는 것에 비해 이산화탄소 배출도 줄일 수 있다.
- 어떤 식재료들이 당신이 사는 지역에서 재배되는지, 어느 계절이 제철인지를 알아보고(그 도표와 목록은 인터넷에서 찾을 수 있다), 그에 따라 구매를 결정하라.
- 당신이 직접 채소, 허브, 또는 과일을 길러라. 정원이나 주말 농장, 공동체 텃밭을 이용하라. 이는 대부분의 로컬 푸드에 대한 최선의 해결책으로, 다른 사람들과 그 식품을 나눌 수도 있다. 공간이 있다면 닭을 직접 기르는 것도 고려해볼 수 있다.

내가 먹는 식품의 출처는 어떻게 알 수 있나?

당신이 먹는 식품이 어디서, 어떻게 재배되었는지를 알아보는 것은 그것이 얼마나 친환경적인지(또는 그렇지 않은지), 또 당신이 좋아하는 브랜드들이 우리 미래를 위해 투자하고 있는지 알 수 있는 유일한 방법이다.

대량 생산이 이루어지고, 농장에서 식탁까지 여러 단계를 거쳐야 하는 세상이다 보니, 우리는 식품이 어떤 경로를 거쳐 우리에게 오는지 거의 알지 못하는 경우가 많다. 다양한 식품들의 농업 관행들과 탄소 발자국에 관한 정보(주로 상반되는)를 곳곳에서 찾아볼 수 있지만, 이것을 당신의 구매 목록에 올라 있는 특정 품목들에 적용하기는 어려울 수 있다.

좋은 소식은, 현대 기술로 식품의 출처를 쉽게 추적할 수 있다는 것이다. 블록체인 기술(암호화된 디지털 기록 관리 체계로, 다양한 업계에서 사용됨)은 공급망을 보다

영국의 한 연구 결과,
구매자들 중 84%가
식품의 출처를 확인한다.

투명하게 만들고 있다(118~9쪽 참조). 요즘에는 심지어 당신의 식품이 어느 농장, 동물, 또는 밭에서 생산되었고 어떤 경로를 거쳐 당신에게 왔는지를 알려주는 앱들도 있다.

지역 생산 식품이 가장 친환경적인 선택지인 경우가 많긴 하지만, 당신이 필요한 것들을 항상 지역 내에서만 구할 수 있는 것은 아니다. 당신이 사는 곳에서 생산되지 않는 물품들에 대해서는, 그 생산 국가의 식품 생산자들을 지원하는 브랜드들을 찾아보도록 하라. 여성 농업 협동조합에서부터 재생 에너지 사용으로 지속 가능성을 승인받은 공장들까지, 가장 혁신적이고 진취적인 식음료 브랜드들은 자신들의 윤리적 신뢰도를 널리 알리고 공유하고자 한다.

- **조사하라.** 어쩌면 당신이 선호하는 슈퍼마켓 체인은 공급 정책에 관한 명확한 설명을, 당신이 좋아하는 우유 대체품, 비스킷, 초콜릿 브랜드들은 그 제품의 출처에 대한 설명을 웹사이트에 올려놓았을 수도 있다.
- **확신이 서지 않는다면,** 물어보아라. 슈퍼마켓, 지역 상점, 또는 해당 브랜드에 직접 이메일을 보내, 좋아하는 제품의 출처에 대한 정보를 요청하라. 만일 그 정보가 명확하고 투명하지 않다면 대체품을 찾아보아야 할 것이다.

각 식품 인증들은 어떤 의미를 지니는가?

가장 친환경적인 선택을 하고자 할 때 온갖 라벨과 로고들 때문에 헷갈릴 수 있다. 그린워싱 (greenwashing, 친환경 위장술)을 조심하라. 일부 브랜드들은 보이는 것처럼 친환경적이지 않을 수 있으니까.

어떤 공식적인 인증 없이도, 식품 생산업체들은 환경의식이 강하다는 인상을 아주 쉽게 줄 수 있다. 아래 인증들은 식품 구매 시 특히 잘 살펴보아야 할 점들이다. 이들과 관련하여 표준화된 국제적 상징은 없으므로, 라벨을 꼼꼼히 읽도록 한다.

- **자연 방목**(free range)이라고 해서 당신이 생각하는 것처럼 반드시 보증이 되는 것은 아니다. 그것은 동물들이 야외 공간을 이용할 수 있다는 의미일 뿐, 얼마나 오래, 얼마나 넓은 공간을 이용하느냐를 결정하는 건 아니다. 이 정의에 대한 규제는 거의 없으며 나라마다 차이가 있다.
- **유기농** 식품은 대체적으로 화학 물질, 살충제, 또는 항생제를 사용하지 않고 토양에 지속 가능한 방식으로 재배되거나 사육된 것이다. 하지만 유기농의 기준은 나라마다 차이가 있기 때문에 세부 내용은 그 식품이 어디서 생산되었느냐에 따라 달라진다. 더 자세한 내용은 46~7쪽에서 찾아볼 수 있다.
- **공정 무역**이란 해당 물품이 공정하게 재배 또는 생산되었으며, 그 공급망에 있는 모든 사람이 작업장에서의 인권 침해 없이, 빈곤선 이상의 삶을 살며 일한다는 것이다.
- **페어 와일드**(FairWild)는 허브나 향신료 등의 야생 식물들에 적용되는 국제적 인증이다. 이는 그 재료들의 공급

2020년을 기준으로 전 세계에서 사용되는 **환경 인증은 457가지**였다.

망 전체에 지속 가능한 방식을 촉진하며, 그것을 재배 및 수확하는 사람들의 공정한 대우와 보수를 보장한다.
- **비코프**(B Corp)는 물품이 아닌 기업에 적용되는 인증이다. 이것은 가장 받기 힘든 지속 가능성 인증으로, 전 부문에 걸쳐 신뢰성을 인정받는 것이다. 인증된 기업들은 소규모 자영업자들부터 세계적인 초대형 기업들까지 다양하지만, 모두가 지구와 사람을 이익 못지않게 중요시하는 기업들이다.

플라스틱으로 포장된 과일과 채소를 사도 될까?

일회용 플라스틱을 피하고 싶지만 가끔은 그럴 수 없을 때가 있다. 어쩌다가 플라스틱을 사용하는 것은, 그것을 통해 음식물 쓰레기를 줄일 수 있는 경우라면 더 친환경적이라 할 수 있다.

플라스틱 오염에 대한 인식이 커짐에 따라, 사람들은 자동 반사처럼 모든 플라스틱 포장에 대해 단호하게 '아니'라고 말하게 되었다. 많은 경우에 비닐은 전혀 불필요하다. 예를 들어 플라스틱 통에 든 사과나 비닐로 수축 포장된 양

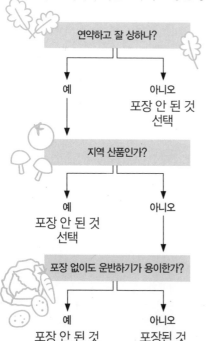

연약하고 잘 상하나?

예 →

아니오 → 포장 안 된 것 선택

지역 산품인가?

예 → 포장 안 된 것 선택

아니오 →

포장 없이도 운반하기가 용이한가?

예 → 포장 안 된 것 선택

아니오 → 포장된 것 선택

▲ 동일한 물품을 포장된 것과 안 된 것 중 어느 쪽으로 선택할지 고민하는 상황에서 이 흐름도가 도움이 될 것이다.

배추를 보면 피하게 된다. 하지만 식품 업계의 많은 이들은 오이와 후추 같은 일부 물품들의 경우 플라스틱 포장을 이용해 유통기한을 늘리고 음식물 쓰레기를 줄일 수 있다고 주장한다.

조류(algae)를 주성분으로 하는 재료나 생분해성 포장지 같은 플라스틱의 다양한 대안들이 시험대에 올라 있지만, 아직 널리 사용되는 상황은 아니다. 그러나 당신이 플라스틱을 멀리할수록 슈퍼마켓들은 더 큰 압력을 받게 되어 조사와 투자, 또 플라스틱이 아닌 다른 해결책을 도입하려 할 것이다.

- 유통기한을 고려하라. 플라스틱 포장은 당신이 음식을 먹기 전에 상하는 일이 없도록 하는 경우에는 사용할 가치가 있을 수도 있다. 그러므로 손상되기 쉬운 물품들, 특히 선반에 놓이기까지 이미 긴 경로를 거쳐온 것들에 알맞은 선택지이다.
- 지역 청과물 가게, 팜 숍, 또는 제로 웨이스트 숍들을 이용하라. 이들은 과일과 채소를 플라스틱 포장 없이 판매할 가능성이 높으니까.
- 직접 재배할 수 있나? 예를 들어 바질 같은 허브들은 슈퍼마켓에서는 플라스틱에 담아 파는데, 화분에 심어 창턱 위나 정원에서 재배하기 쉽다.

지구를 해치지 않으면서
식품을 신선하게 유지하는 방법은?

일회용 플라스틱 사용 습관을 억제하려는 노력은 힘들게 느껴지지만, 주방에서의 몇 가지 오래된 팁들을 활용하면 눈에 띄는 변화를 만들 수 있다.

비닐 랩은 식품을 신선하게 보관하기 위한 가장 쉽고 흔한 도구들 중 하나이지만, 여러 가지 환경 문제들을 야기한다. 신축성 있는 플라스틱은 재활용 시설에서 기계에 엉겨 붙기 때문에 사실상 재활용이 불가능하다. 이는 곧 우리가 쓰는 비닐 랩이 거의 전부 매립지, 소각장, 또는 해양으로 가게 된다는 말이다. 이것이 미세 플라스틱으로 분해되면 유독성 화학 물질들을 방출하고 야생 동물들을 위험에 빠뜨리는 등(특히 해양 생물들의 몸속에 축적됨으로써), 환경을 더욱 오염시키게 된다(96쪽 참조).

다행히 비닐 랩에 손을 뻗지 않고도 식품을 지키고 쓰레기 발생을 피할 수 있는 방법들이 많이 있다.

- 비즈왁스(밀랍)나 소이왁스로 만든 랩은 점심 식사용 샌드위치나 냉장고에 넣어둘 남은 음식 등을 신선하게 유지해주는 훌륭한 방법이다. 이들은 왁스를 입힌 천 조각들로 만들어지며, 당신 손의 열에 반응하여 밀봉이 된다. 크기도 다양하며 재사용이 가능하다(그냥 찬물과 주방용 세제로 씻으면 됨). 심지어 남는 천 조각들과, 작은 구슬 형태로 구매할 수 있는 왁스를 이용해 직접 만들 수도 있다. 오븐에 넣거나 다리미를 이용해 왁스를 '재배치'시

키면 다시 새것처럼 쓸 수 있다.
- 알루미늄 포일은 비닐 랩의 적절한 대안이 될 수 있다. 하지만 알루미늄 포일의 재활용 여부와 장소에 대한 세부 사항은 지역에 따라 다르다. 만약 재활용할 수 없다는 것을 알고 있다면 사용하지 않도록 하라.

영국에서는 매년
적도를 30회 감을 만한 양의
비닐 랩이 사용된다.

- 샌드위치용 플라스틱 비닐 봉투와 신형 플라스틱 식품 용기들도 피하라. 식품 보관 시에는 새 플라스틱에 대한 수요를 부채질하지 말고 과일, 채소, 빵 등을 포장했던 비닐 봉투들, 아이스크림이 들어 있던 용기들을 재사용하라.

"우리의 식습관은
생물 다양성을 해친다.
우리가
먹는 것의 75%가
단 12종의 식물과
5종의 동물로부터
나오기 때문이다."

탄소 발자국을 감수할 가치가 없는 식품들이 있나?

당신 식탁 위의 식품들 중 다수가 친환경적인 방식으로 생산될 수 있는 반면, 일부는 선진국들이 요구하는 엄청난 양 때문에 지속 가능한 생산이 불가능하다.

우리는 다양한 식단을 원하며 영양가 높은 슈퍼푸드에 끌리지만, 보통은 그에 대한 대가를 치러야 한다. 한 가지 재료를 수많은 사람들이 갑자기 사먹게 되면 그 식품의 탄소 발자국은 정당화될 수 없게 된다. 아래는 그러한 문제적 식품들 중 일부이다.

• 아보카도는 이 문제의 주된 예이다. 건강 연구와 인스타그램의 영향으로 아보카도의 인기가 치솟자, 멕시코 농부들은 그 수요에 맞추기 위해 오래된 숲들을 파괴하고 아보카도 농장을 확장했다. 게다가 과일을 따고, 신선하게 보관하고, 전 세계로 운송하는 데 필요한 자원들과 에너지까지 더해진 결과는 곧 탄소 배출 악몽이다. 또 칠레 일부를 비롯한 많은 지역에서 윤리적 문제까지 제기되고 있는데, 주민들과 소농들이 기업의 지원을 받는 대규모 농장들에 밀려 물 사용을 거부당하고 있기 때문이다.

• 치아 시드, 퀴노아, 코코넛은 전부 비슷한 영향을 미친다. 예를 들어, 퀴노아 붐으로 페루의 농부들이 생산량을 늘리게 되자 산림 파괴와 살충제 사용이 증가했다.

• 비닐 포장된 샐러드는 LED 조명 아래에서 자라 먼 곳으로 운송되는, 탄소 배출량이 높은 또 다른 장본인이다. 그런데 과연 그 한 봉지를 남김없이 다 먹는 사람이 있긴 할까?

• 왕새우는 주로 아시아에서 양식되는데, 그 생산과 수확으로 인해 오래된 맹그로브 습지들(토양 침식 방지와 해수면 상승으로부터의 보호에 필수적인)이 파괴되고 있다.

아보카도 한 개를
재배하려면
320리터에 달하는
물이 필요하다.

유행하는 식품들이 환경에 재앙이 되지 않도록 그것들이 어디서 어떻게 생산되었는지 조사하고, 당신이 구매하는 브랜드들이 공정 무역 또는 윤리적인 공급망을 운용하는지를 확인하라.

가공식품이 환경에 미치는 영향은 무엇인가?

가공식품과 스낵이 많은 서양식 식단은 우리의 건강뿐만 아니라 지구의 건강에도 큰 부담을 준다.

가공식품과 관련된 최대의 환경 문제는 거기에 가장 흔히 사용되는 밀, 옥수수 같은 재료들의 대량 생산이다. 이들은 단작물로 산업적으로 재배되며, 생물 다양성을 해치고 농업을 크게 오염시킨다. 소규모, 유기농, 지속 가능한 농업은 토양을 건강하게 유지하기 위해 자연과 협력하는 반면, 산업형 농업은 정반대이다. 단기 이익을 위해 토양과 가축들을 최대한 압박하여 환경을 희생시키는 것이다.

일반적인 영국 **사람**은 하루 칼로리 섭취량 중 **56%를 고도로 가공된 식품들**로부터 얻는다.

토양 건강이라는 말에 시큰둥해할 수도 있지만, 그것은 우리가 살아갈 수 있는 세상을 만드는 데 기본이 된다. 남용으로 인해 황폐화되고 화학 물질 흡수로 훼손되어 토질이 나빠진 곳들이 많다. 대규모 농업은 건강한 토양에 필수적인 무척추동물들과 미생물들에서부터 오래된 숲들과 야생 생태계까지

모든 것을 심하게 망쳐놓았다. 밭에서 유출된 화학 물질들로 우리 해양에는 산소 부족으로 아무도 살 수 없는 '사수역'이 형성되었다.

또 다른 주된 문제는 가공식품이 긴 공급망을 거치는 경향이 있다는 것인데, 이는 산업 전반에 걸친 문제인 음식물 쓰레기와 플라스틱 과다 사용으로 이어진다. UN은 농장, 생산업체, 소비자 대상 사업들이 전체 음식물 쓰레기의 58%를 발생시킨다는 것을 알아냈다(공급망이 이 문제 해결의 핵심인 이유에 대해서는 118~9쪽 참조).

고작 감자 칩 한 봉지를 사려는데 이 모든 것을 고려하기란 꽤나 벅찬 일이다. 하지만 당신이 먹는 식단을 더 친환경적으로 만들 방법들이 있다.

- '고도로 가공된' 식품을 피하라. 불량 스낵, 설탕이 든 시리얼, 즉석 식품 등.
- 가능하면 '가공되지 않은' '온전한' 또는 '유기농' 재료를 구매하라.
- 맨 처음부터 요리하기를 실천하라. 만족감이 그러한 노동을 가치 있게 만들 것이다. 이를 통해 음식물 쓰레기를 덜 배출하고(홈메이드 케이크를 버릴 사람이 누가 있을까?), 플라스틱 포장을 줄이고, 가공식품 산업에 돈을 쓰지 않을 수 있게 된다.

가장 친환경적인 설탕은?

단것을 좋아하는 입맛이 어떤 결과를 불러올지 걱정된다고? 설탕은 어떤 형태이든 간에 별로 친환경적이지 않지만, 어떤 종류는 다른 설탕들에 비해 친환경적이다.

어떤 식품에 첨가당이 들어 있다면, 그것은 옥수수, 사탕수수, 또는 사탕무 중 하나에서 얻었을 확률이 높다. 예를 들면, 옥수수로 만든 액상 과당(High-fructose corn syrup, HFCS)은 탄산음료와 간편식에 주로 쓰이며, 옥수수당, 덱스트로스, 말토덱스트린도 전부 옥수수에서 유래된 흔한 당류이다.

옥수수는 중요한 단작물이다. 미국 전체 농경지의 3분의 1인 3600만 헥타르를 차지한다. 이 대대적인 규모의 농업에 사용되는 수많은 살충제들은 토양을 훼손하고, 물을 오염시키며, 생태계를 파괴한다. 옥수수 생산은 사탕수수나 사탕무 생산에 비해 더 많은 화석연료를 사용하고 더 많은 온실 가스를 배출하며, 액상 과당 관련 거대 기업들의 관행은 그다지 투명하지도, 윤리적

이지도 않다. 사탕수수와 사탕무는 전반적으로 옥수수보다는 덜 해로운 방식으로 재배되지만, 그래도 비교적 집약적이다. 재배 말고도, 에너지와 물이 많이 드는 정제 과정 역시 문제가 된다. 전 세계의 수요를 충족할 만한 양의 설탕을 생산하는 것은 사실상 지속 불가능한 방식으로밖에는 안 된다. 이 문제를 다루기 위해서는 우리가 소비하는 첨가당의 양을 줄여야 한다.

- 정제당을 사야 한다면 공정 무역이나 유기농인지 확인하여 환경에 미치는 영향을 줄이도록 한다.
- 고도로 가공된 식품과 탄산음료를 피하고, 그 대신 소규모로, 가까운 곳에서 생산된, 또는 집에서 만든 것을 선택하라. 이것이 당신은 물론 지구한테도 좋다.

사탕수수 설탕 **1kg**은
1500리터의
물 발자국을 남긴다.

사탕무 설탕 **1kg**은
935리터의
물 발자국을 남긴다.

커피 한 잔을 만드는
가장 친환경적인 방법은?

프렌치 프레스부터 천천히 내려 마시는 필터 커피 머신까지, 커피를 만드는 방식은 그 어느 때보다 더 다양하다. 하지만 같은 한 잔의 커피라고 해서 다 똑같은 탄소 발자국을 남기는 것은 아니다.

커피 만들기가 환경에 미치는 영향의 대부분은 커피콩 재배로부터 유래된다. 전 세계적 커피 수요의 계속되는 증가로 많은 지역에서는 무성한, 키가 큰 숲 나무들 밑의 그늘에서 커피 나무를 재배하던 전통적 방식을 버리고, 대규모의 노출된 농장을 만들었다. 이 문제에 대한 사람들의 인식이 늘어남에 따라, 그늘 재배 커피를 윤리적 소비자의 선택으로서 지지하는 움직임이 늘고 있다.

집에서 커피 한 잔을 만드는 가장 친환경적인 방법을 평가하려면 에너지 소비와 필요한 커피의 양을 고려해야 한다. 인스턴트커피 가루와 프렌치 프레스 커피는 두 가지 기준 모두에서 꽤 괜찮은 성적을 낸다. 인스턴트커피 가루는 한 컵당 비교적 적은 양의 커피를 사용한다. 프렌치 프레스는 한 번 쓰고 마는 부분이 없이 분쇄된 커피와 물만 사용하므로 친환경 측면에서 높은 점수를 받는다. 캡슐 커피 머신들도 한 컵당 소량의 커피만을 필요로 하며 에너지 소비도 적다는 면에서는 괜찮은 선택이다. 하지만 이들이 만들어내는 다량의 플라스틱 폐기물은 캡슐 커피 머신의 인기가 높아짐에 따라(미국 전체 가구의 40%가 한 대를 소유하고 있을 정도) 문제시되고 있다.

☑ 윤리적 커피 구매

☑ 필요한 만큼만 만들기

☑ 원두 재사용

어떤 방법들은 효율성이 떨어진다. 에스프레소 머신은 플라스틱 폐기물을 만들어내지는 않지만 커피 한 잔 만드는 데 다량의 커피와 에너지를 소비한다. 드립 필터 커피 머신들은 보통 장시간 켜져 있기 때문에 에너지가 많이 들고, 대부분의 경우 일회용 필터를 써야 한다.

가장 친환경적인 커피 한 잔을 위해 해야 할 일은 다음과 같다.

- **단순한, 로우 테크 방식**으로 커피를 만들어라. 생산, 사용, 수리, 폐기 등에 더 많은 에너지가 소모되는 전기 기계들보다는 프렌치 프레스 같은 것이 낫다.
- **캡슐 커피 머신**을 갖고 있다면 재활용이 가능한 알루미늄 캡슐이나 생분해

매분마다 3만 9천 개의 플라스틱 커피 캡슐이 생산된다.

성 캡슐로 선택하고 적절히 폐기하라.

- **드립 필터 커피 머신**을 갖고 있다면 재사용 또는 퇴비화가 가능한 필터를 써라.
- **공정 무역 또는** 열대우림 동맹(Rainforest Alliance) 인증을 받은 커피를 선택하되, 유기농으로 그늘 재배된 커피를 고른다면 더욱 좋다.
- **쓰레기를 줄여라.** 사용한 커피 가루는 퇴비화하거나, 토양에 직접 뿌려 비료 겸 민달팽이 방지제로 사용하라.

티백에 들어 있는 플라스틱을 피할 수 있을까?

따끈한 한 잔의 차는 놀랍게도 플라스틱 문제의 요인이 될 수 있다.

많은 티백에서 폴리프로필렌이라는 유연한 플라스틱이 밀봉하는 데 사용된다. 우리가 차를 끓여 마실 때, 수많은 플라스틱 입자들이 찻물로 침출된 뒤 우리 몸속으로 들어온다. 플라스틱이 들어 있다는 건 곧 티백이 완전히 분해되지 않는다는 의미이다. 그 대신, 그것들은 우리 토양과 음식물 쓰레기를 오염시킨다.

어떤 티 브랜드들은 현재 식물성 재료만을 가지고 티백을 만들고 있지만, 그래도 여전히 환경 문제가 발생할 수 있다. 또 많은 기업들이 자랑스럽게 '생분해성' 티백으로 전환했다고는 하나, 사실상 그 티백들은 더 높은 온도를 내는 산업용 퇴비함에서만 분해되지, 가정용에서는 안 된다.

- **최선의 해결책**은 티백에 들어 있지 않은 찻잎으로 바꾸되, 제로 웨이스트 숍에서 윤리적으로 거래된 유기농 제품을 선택하는 것이다. 찻주전자에 잎을 넣거나 재사용할 수 있는 필터를 사용해 차를 우리도록 한다.
- **티백**을 사용할 경우에는 유기농의, 지속 가능한 방식으로 생산된 재료들을 사용하고 플라스틱을 쓰지 않는 브랜드의 제품을 선택하라.

재사용 가능한 커피 컵은 정말 테이크아웃 컵들보다 친환경적일까?

커피 테이크아웃은 편리하긴 하지만 쓰레기를 발생시키고 탄소 배출을 더하게 된다. 카페에서의 습관을 살짝 바꿈으로써 당신의 커피가 환경에 미치는 영향을 줄일 수 있다.

일회용 커피 컵은 우리의 편의 중심적 생활방식을 여실히 보여주는 것인데, 일례로 독일에서만 매년 28억 개의 커피 컵들이 사용된다. 대부분은 플라스틱으로 코팅된 종이로 만들어지며, 일부 기업들이 '퇴비화 가능한' 또는 재활용되는 컵들을 내놓기도 하지만, 실제로는 그러한 처리에 필요한 기반시설들이 아직 갖춰지지 않은 상태이다. 이 컵들의 거의 대부분은 여전히 매립지로 보내지며, 그곳에는 그것들을 분해시키는 데 충분한 공기, 습기 또는 세균이 없다.

재사용 가능한 커피 컵에 대한 투자는 올바른 방향으로의 일보라 할 수 있지만, 이러한 방법이 얼마나 친환경적인지는 당신의 컵 사용 빈도에 달려 있다. 그 커피 컵들을 생산하는 데에 사용되는 재료와 에너지를 고려할 때, 환경에 영향이 가장 적은 선택지에 속하는 폴리프로필렌 소재의 컵이라고 해도, 일회용 컵에 비해 더 친환경적이 되려면 최소 20회는 사용되어야 한다. 또 어떤 소재는 상쇄가 더 오래 걸려서, 폴리카보네이트 컵의 경우에는 약 65회는 사용해야 일회용을 앞지를 수 있다.

당신이 매일 마시는 커피가 환경에 미치는 영향을 줄이기 위해 지켜야 할 사항은 다음과 같다.

- 커피를 이동 중에 마시지 않도록 한다. 그 대신 짬을 내서 카페에 앉아 도자기 컵에 담긴 커피를 즐겨라.
- 커피를 이동 중에 마시고자 한다면, 아침 출근길 같은 때에는 집에서 직접 만든 커피를 재사용 가능한 컵이나 병에 담아 가지고 나가도록 하라.
- 테이크아웃 커피 습관을 포기할 준비가 안 됐다면, 재사용 가능한 컵을 항상 갖고 다녀라. 그것의 생산 및 폐기에 드는 환경적 비용을 상쇄할 만큼 여러 번 사용하기만 한다면, 플라스틱 프리 컵이 좋은 선택이 될 수 있다.

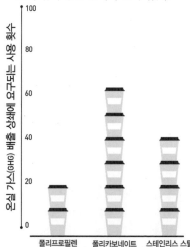

▲ 각 재사용 가능한 컵은 여러 번 사용해야 평생 배출하는 탄소량이 일회용 컵들보다 낮아진다.

소프트드링크를 즐기는 가장 친환경적인 방법은?

소프트드링크 산업이 산더미 같은 플라스틱 폐기물로 지구에 부담을 준다는 사실을 부정할 수는 없다. 그러나 당신의 목마름을 해소해줄 친환경적인 해결책들도 있다.

세계의 소프트드링크 산업은 플라스틱 오염의 아주 큰 원인으로 작용한다. 예를 들어, 해마다 약 340억 개의 일회용 플라스틱 병들이 바다로 가게 된다. 플라스틱 오염의 원인이 되는 상위 3개 기업 모두가 소프트드링크를 생산한다. 많은 소프트드링크와 생수 생산자들은 그들이 사용하는 병들이 재활용될 수 있으며, 실제로 재활용된다고 주장한다. 물론 이로 인해 플라스틱을 처음 만들 때 드는 기름을 덜 쓰게 되기는 하지만, 재활용 과정에 소모되는 에너지 때문에 엄청난 양의 탄소 배출이 일어난다.

소프트드링크와 관련된 다른 문제는 바로 성분이다. 대량 생산된 음료들은 보통 액상 과당(HFCS, 57쪽 참조)으로 단맛을 내는데, 이것은 지속 불가능한 농업 방식으로 생산된다. 또 흔히 사용되는 재료인 바닐라와 스테비아 등은 토착민들의 동의 없이 이루어지는 토지 수탈과 같은 비윤리적인 관행과 관련된다.

물 사용 문제도 있다. 전 세계적으로 7억 8500만 명이 깨끗한 물을 먹지 못하는 상황에서, 탄산음료 단 0.5리터를 만드는 데 170리터에 달하는 물이 쓰인다.

소프트드링크에 보다 친환경적으로 접근하는 방법은 덜 소비하는 것이다.

- 플라스틱 병에 든 음료 구매를 피하라. 외출 시에는 재사용 가능한 물병을 가지고 다녀라.
- 탄산음료의 팬이라면 가정용 탄산수 제조기를 사서 직접 만드는 것을 고려해보라. 탄산수 제조기의 용기는 재활용이 가능하며 병은 재사용이 된다. 스웨덴인의 20%가량은 이미 이 방법을 쓰고 있다.

가정용 탄산수 제조기 한 대로 **일회용 플라스틱 병 550개**의 유통을 중단시킬 수 있다.

- 그래도 탄산음료를 구매한다면, 천연 재료들 위주로 첨가물과 감미료가 비교적 적게 들어간, 그리고 재활용이 가능한 알루미늄 캔이나 유리병에 담긴 것을 고르도록 한다.

와인은 지구에 해로울까?

지난 1백 년 동안 이루어진 와인 생산 혁신은 환경적으로는 퇴보로 판명되었다. 보다 친환경적인 생산 방식으로의 변화는 축배를 들어야 할 일이다.

광활한 부지에서 생산되는 대량 생산 와인은 장인들이 소규모 포도원에서, 또는 협동조합들이 토양의 미래에 투자하는 의미로 영양을 공급해가며 저개입 방식으로 창조하는 와인과는 큰 차이가 있다. 많은 대형 와인 단지들이 다량의 살충제를 사용해 공장과 같은 규모로 농사를 지으며, 이는 토양 건강을 해치고 화학 물질들이 수로로 유출되게 만든다. 방대한 지역에서의 단일 작물 재배로 인한 생태적 영향에 더해, 지역적 생물 다양성도 사정없이 파괴된다.

변화의 씨앗

이 대규모 단지에서의 살충제 과용으로 인한 토질 저하로 많은 와인 생산 국

프랑스의 포도원들은 **프랑스 땅의 3%**밖에 안 되지만, 나라 전체의 **살충제** 소비의 **20%**를 차지한다.

가들이 보다 친환경적인 방식을 채택할 수밖에 없게 되었다. 뉴질랜드의 거의 모든 와이너리는 지속 가능성 인증을 받는 데 동참하고 있고, 칠레의 포도원들 중 75%도 그와 비슷한 인가를 받

았다. 또 2019년, 캘리포니아 주의 소노마 카운티는 포도 재배 겸 와인 양조 지역으로는 최초로 전체 면적의 99%가 공인되어 거의 완전한 지속 가능성을 보증받았다. 나라마다 각자의 인증 제도를 갖고 있지만 주된 신조는 와인 생산 시 살충제와 기타 인위적 개입 피하기, 또 자연스럽고 영속 농업적인 해결책 추진하기와 연관되어 있다. 그렇다면 와인 구매 시 친환경적으로 접근하려면 어떤 점들을 지켜야 할까?

- **와인 라벨**에 '저개입' '바이오다이내믹(biodynamic)' '내추럴' 또는 '유기농'이라고 적힌 것을 골라라(유기농은 달성 기준이 매우 엄격하기 때문에 많지 않을 수 있다).
- **라벨만 보지 말고** 당신이 좋아하는 와인의 포도가 어디서 재배되었는지 조사해보라. 포도원 근처에 산다면 지역 와인을 구매하여 와인에 붙는 항공마일을 줄여라.
- **박스 와인**이나 케그 와인을 묵살하지 마라. 두 가지 모두 유리병에 든 와인에 비해 운송 시 이산화탄소 배출량이 적다. 또 박스 와인은 개봉 후 더 오래 마실 수 있다.
- **채식주의자라면** 와인에 동물성 성분이 함유되어 있음을 유념하라. 라벨을 통해 정제 과정에서 쓰이는 동물성 아황산염 함유 여부를 확인하거나, '여과되지 않은' 와인을 선택하라.

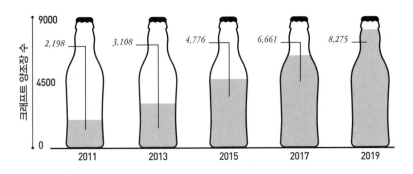

▼ 미국의 크래프트 양조장 수는 지난 10년간 빠르게 증가해왔다.

크래프트 양조장 수

9000 — 4500 — 0

2,198   3,108   4,776   6,661   8,275

2011   2013   2015   2017   2019

맥주와 양주가 친환경적일 수 있을까?

맥주와 양주를 지속 가능하게 마신다는 것은 각 브랜드의 생산 방식과 윤리성을 고려함을 의미한다.

맥주 및 양주 제조는 에너지와 물이 많이 소모되는 과정이다. 맥주를 양조하는 데에는 조명, 공기 압축, 난방, 냉방, 냉장을 위한 에너지가 필요하다. 게다가 맥주 1파인트당 5~6파인트의 물이 쓰이며, 사용된 곡물은 고체 쓰레기가 된다. 또 병맥주는 운송하기에도 부담스럽다.

양주 생산 시 적용되는 복잡한 증류 방식 역시 에너지 소모가 크며, 심각한 물과 과육(술이 만들어지고 난 뒤 남는 원재료의 잔재)의 낭비가 발생한다. 재료들에도 문제가 있다. 예를 들어 럼은 사탕수수로 만드는데, 이 사탕수수가 환경에 영향을 미친다(57쪽 참조).

다행히도 수많은 선구적 브랜드들이 윤리적 방식을 추구하고 있다.

• 가까운 곳에서 양조된 크래프트 맥주를 물색하라. 이들은 재료를 가까운 곳에서 공수하고 친환경적이 되기 위해 혁신적인 기술을 적용한다. 여기에는 물 절약, 재생 에너지에 대한 투자와 심지어는 새 홉 대신 남는 빵을 사용(고체 쓰레기를 줄여줌)하는 것도 포함된다. 일부 양조장들은 그들의 수익을 지역 사회 지원 사업에 기부 또는 투자하기도 한다.

• 책임감 있는 기업(쓰레기를 줄이고 지속 가능한 방식으로 재배된 재료를 사용하는 등)에서 만든 술을 선택하라. 아가베를 남는 부분 없이 다 사용하고 쓰레기를 퇴비화하는 소규모 데킬라 양조자들, 지역 식물들을 사용하는 진 증류소들이 그 예이다.

친환경적으로
바비큐를 하는 방법이 있을까?

바비큐에 대한 사랑에는 대가가 따른다. 무엇으로 불을 피우는지(또 어떤 음식을 굽는지)에 따라 그 야외에서의 식사는 보다 더, 또는 덜 친환경적이 될 수 있다.

가스와 숯을 이용한 바비큐는 모두 이산화탄소를 배출하지만, 오염에 관한 한 숯이 더 큰 주범이다. 가스에 비해 대기 중에 독성 입자들을 두 배 더 많이 내뿜음으로써 우리의 호흡기 건강과 환경을 해치기 때문이다. 게다가 많은 사람들이 사용하는 대량 생산된 숯 블록들은 지속 불가능하게 벌채된 열대 목재에 불이 잘 붙도록 화학 물질들을 코팅한 것이다. 하지만 뭐니 뭐니 해도 일회용 숯 그릴이 가장 해롭다. 에너지 효율이 떨어질 뿐 아니라, 일회용 플라스틱으로 포장되어 있어 재활용이 불가능하니 말이다.

가스는 대기에 미치는 영향이 숯보

영국에서는 매년
1백만여 개의 일회용 그릴이
사용된다.

다 덜하긴 하지만, 그래도 재생 불가능한 화석 연료이므로 아주 친환경적인 선택이라고 할 수는 없다. 전기 바비큐 그릴들은, 당신이 재생 가능한 공급원으로부터 전기를 공급받는 경우라면 보다 나은 선택지가 된다(134쪽 참조). 야외에서 요리할 계획이라면 다음을 유념해야 한다.

- **가스든 숯이든**, 뚜껑을 이용해 온도를 제어하여 연료를 덜 쓰도록 한다.
- **숯을 산다면** 최대한 지속 가능한 방식으로 운영되는 국산 숲에서 생산된 것을 골라라. 가격은 좀 비싸지만 구조상 대량 생산된 숯들에 비해 더 오래 타기 때문에 비교적 적은 양만 써도 된다.
- **천연 불쏘시개**를 선택하라. 흔히 사용되는, 석유를 원료로 한 것들 대신 대팻밥 같은 재료로 된 것이 좋다.
- **불구덩이를 이용할 때**에는 커피콩 찌꺼기나 재활용 톱밥 같은 재료로 만든 장작을 이용하면 일반 나무에 비해 연기가 적게 난다.
- **바비큐용 음식을 고를 때**에는 육류와 생선을 줄이고 채소들 위주로 선택하라. 버섯, 아티초크, 가지 등을 구워 먹으면 정말 맛있다. 샐러드는 가공 포장된 것을 사는 대신 직접 만들고, 일회용 그릇을 사용하지 말고 도자기 접시와 유리잔을 꺼내라.

소풍을 친환경적으로 가는 방법은?

그 모든 플라스틱으로 포장된 일인용 스낵과 음료들 탓에 소풍은 종종 낭비를 의미한다. 그러나 조금만 계획을 세우면 지구를 살리는 데 도움이 된다.

소풍은 보통 즉흥적인 성격 때문에 친환경 문제가 전혀 고려되지 않고는 한다. 하지만 지나치게 많이 사고, 지속 가능성보다는 편의를 선택하고자 하는 유혹으로 인해 플라스틱 포장 식품들(팩에 든 딸기, 포일로 포장된 파이, 각종 소스와 스프레드가 든 작은 통들 등)과 일회용 컵, 플라스틱 커틀러리가 넘쳐나게 된다. 집에서 만든 음식들도 보통 비닐 랩(매립지로 가게 될)이나 알루미늄 포일(대부분이 재활용되지 못하는)로 포장된다.

음식물 쓰레기도 문제이다. 따뜻한 곳에 놔두었던 음식은 나중에 먹기 위해 집으로 가져가기보다는 쓰레기통에 버려질 확률이 훨씬 높기 때문이다.

• 가장 친환경적인 소풍을 위해서는, 미리 계획하라. 샌드위치, 샐러드, 케이크 등의 음식을 집에서 만들도록 하라. 재사용 가능한 용기들, 백, 랩을 구매하라. 비닐 랩 대신 비즈왁스나 소이왁스 랩(53쪽 참조)으로 음식을 밀봉해 신선도를 유지하라.

• 시간이 없어서 음식을 직접 못 만든다면, 식품점에 갈 때 집에 있는 용기들을 가져가라. 요즘은 이것을 환영하는 곳들이 많다. 재사용 가능한 커틀러리와 빨아 쓸 수 있는 냅킨(31쪽 참조)도 챙겨라.

☑ 홈메이드 식품

☑ 친환경 랩

☑ 리필 가능한 음료수 병

☑ 재사용 가능한 커틀러리와 접시

◀ 소풍을 자주 간다면 제로 웨이스트 소풍 필수품들을 구매하라.

윤리적으로 외식을 하는 방법은?

외식을 한다고 해서 꼭 환경을 지키고자 하는 의도를 저버리는 일은 아니다. 음식점을 신중히 고른 다면 그것이 곧 집에서와 같은 환경적 기준을 적용하는 일이 될 것이다.

외식업은 지구의 음식물 쓰레기 문제의 주범이다. 영국에서는 매년 외식업계에서 배출하는 음식물 쓰레기만 20만 톤에 달한다. 그중에 그저 손님들이 먹지 않아서 남은 음식이 3분의 1이나 되는 것으로 추산된다.

음식점들은 도시 지역들의 대기 질에도 해로운 영향을 끼친다. 조리 과정에서 유발되는 입자로 인한 공해가 음식점들이 밀집한 지역 부근에서 더 심해지는 것으로 나타났다. 예를 들어 런던에서는 음식점들의 조리 활동이 그러한 공기 오염의 약 13%를 차지한다.

보다 친환경적인 선택들

조리 과정 같은 요인들은 당신이 제어할 수 없지만, 음식점의 쓰레기 관련 정책이나, 공급망 단축 및 항공마일 배제를 위한 지역 공급처 이용 여부 등은 조사해볼 수 있다. 쓰레기 문제만 놓고 볼 때, 항상 체인점이 최대의 범죄자이고 독립 음식점들만 결백한 것은 아니다.

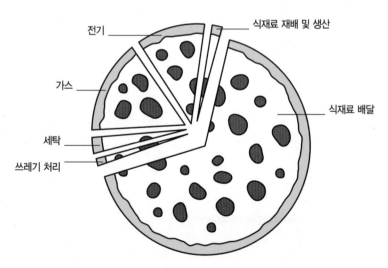

전기 ———

가스 ———

세탁 ———

쓰레기 처리 ———

——— 식재료 재배 및 생산

——— 식재료 배달

▲ 뉴욕의 어느 일반적인 음식점의 탄소 발자국을 분해해본 결과, 식재료가 단연 최대 요인인 것으로 나타났다.

장사가 잘되는 영국 번화가의 어느 체인점은 남는 음식을 자선 단체에 기부하는 것으로 유명하다.

당신이 외식을 할 때 분별력을 갖고, 소비자의 힘으로 지속 가능성을 추구하는 음식점들에 대한 지지를 확실히 한다면, 보다 덜 친환경적인 음식점들도 우리가 직면한 문제들을 계속 무시하기가 힘들어질 것이다. 이런 신중한 선택을 통해 당신은 당신이 좋아하는 음식점들이 사용하는 식재료에 대한 발언권을 가질 수 있다. 나아가 식재료는 음식점의 탄소 발자국 중 가장 큰 부분을 차지하는 원인이므로, 음식점을 친환경화하는 것은 그 발자국을 줄이는 효과적인 방법이다. 다음을 유념하도록 하라.

• 지역적 근접성과 계절성을 고려하라. 항공마일과 밭에서 식탁까지의 추적 가능성을 염두에 두고 메뉴를 보아라. 제철인 음식, 또 가능하다면 현지에서 생산된 음식을 선택하라. 식품의 출처를 투명하게 공개하고, 막대한 탄소 발자국을 남기는 재료들을 사용하지 않는 음식점들을 지지하라.

• 공장형 농장에서 길러진 육류는 피하라. 축산은 전체 온실 가스 배출량의 15%를 차지한다. 외식을 할 때 고기를 꼭 먹고 싶다면 현지에서 길러진, 목초를 먹인, 유기농 육류를 사용하는 음식점을 선택하라. 육류의 출처를 명확히 밝히지 않는 음식점이라면 직원에게 말해서 그 문제에 관한 인식을 제고하도록 하라.

• 쓰레기를 고려하라. 양껏 먹을 수 있는 뷔페(더 나쁜 범죄자라 할 수 있는)는 피하고 먹을 수 있는 만큼만 주문하라. 음식을 나눠먹는 경우에는 처음부터 많이 시키기보다는 적게 시키고 나중에 추가하라. '코부터 꼬리까지'(육류)

이든 '뿌리부터 열매까지'(식물성 재료)이든, 그 식품의 최대한 많은 부분을 자랑스레 사용하는 음식점들을 찾아라. 또 남은 음식을 포장해가는 것(또는 직접 가져온 통에 담아가는 것)을 부끄러워하지 말고, 돈을 내고 산 음식이 버려지는 일을 막도록 하라.

• 음식점 직원들을 지원하라. 예를 들어 당신이 낸 팁이 기업이나 주인의 주머니를 채우는 게 아니라 웨이터, 셰프, 주방보조 직원에게 돌아가는지 확인하는 식으로.

패스트푸드는 먹지 말아야 하나?

많은 이들이 패스트푸드와 테이크아웃 음식의 맛과 편리함을 좋아하지만, 저렴한 버거와 치킨은 온갖 심각한 환경 문제들을 포함한다. 이제는 느리게 가야 할 때이다.

패스트푸드는 5700억 달러 규모의 산업으로, 빠르고 편리한 식사를 원하는 사람들을 잡아끄는 가격을 유지하기 위해 대규모 산업형 농업에 의존한다. 세계적인 패스트푸드 시장의 규모는 정말 상상을 초월한다. 하나의 버거 체인점이 일 초에 75개의 버거를 판매하고, 또 다른 패스트푸드 브랜드는 일 년에 10억 마리의 닭을 써버린다. 이런 식재료에 대한 수요는 대규모 공장형 농업이 맞춰주는데, 이러한 농업은 산림을

전체 쓰레기의 40%는 패스트푸드 포장재인 것으로 추정된다.

파괴하고 농장 주변의 물과 토양을 오염시킬 뿐 아니라 엄청난 양의 온실 가스까지 배출한다. 또 당신이 먹고 마실 치킨 너겟과 밀크셰이크를 만드는 데 사용될 동물들을 먹이고 기르기 위해 어마어마하게 많은 땅과 물이 징발된다(산업형 육류 생산이 지구에 해로운 이유에 대해서는 34쪽 참조).

그리고 또 재활용될 수 없는 스티로폼 용기와 기름기가 묻은 피자 상자, 셀 수 없이 많은 비닐 봉투들, 각종 일회용

품들(커틀러리, 소스 봉지, 플라스틱 컵 등)이 있다. 이것들은 전부 생산과 운송에 에너지와 자원이 소모되지만, 빠르게 소각되거나 매립지로 가게 된다. 미국에서만 해마다 20억 개의 피자 상자가 배출된다.

많은 패스트푸드 체인점들이 물과 에너지 사용을 줄이고, 그들의 유제품과 육류 생산이 지구에 미치는 영향을 낮추는 것을 목표로 잡고 있지만, 아직 갈 길이 멀다. 보다 친환경적이 되기 위해 당신이 해야 할 일은 다음과 같다.

- 패스트푸드를 가능한 한 피하라. 지구를 살리기 위해 의미 있는 식습관 변화를 꿈꾸지만 아직 채식주의 생활 방식을 따를 준비는 되지 않았다면, 테이크아웃 음식과 패스트푸드를 포기하는 것이 훌륭한 첫걸음이 될 수 있다.
- 빠르고 편리한 음식이 필요하다면, 채식을 목표로 하라. 재활용이 가능하도록, 최대한 간소하게 포장된 것이면 더욱 좋다.
- 세계적인 체인점보다는 지역의 독립된 식당(식재료의 출처를 공유하는)을 선택하라.
- 비닐 봉투와 일회용 커틀러리는 거절하고, 플라스틱 포장 용기(뿐만 아니라 남은 음식도)는 재사용하라.

결혼식에서 차려지는
모든 **음식의 10%**는
쓰레기가 된다.

친환경적인 케이터링을 하는 방법은?

어떤 행사든 간에 많은 사람들을 먹이면서 친환경적이 된다는 건 벅찬 일처럼 보이지만, 불가능하지는 않다.

파티나 결혼식 같은 특별한 행사에서는 남은 음식에서부터 일회용 접시, 플라스틱 커틀러리, 냅킨 등에 이르기까지 많은 양의 쓰레기가 발생한다.

하지만 이런 문제들을 피하지 못할 이유는 없다. 어떻게 보면 많은 사람을 먹이는 것은 그리 큰 노력을 더하지 않고도 더 친환경적이 될 수 있는 이상적인 기회이다. 대량으로 구매하고 요리하면 포장재가 줄고, 더 많은 양의 요리를 한 냄비에 하기 때문에 효율적이며, 이에 따라 더 적은 수의 사람들을 위해 요리할 때보다 설거지도 줄어든다. 이 모든 것은 탄소 발자국을 줄이는 데 도움이 된다. 실제로 환경에 미치는 영향을 줄이면서도 진수성찬을 함께 즐기는 방법은 많이 있다.

- 신중히 계획하여 필요한 양보다 더 많은 음식을 만드는 일이 없도록 하라.
- 채소 위주의 메뉴를 고수하되, 필요한 경우에만 육류나 치즈를 추가한다. 카레, 팬째 구운 케이크, 달(dhal, 인도식 콩 요리-옮긴이) 등은 채식 메뉴가 되기에 적합하며, 소박한 식재료들로 많은 사람들을 먹이기에 충분하다.
- 빌려서라도 재사용 가능한 그릇과 커틀러리를 사용하라. 만약 일회용을 꼭 써야 한다면 종이 접시와 지속 가능한 방식으로 생산된 대나무 커틀러리를 이용하고, 꼭 재활용될 수 있도록 하라.
- 손님들에게 음식 담을 통을 가지고 오도록 요청해 남은 음식을 집에 싸갈 수 있도록 하라.

제로 웨이스트
친환경 욕실 만들기

목욕과 샤워 중
어느 쪽이 더 친환경적일까?

이는 단순한 질문처럼 들리지만, 샤워가 효율적인 정도는 샤워기를 사용하는 방식에 따라 달라진다.
일상적인 샤워의 속도를 조금만 높이면 많은 양의 물을 절약할 수 있다.

샤워보다는 목욕을 할 때 훨씬 더 많은 물을 쓸 것 같지만, 꼭 그렇지만은 않다. 일반적인 욕조에는 136리터의 물이 들어가고, 반면에 일반적인 샤워기는 분당 19리터의 물을 뿜어낸다(절수 샤워 헤드를 설치하지 않은 경우). 이는 곧 7분이 넘게 샤워를 하면 최소한 욕조에 가득 찰 정도의 물을 쓰게 된다는 의미이다.

영국의 어느 환경 자선 단체에 따르면, 우리의 평균 샤워 시간은 9분이며, 7%의 사람들은 샤워 시작 전 다른 일을 하는 3분 동안에 끊임없이 물을 틀어놓는다고 한다.

샤워는 그 시간이 너무 길지 않아야만 가장 친환경적인 선택지가 될 수 있다. 평소 습관을 간단히 변화시키기만 해도 쉽게 물 사용을 줄일 수 있다.

- 샤워를 한다면 타이머를 이용해 시간을 제한하라(괜찮은 경험 법칙은 좋아하는 노래 한 곡이 끝날 때까지 약 3~4분간 샤워하는 것이다).
- 가능하면 절수 샤워 헤드를 설치하라. 이것은 물 사용량을 7분당 26리터까지 줄여준다. 수압이 약한 경우에는 별로 효율적이지 않을 수도 있지만, 그게 아니라면 얼마나 절약이 될지 생각해보라!
- 목욕을 한다면 물을 너무 많이 받지 마라. 그리고 목욕이 끝나면 그 물을 식물에 주는 용도로 재사용하라.
- 수량계를 설치해 실제로 얼마나 많은 양의 물을 쓰는지 확인하고, 절약 목표를 설정할 수 있도록 하라. 그러면 돈도 아낄 수 있다.

7분
(목욕에 비해 물 적게 듦)

9분
(평균적인 샤워 시간)

▲ 샤워 시간이 7분 이상이면 물 사용량 면에서 목욕보다 나을 게 없으므로, 가능하면 샤워 시간을 줄여라.

가장 친환경적인 면도 방법은?

정강이 털을 밀든, 구레나룻을 밀든 간에, 면도기를 당신의 원치 않는 털들처럼 마구 버릴 수 있는 것으로 여겨서는 안 된다. 오래가고 재사용 가능한 면도기들은 플라스틱 폐기물을 근절한다.

매년 수없이 많은 일회용 면도기들이 매립지로 가게 된다. 철제 칼날은 재활용이 가능한 반면에 대부분은 그렇지 못하며, 플라스틱 손잡이는 쌓여만 간다. 이 플라스틱 문제에 더해, 많은 면도기가 두꺼운 플라스틱으로 포장되어 판매된다. 놀랍게도 일회용 면도기에 대한 재활용 계획은 찾아보기 힘든 수준이다.

지속 가능한, 빨리 자라는 대나무나 재활용 플라스틱으로 만든 손잡이를 사용한 면도기들은 플라스틱 폐기물을 줄이는 데 도움이 된다. 그러나 그보다 더 나은 방법은 평생 쓸 만한 오래가는 제품에 투자하는 것이다.

전기면도기는 물과 가열을 위한 에너지가 필요치 않으며 수년간 사용할 수 있다. 반면, 처음에 생산할 때 환경적 비용이 많이 들며, 배터리가 필요하고(140쪽 참조), 재활용이 안 된다. 이 모든 것에 더해 사용되는 전기까지 고려하면, 전기면도기는 일회용 면도기에 비해 아주 조금 나을 뿐이다.

아직까지 가장 친환경적인 선택지는 교체식 양날이 달린 구식 철제 안전면도기이다. 면도를 할 때 일회용에 비해 주의와 참을성이 좀 더 요구되기는 하지만, 플라스틱 폐기물을 피할 수 있으

일반적인 일회용 면도기는 단 6~9회 사용 후 버려진다.

니 충분히 감수할 만하다. 안전면도기 주문 배달 서비스(이로써 공급망이 단축된다-118쪽 참조)를 제공하는 온라인 업체들이 속속 등장하고 있는데, 보통 전통적인, 플라스틱 프리 면도 비누와 함께 판지로 포장되어 온다.

폼과 로션

당신의 일상적인 면도를 보다 친환경적으로 만드는 또 다른 방법은 셰이빙 폼 사용을 중단하는 것이다. 스프레이 캔은 물과 해양 생물에 영향을 미치는 해로운 화학 물질이 함유되어 있는 것에 더해, 재활용이 되지 않고 분해되기까지 500년이 걸린다. 플라스틱 없이 포장된 로션, 크림, 또는 비누로 바꾸되, 팜유나 기타 해로운 대체 성분이 함유되지는 않았는지 확인하라(44쪽 참조).

왁싱을 선호한다면, 플라스틱과 합성화학 물질이 없는 천연 슈거 왁스를 선택하라.

비누와 샴푸는 바 형태와 리필 가능한 액상형 중 어느 쪽을 써야 할까?

병에 든 비누, 샤워 젤, 샴푸는 편리하긴 하지만 오염의 주범들이다. 좋은 소식은 플라스틱과 합성 화학 물질을 피할 수 있는 다양한 선택지들이 있다는 것이다.

액상 비누, 스크럽, 헤어 제품들은 막대한 양의 플라스틱을 매립지로 보내는 원인이 된다. 미국에서만 해마다 5억 개가 넘는 샴푸가 생산된다(호텔의 미니어처 샴푸들을 빼고도). 영국에서는 전체 인구의 50%만이 욕실에서 나오는 플라스틱을 재활용한다고 하며, 미국의 경우에는 약 20%에 불과하다. 액상 손 세정제가 담긴 펌프식 플라스틱 병들은 보통 재활용될 수 없는 일회용 플라스틱으로 만들어진다(펌프 때문에 거의 불가능).

아무리 리필해서 쓸 수 있다고 해도 액상 비누와 샴푸는 지구에 별로 좋지 않다. 그것들은 고체형에 비해 생산 시 더 많은 물과 에너지를 필요로 하며, 운송 시 효율성도 덜하고, 수로로 흘러들면 야생 생물에 해가 될 수 있는 합성 화학 물질을 함유한다.

고체 비누 사용에 동참하겠다고? 그렇다면 소량 생산된 것(재료들의 낭비를 막는)이나 수제 바를 찾아보라. 많은 것들이 종이나 판지에 싸여 있거나 아예 포장이 없는 경우도 있다. 당신이 사는 지

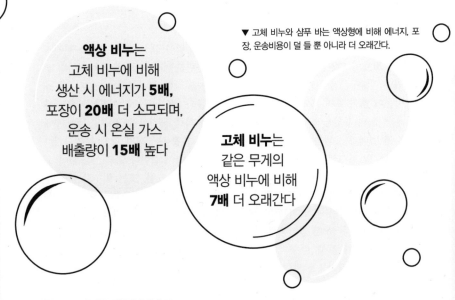

액상 비누는
고체 비누에 비해
생산 시 에너지가 **5배**,
포장이 **20배** 더 소모되며,
운송 시 온실 가스
배출량이 **15배** 높다

▼ 고체 비누와 샴푸 바는 액상형에 비해 에너지, 포장, 운송비용이 덜 들 뿐 아니라 더 오래간다.

고체 비누는
같은 무게의
액상 비누에 비해
7배 더 오래간다

역에서 만들어진 비누 바를 사용하면 매일 아침의 루틴에서 발생하는 항공마일을 줄일 수 있다. 그리고 천연 재료만 들어간 것을 선택하라. 수지나 기타 동물성 지방 대신 채소 글리세린, 올리브유, 또는 시어 버터로 만든 채식주의자들을 위한 제품들도 많다.

샤워 젤과 보디 스크럽, 샴푸와 컨디셔너 역시 고체형이 더 친환경적이다. 일반적인 샴푸를 쓰지 말라고 해서 식초로 머리를 헹구거나, 몇 주 동안 기름기를 참고 윤기가 좔좔 흐르는 오염 방지막이 형성되도록 두라는 건 아니다

액상 손 세정제의 **탄소 발자국**은 비누 바에 비해 25% **더 크다.**

(이러한 제로 웨이스트 선택지들을 시도한다고 해서 해가 될 건 전혀 없지만). 고체 바는 액상 샴푸에 비해 2~3배 더 오래간다. 고체 바에는 샴푸에 거품을 일게 만드는 라우릴 황산나트륨(Sodium lauryl sulfate, SLS)이 함유되지 않은 경우가 많기 때문에 거품이 많이 나진 않지만, 머리카락이 거품 때문에 깨끗해지는 것은 아니니 걱정하지 말기를. 모발에 따라 맞는 샴푸 바도 다르므로 실험을 해보라. 몇 번 감아봐야 새 제품에 익숙해진다. 이것은 비행기 여행 때도 좋다. 여행용 케이스를 하나 구비하고 액체류 100밀리리터 제한 따위는 잊어버려라.

내 방취제가 친환경적인지 확인하려면?

어떤 제품을 선택해야 하는지를 안다면 친환경 제품을 쓰면서도 좋은 체취를 풍길 수 있다.

몸에서 악취가 나기를 바라는 사람은 없지만, 환경을 오염시키는 것 역시 싫을 터. 일반적인 방취제들은 스프레이나 플라스틱 롤온 형태로 되어 있으며, 두 가지 모두 보통은 재활용될 수 없다. 또 많은 것들이 파라벤류(방부제)와 알루미늄(모공에 끼어 땀을 막는)처럼 해로울 수 있는 재료들을 함유하는데, 이들이 암을 비롯한 기타 건강 문제를 야기할 수 있다는 연구 결과들이 있다.

천연 방취제들에는 알루미늄이 들어 있지 않지만, 일반적인 방취제들에 비해 재료가 훨씬 더 다양하고 피부 타입별로 맞는 제품이 따로 있다. 그러므로 당신에게 딱 맞는 제품을 찾으려면 시행착오를 좀 겪어야 할지도 모른다.

- 금속 통이나 두꺼운 판지 튜브에 들어 있는 플라스틱 프리, 100% 천연 고체 방취제, 또는 유리병에 든 크림형을 찾아라. 시내 상점들에서 찾기 힘들다면 온라인으로 찾아보라.
- 원한다면 시어 버터, 코코넛 오일, 애로루트(arrowroot), 베이킹소다, 에센셜 오일 등을 다양하게 조합해 당신이 직접 만들 수 있다. 온라인으로 레시피를 검색해보라.

휴지는 환경에
어떤 영향을 미칠까?

세상 사람들 대부분은 화장실에서 휴지로 닦기보다는 물로 씻지만, 휴지가 지구에 미치는 영향은 여전히 엄청나다. 그리고 그건 비단 나무의 문제만이 아니다.

혼자만의 시간을 즐기는 당신의 기분을 망치고 싶지는 않지만, 휴지는 지구의 자원들을 엄청나게 잡아먹는다. 고급 브랜드에 대한 요구가 늘어남에 따라 재생 휴지 생산은 감소하게 되었다. 그 결과 오늘날 대부분의 두루마리 휴지는 보통 지속 불가능한 방식으로 공급된 새 목재 펄프로 만들어진다. 그 펄프는 에너지 집약적 과정을 거쳐 복합적인 화학 물질들을 이용해 표백되는데, 이때 다이옥신 같은 발암 물질들이 대기로 배출된다. 게다가, 최근의 보고에 따르면 휴지 단 한 롤을 생산하는 데 168리터의 물이 필요하다. 선진국의 일반 사람이 일주일에 두 롤을 사용하므로, 이제 그 규모를 따져보라.

반직관적으로 들릴 수도 있지만, 비데와 물 분사기가 휴지에 비해 물 낭비가 덜하다. 일반적인 비데는 일 회당 0.5리터가 안 되는 물을 쓰는데, 이는 휴지를 만들 때 드는 양보다 훨씬, 훨씬 적은 것이다. 그러므로 비데는 물과 나무를 둘 다 아끼는 보다 친환경적인 선택지이다. 비데의 인기도와 이용 가능성은 나라마다 큰 차이를 보이지만, 그것을 수용한 나라들(전체 가구의 90%가 비데를 갖고 있는 베네수엘라처럼)은 올바른 길을 걷고 있다고 할 수 있다.

141
미국

134
독일

127
영국

91
일본

▲ 2018년의 한 연구는 한 사람이 일 년에 사용하는 두루마리 휴지의 수를 추산했는데, 상위 4개국은 위와 같다.

- 변기에 물 분사기를 설치하거나, 배관상 가능한 경우에는 비데 설치를 고려해보라.
- 두루마리 휴지의 보다 친환경적인 대안으로, 재사용이 가능한 업사이클된 천을 조각조각 잘라 사용하라. 사용한 후에는 뱅이나 통에 넣어두었다가 세탁기에 돌린다.
- 그래도 휴지를 쓰고 싶다면 재생된 것으로 선택하라. 플라스틱 포장 없이 100% 재활용된 휴지를 배달해주는 브랜드 제품을 물색하라. 목재 펄프보다 FSC 인증 대나무로 만든 휴지를 쓸 수도 있다. 새 목재 펄프는 빨리 자라는 침엽수뿐만 아니라 느리게 자라는 낙엽수로도 만들어진다(FSC에 대한 자세한 내용은 169쪽 참조). 새 목재 펄프가 함유되었음을 의미하는 'FSC 믹스(Mix)' 로고를 주의하고, 무엇보다도 기본 브랜드들에 비해 훨씬 더 많은 새 펄프를 쓰는 '고급' 두루마리 휴지 또는 네 겹 휴지는 피하라. 닦을 때마다 숲을 파괴하면서까지 더 편안한 것을 추구할 가치가 있을까?

변기 물을 내리는 데는 얼마나 많은 물이 사용될까?

물 부족 문제가 점차 심각해지고 있다. 간단한 변화들만으로 화장실에서의 물 낭비를 멈출 수 있다.

유럽의 가정들에서 사용되는 담수의 30%가 변기 물을 내릴 때 쓰인다. 이중 물 내림 변기(소변용으로 짧은 물 내리기를 선택할 수 있는)는 한 번에 6리터가량을 쓰지만, 이러한 기능이 없는 구식 변기는 13리터까지 쓰기도 한다. 대부분의 사람들은 하루에 평균 다섯 번씩 변기 물을 내리며, 이는 65리터에 달하는 양이다.

매일 흘려보내는 물의 양을 제한할 수 있는 몇 가지 방법이 있다.

- 물을 채운 플라스틱 병, 공기 주입식 백이나 벽돌을 변기 수조에 넣어두면 물이 내려가는 양을 줄일 수 있다.
- 물 내리는 횟수를 줄여라. 예를 들면 밤중에 소변을 볼 때마다 꼭 물을 내릴 필요가 있나?
- 변기에 새는 곳이 없는지 점검하라. 수조의 물이 새면 물(그리고 돈)이 낭비되므로 조사가 필요하다.
- 새 변기를 구매한다면 가능하면 이중 물 내림 장치가 있는 모델을 선택하라(그리고 적절히 사용하라).

보다 친환경적으로 생리를 관리하는 방법이 있을까?

재사용 가능한 위생용품은 생각할 수 없다고 여겨지기에, 대부분의 사람들은 일회용 위생용품을 너무나 당연하게 여긴다. 하지만 이제는 생리 때문에 발생하는 막대한 환경 비용을 직시할 때이다.

위생용품은 지구를 오염시키는 데 큰 역할을 한다. 매달 버려지는 그 모든 생리대와 탐폰에는 상당량의 플라스틱이 함유되어 있어서 분해되기까지 500년이나 걸린다. 선진국의 일반적인 여성은 가임 기간 동안 1만 1천 개의 탐폰 또는 생리대를 쓴다. 영국에서만 매일 250만 개의 탐폰(그리고 보통 플라스틱 삽입 도구도 함께)이 변기에 버려지며, 대부분은 강과 바다로 흘러가거나 해안가로 밀려 올라간다. 2016년 영국의 한 자선 단체의 조사에 따르면, 검사된 해안

가 100미터당 20개의 위생용품 쓰레기가 발견되었다.

생리가 환경에 미치는 영향은 쓰레기 문제만이 전부가 아니다. 위생용품에는 플라스틱뿐만 아니라 다른 표백되어야 하는 원료들(목재 펄프 포함)이 사용되며, 염소와 다이옥신(인간의 건강에 위험이 될 뿐 아니라 토양으로 스며드는 경우 지하수를 오염시키고 비옥도를 파괴할 수 있는 화학 물질들)이 들어 있다. 또 생산 과정에서도 에너지가 많이 소비되며 오염이 발생한다.

그럼 우리는 현대의 월경 관련 산업

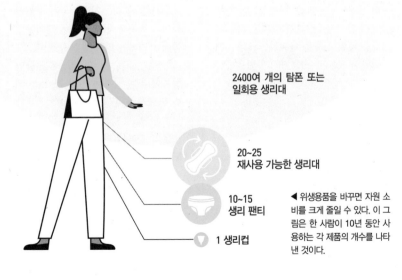

2400여 개의 탐폰 또는 일회용 생리대

20~25 재사용 가능한 생리대

10~15 생리 팬티

1 생리컵

◀ 위생용품을 바꾸면 자원 소비를 크게 줄일 수 있다. 이 그림은 한 사람이 10년 동안 사용하는 각 제품의 개수를 나타낸 것이다.

이 지구에 미치는 영향을 어떻게 줄일 수 있을까?

• 일회용품을 산다면 종이 포장지와 종이 원통, 또는 재생 가능한 삽입 도구를 사용하는 브랜드로 바꿔라. 그러나 '식물성 플라스틱'으로 된 대체품을 주의할 것. 이들은 더 빨리 생분해된다고 주장하지만, 사실은 그렇지 않은 경우가 많다. 대부분이 재생 가

매달 **전 세계에서** 100억 개의 플라스틱 탐폰 삽입 도구가 **버려진다.**

능한 원료로 된 생리대, 유기농 면이나 그와 마찬가지로 생분해되는 대체제로 만들어진 탐폰을 찾아라. 매달 위생용품을 문 앞까지 배달해주는 서비스를 이용하면 공급망을 단축시킬 수 있다. 또 생리 빈곤(전 세계적으로 수백만 명의 여성이 위생용품을 구매할 형편이 안 되거나, 구할 수 없다) 타개 계획을 위해 물품이나 수익을 기부하는 기업의 제품을 구매하는 것도 고려해보도록.

• 재사용 가능한 방식으로 바꿔라. 일회용 위생용품을 쓰며 자라온 세대들에게는 벅차게 느껴질 수도 있지만, 재사용 가능한 제품은 두말할 것 없이 생리 문제의 가장 좋은 해결책이다. 생리 팬티는 수분을 흡수하는 면과 흡수성 섬유로 만들어진 팬티에 항균성 샘 방지 안감을 덧댄 팬티/생

리대 일체형으로, 빨아 쓸 수 있다. 두께는 몇 밀리미터밖에 안 되지만, 탐폰 두 개 분량의 생리혈을 수용할 수 있다. 2년 정도 쓸 수 있으며 다양한 스타일이 있어서 양이 많고 적음에 따라 그날그날 맞춰 입으면 된다. 또 다른 좋은 선택지는 탈부착 및 재사용이 가능한 패드이다. 대부분에 '날개'와 단추가 달려 있어서 일반 속옷에도 안심하고 사용할 수 있다. 진정한 비용 제로, 쓰레기 제로 선택지를 원한다면, 천 조각들로 직접 생리대를 만들 수도 있다(인터넷에서 '재사용 가능한 생리대 도안'을 찾아보라). 마지막으로, 점차 인기가 높아지고 있는 또 하나의 훌륭한 재사용 선택지는 실리콘 생리컵이다. 탐폰처럼 질 속에 삽입시켜 몸속에서 생리혈을 모았다가 빼서 비우는 방식이다. 간단히 씻기만 하면 다시 삽입시킬 수 있으며, 사용하지 않을 때 끓는 물에 넣어 살균할 수 있다. 컵 하나로 10년은 쓸 수 있으니 지구를 살리는 것과 동시에 상당한 비용도 절감할 수 있다!

지속 가능한 제로 웨이스트 스킨케어 제품을 선택하는 방법은?

보다 지속 가능한 스킨케어 루틴을 위해서는 두 가지를 고려하면 된다. 제품에 함유된 재료들과, 그 모든 것을 담은 포장재가 바로 그것이다.

아무리 좋은 상점에서 판매된다고 해도 많은 스킨케어 제품들은 당신과 지구에 해가 될 수 있는 재료들을 함유하고 있다. 파라벤류와 기타 보존제들은 호르몬 불균형을 야기하며, 그 외에 라우릴 황산나트륨(SLS)과 디에탄올아민(diethanolamine, DEA)을 비롯해 흔히 함유된 재료들은 암을 유발할 가능성이 있다고 밝혀졌다. 팜유(44쪽 참조) 역시 스킨케어 재료로 널리 쓰인다.

또한 스킨케어 업계는 재활용이 어려운 수많은 튜브, 통, 병들을 배출하기 때문에 플라스틱 오염의 원인이 되기도 한다. 그리고 포장만이 문제가 아니다. 개별 포장된 시트 마스크 팩은 최악의 일회용 플라스틱이며, 마이크로 비드(microbead)(이제는 많은 나라에서 금지된)는 해양 생물들에게 큰 피해를 일으켜 왔다.

- 유기농과 천연 재료들을 찾아라. 코코아 버터, 아보카도, 에센셜 오일 등과, 심지어는 야생 식물들까지. 쓰고 난 커피 가루로 만든 스크럽제나 슈거 스크럽을 써보라(아니면 직접 만들거나). 천연이라고 해서 다 식물성인 것은 아님을 유념하라. 합성 재료들 대신 지속 가능한 방식으로 공급된 비즈왁스나 꿀을 사용하는 경우가 많으

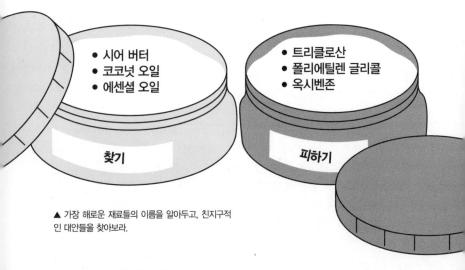

찾기
- 시어 버터
- 코코넛 오일
- 에센셜 오일

피하기
- 트리클로산
- 폴리에틸렌 글리콜
- 옥시벤존

▲ 가장 해로운 재료들의 이름을 알아두고, 친지구적인 대안들을 찾아보라.

므로. 하지만 대부분의 독립 브랜드들은 그들이 사용하는 재료를 투명하게 공개한다. EU와 기타 국가들(인도, 이스라엘, 뉴질랜드 등)은 스킨케어 제품들의 동물 실험을 금지했지만, 아직도 시행중인 곳들이 많으므로 당신이 좋아하는 브랜드가 그러한 실험에 동참하지는 않는지 확인하라.

- 지역 산품을 선택하는 것이 지구 반대편의 친환경 컬트 브랜드 제품을 주문하는 것보다 더 친환경적이다. 가능하면 그 브랜드나 지역 시장에서 직접 구매하라. 현지에서 재배 또는 직접 채집한 천연 재료들을 이용해 소규모로 생산하는 브랜드들을 지원하라.
- 페어 와일드(Fair Wild) 국제 인증을 받은 제품을 찾아라. 이는 토지 경영과 근로자에 대한 대우가 모범적으로 실시됨을 보증하는 것이다.
- 다목적 제품을 선택함으로써 구매 수량을 줄여라. 몸, 얼굴, 손에 모두 바를 수 있는 밤과 오일, 또는 립 밤, 연고, 보습제 역할을 다하는 제품 등이 있다.
- 포장을 줄여라. 생분해되거나(판지) 재활용할 수 있는(유리) 재료에 담긴 것, 또는 포장이 아예 필요 없는 제품을 선택하라. 퇴비화되거나 재활용되는 포장재를 사용하고, 반환(그리고 리필) 제도를 고안해냈다거나, 포장이 없는 고체 스킨케어 제품들을 디자인하는 유기농, 플라스틱 프리 스킨케어 브랜드들을 지원하라.

선크림은 바다에 얼마나 해로울까?

선크림 바르기의 중요성은 아무리 과장해도 지나치지 않지만, 바로 그 피부 보호라는 특성이 우리 바다에 해가 된다.

단 일 년에 1만 4천 톤의 선크림이 바다로 흘러들어가게 되는데, 그 결과 옥시벤존 같은 화학 물질들이 미생물을 파괴하고, 먹이 사슬을 따라 이동해 호르몬 불균형을 일으키며, 산호를 훼손한다. 팔라우와 하와이는 이미 옥시벤존이 함유된 선크림을 금지시켰다.

보다 친환경적인 접근을 위한 몇 가지 선택법이 있다.

- 유기농이며/이거나 식물성인 선크림을 찾아라. 이들은 옥시벤존, 파라벤, 석유 화학 물질, 프로필렌 글리콜 등을 함유하지 않는다.
- 재활용되는 포장에 담긴 선크림을 선택하라. 사탕수수, 판지 튜브, 금속통, 재활용 플라스틱 등.
- 주류 브랜드 제품을 사용해야 한다면, 로션이 어디로 튈지 모르는(종종 당신의 피부뿐만 아니라 모래나 풀에 튀기도 한다) 스프레이식은 피하라.

내 화장품이 친환경적인지
아는 방법은?

뷰티 업계는 대호황이지만 그것의 환경적 영향은 그리 예쁜 모습이 아니다. 친환경적으로 변모한다는 것은 곧 지속 불가능한 재료들과 과도한 포장을 줄이는 것을 의미한다.

당신의 화장품 가방은 온갖 환경 문제들이 뒤섞여 있는 가방일 수 있다. 화장품의 질감과 지속력을 위해 사용되는 팜유는 전체 화장품의 70%에 들어 있지만, 그 생산 과정에서 대규모 산림 파괴, 동식물의 서식지 파괴, 온실 가스 배출 등 지속 불가능성 문제가 발생한다 (44쪽 참조). 또 대부분의 화장품에는 파라벤과 옥시벤존 같은 화학 물질들이 함유되어 있어 환경을 오염시키고 동물과 인간에게 해가 될 수 있다. 많은 화장품 회사들은 아직도 그들의 제품들을 동물에게 실험하고 있다. 그리고 설상가상으로, 뷰티 업계는 한 해에 1420억 개 이상의 포장을 만들어내는데, 그 대다수가 플라스틱이다.

전반적으로 유기농, 천연 재료들로 만들어진 화장품이 바람직하다. 그러나 무엇을 유기농이라 표시할지에 대한 화장품 업계의 규제가 없으므로, 특정 브랜드들이 제품에 무엇을 넣는지 직접 조사해볼 가치가 있음을 명심하라.

- 소규모의 독립적인 지역 브랜드들을 지원하라. 그러면 당신이 내는 돈은 다국적 기업의 수익보다는 지역 경제에 투자하는 기업들에게로 가게 된다. 독립 생산자들은 생산 시 온실 가스 배출량이 비교적 적은 편이며, 지역 산품을 구매함으로써 당신도 항공 마일을 줄이게 된다.
- 크루얼티 프리 인터내셔널(Cruelty Free International)('뛰는 토끼' 로고), 동물을 인도적으로 사랑하는 사람들(People for the Ethical Treatment of Animals, PETA), 비건 소사이어티(Vegan Society)의 인증을 받은 화장품을 선택하라. 다국적 브랜드들의 웹

- ☑ 합성 화학 물질 없음
- ☑ 크루얼티 프리
- ☑ 팜유 프리
- ☑ 최소 포장
- ☑ 지역 산품
- ☑ 천연 재료들

▲ 화장품의 친환경적 요인들을 하나의 체크리스트로 간주하라. 더 많이 체크될수록 더 좋다.

사이트에는 동물 실험 정책에 대한 내용이 깊숙이 숨겨져 있는 경우가 많지만, 소규모의 독립 브랜드들은 보다 개방적이며 친환경적 수준이 비교적 높다.

- 지속 가능한 팜유를 위한 원탁회의 (RSPO) 국제 인증을 받은 제품을 찾아라. 이는 공급망이 지속 가능하며 농부들이 공정한 보수를 받고 있음을 확인해주는 것이다.

화장품의 **70%**가
다 사용되기도 전에 **버려진다.**

- 포장을 줄이려면 리필 제도가 있는 화장품을 찾아라. 이는 플라스틱 용기는 그대로 두고, 예를 들면 압축 파우더나 립스틱 등의 리필 제품만 주문하는 것이다. 또 판지, 대나무, 또는 재활용 재료들로 제품을 포장하는 브랜드들도 있으며, 일부 고체 화장품 브랜드는 포장이 거의 필요 없는 경우도 있다. 다목적 제품들로 바꾸는 것도 일회용 플라스틱을 줄이는 좋은 방법이 되며, 화장품 가방 안의 짐도 줄일 수 있다.

- 당신의 화장품을 직접 만들어보라. 블러셔, 립 스테인을 비롯한 많은 DIY 레시피들이 인터넷상에 넘쳐나므로, 천연 재료들로 만들어 당신만의 용기에 담으면 된다.

화장을 지우는 가장 친환경적인 방법은?

하루를 마무리하는 루틴에서 보다 친환경적이 된다는 것은 곧 기본으로 돌아가는 것이다.

해마다 우리는 화장을 오래가게 하거나 더 쉽게 지울 수 있게 해주는 경이로운 신상품들을 구매하지만, 그 대부분은 친환경과는 거리가 멀며, 특히 클렌징 티슈는 가장 큰 주범이다. 세계에서 하루에 13억 장의 물티슈가 사용되는데, 각 장이 생분해되는 데는 100년 이상이 걸린다. 물티슈는 환경적 재앙일 뿐만 아니라, 화장과 세균을 얼굴에서 떼어내기보다는 이리저리 문지르는 꼴이라 그다지 효과적이지도 않다.

가장 친환경적으로 화장을 지우는 방법은 가장 단순하면서도 가장 자연스러운 것이다. 세탁할 수 있고 피부에도 더 좋은 유기농 면 패드나 모슬린 천 같은 재사용 가능한 대안들로 바꿔라.

플라스틱 병에 담긴 합성 클렌저 대신 주방에 있는 오래된 식용유(코코넛 오일이나 올리브유가 가장 좋으며 유기농, 냉압착된 것으로 고를 것)를 쓰거나, 친지구적 브랜드 제품(해초 추출물, 에센셜 오일, 위치 하젤, 시어 버터 등의 재료로 만들어 유리병이나 리필 가능한 병에 담은 것)을 찾아보라.

친환경적으로 머리를
염색하거나 펴는 방법이 있을까?

우리의 헤어스타일을 바꾸는 데 사용되는 암모니아, 수산화나트륨을 비롯한 화학 물질들은 물속 미생물을 방해함으로써 해양 생물들에게 영향을 미친다.

일반적인 머리 염색제에는 암모니아(공기를 오염시키고 물을 산성화하는), 파라페닐린 디아민(PPD)(피부에 자극을 주고 알레르기를 유발하는) 같은 몇 가지 해로운 화학 물질들이 들어 있다. 머리를 펴기 위한 이 완제들 역시 수산화나트륨 같은 유독한 화학 물질들을 함유하고 있다. 이러한 물질들이 하수구로 흘러 내려가면 하수 처리 과정에서도 살아남아 수로를 오염시키고 야생 생물들에게 해를 끼친다. 또 다른 흔한 화학 물질로는 과산화수소(머리색을 밝게 만드는 탈색제)가 있다. 이것은 염소계 탈색제와는 달리 환경에 유입되었을 시 피해 없이 분해되지만, 그래도 사람과 동물 모두의 건강에 위험이 될 소지가 있다.

매년 미국의 소비자들은
약 8만 3천 톤의
머리 염색제를 사용한다.

다행히 지구를 아끼는 동시에 새로운 스타일을 즐길 수 있는 방법이 있다.
- 식물성 염색제를 찾아라. 보다 진보적이고 친환경적인 미용실들에서 찾을 수 있다. 색이 그리 오래가지는 않지만 지구에도, 당신의 머리카락에도 더 좋다.
- '유기농'이라고 주장하는 셀프 염색제들을 주의하라. 헤어 제품 회사들이 유기농이라고 주장하는 것에 대해서는 규제 같은 것이 존재하지 않는다. 유일한 진짜 유기농 염색제는 유기농 헤나나 식물성 염색제뿐이다. 또 '화학 물질 프리'라고 주장하는 제품들도 주의해야 한다. 모든 것이, 심지어는 식물들도, 화학 물질들로 이루어져 있으므로 이것은 아무 의미 없는 마케팅 용어일 뿐이다.
- 이완제는 티트리와 시어 등 천연 재료들이 든 제품이나, 정화 기능이 있는 머드 위주의 제품을 찾아보도록. 또는 온라인에서 코코넛 오일과 꿀 같은 재료들을 이용한 홈메이드 컨디셔너 제조법을 확인해보라.
- 자사의 제품에 사용되는 식물성 재료들에 대해 설명하고, 자랑스럽게 크루얼티 프리를 추구하며, 친환경 포장재를 사용하는 브랜드를 찾아라.
- 새로 염색한 머리색이 오래 지속되도록 잘 돌보고 염색을 자주 하지 않도록 한다. 색을 더 빨리 바래게 하는 황산염이나 염화나트륨이 함유되지 않은 샴푸와 컨디셔너를 사용하라.

콘택트렌즈는 지구에 얼마나 해로울까?

콘택트렌즈는 너무 작아서 쓰레기 문제를 일으킬 것 같아 보이지 않지만, 제대로 처리되지 않으면 강, 바다, 토양에 나타나 미세 플라스틱 문제의 원인이 될 수 있다.

콘택트렌즈를 쓰는 사람이 많다. 예를 들어 미국에서는 약 4500만 명이 사용하며, 한 연구에 따르면 그들 중 15~20%가 쓰고 난 렌즈를 싱크대에 흘려버리거나 변기에 던져 넣는 바람에 매년 수로로 흘러드는 플라스틱 폐기물이 20~23톤에 달한다고 한다. 바다 밑바닥에 가라앉은 렌즈들은 해양 생물들에게 통째로 삼켜지거나, 시간이 지남에 따라 분해되어 미세 플라스틱이 된다(이 문제에 관한 자세한 내용은 96쪽 참조).

일회용 콘택트렌즈를 버리고, 그것을 사용함으로써 환경에 미치는 영향을 줄이는 방법들이 있다(비록 한 연구에 따르면 렌즈 사용자의 39%는 그들에게 어떤 선택지들이 있는지 잘 모르지만). 보다 친환경적인 콘택트렌즈 사용자가 되는 길은 다음과 같다.

- 하루 착용 렌즈보다는 일주일 착용 또는 한 달 착용 렌즈로 바꿔 쓰레기를 줄여라. 이렇게 하면 렌즈의 개수뿐만 아니라 플라스틱 포장재도 줄일 수 있다.
- 가능하면 렌즈를 재활용하라. 영국에는 콘택트렌즈 재활용 제도가 있어서, 렌즈 사용자들이 다 쓴 렌즈를 다시 생산 업체에 보내거나 지역 안경점에 갖다주면 그것들이 대대적으로 재활용될 수 있다. 렌즈 생산 업체의 웹사이트에서 자세한 내용을 확인하거나, 당신이 보통 이용하는 공급처에 재활용 계획에 대해 문의하라.
- 재활용할 수 없다면 렌즈와 포장재를 싱크대나 변기 말고 반드시 쓰레기통에 넣도록 하라.

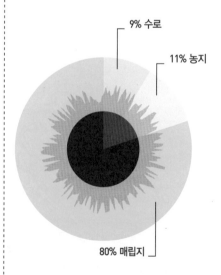

9% 수로

11% 농지

80% 매립지

▲ 2018년 미국의 한 연구는 재활용되지 않은 콘택트렌즈들이 어디로 가게 되는지를 조사했다. 매립지로 가지 않은 렌즈들은 수계로 흘러가거나, 하수를 통해 유출되어 농지에 이르렀다.

전동 칫솔과 대나무 칫솔 중 어느 것이 나을까?

대나무가 치위생에 가장 친환경적인 선택인 것처럼 보일 수도 있지만, 전동 칫솔도 어떤 것을 골라야 하는지만 안다면 친환경적이 될 수 있다.

우선, 무엇을 선택하든 일회용 플라스틱 칫솔은 멀리하라. 매년 미국에서만 10억 개씩 버려진다. 연구자들은 1930년대부터 생산된 거의 모든 플라스틱 칫솔이 아직까지도 남아 있다고 여긴다. 그것들은 여러 재료를 섞어 만들어졌기 때문에 재활용이 거의 불가능하다.

보다 자연적인 재료로 돌아가는 것이 칫솔 문제에 대한 하나의 해결책이 될 수 있다. 대나무 칫솔은 많은 곳에서 구할 수 있으며 플라스틱보다 훨씬 더 친환경적이다. 대나무는 빨리 자라는데 다 적은 물로도 잘 크기 때문이다.

나일론 칫솔모를 대신할 만한 플라스틱이 아닌, 크루얼티 프리 칫솔모가 아직 없어서 대부분의 대나무 칫솔이 완벽히 생분해되지는 못하지만, 수퇘지털 칫솔모가 하나의 선택지가 될 수 있다. 나일론 칫솔모를 제거하면 손잡이는 상업적 퇴비화가 가능하여, 쓰레기를 최소화할 수 있다. 책임감 있게 공급된 대나무를 선택하고, 손잡이를 매립지로 보내는 대신 퇴비화시켜 빨리 분해되도록 해야 한다.

전동 칫솔의 경우에는 상황이 좀 더 복잡하다. 배터리로 작동하는 구식 모델들은 그다지 친환경적이지 않은 반면(140쪽 참조), 새 모델들 중에는 배터리가 없고 재활용 플라스틱으로 만들어진 것도 있다. 거의 대부분이 탈부착 가능한 헤드를 사용해, 칫솔을 통째로 버릴 필요 없이 몇 달마다 헤드만 교체할 수 있다. 일부 업체들은 소비자들로부터 다 쓴 칫솔 헤드를 수거해 재활용하는 제도를 운영하기도 한다.

가장 지속 가능한 선택지는 배터리를 넣지 않아도 되고, 플라스틱 프리 포장재를 사용하며, 지역적 공급망(118~9쪽 참조)을 가진, 그리고 재활용이 가능한 전동 칫솔을 찾는 것이다.

▲ 일 년 동안 미국에서 버려지는 칫솔들을 줄지어놓으면 지구를 네 번 돌 수 있을 만한 길이가 된다.

제로 웨이스트 욕실을 만드는 방법은?

과잉 소비 문제에 관한 한 욕실은 간과되는 경향이 있지만, 당신이 몇 가지 소소한 변화들을 꾀하는 것만으로도 절약, 재사용, 재활용에 도움이 될 수 있다.

치실이나 화장솜 같은 작은 물건들은 대수롭지 않게 여겨지기 쉽지만, 모두가 이렇게 생각한다면 우리는 유한한 자원들로 만들어진 많은 양의 물건들을 아무렇지 않게 버리게 될 것이다. 일부 흔한 욕실 용품들은 지구에 엄청난 해를 미친다.

물티슈 사용은 피해야 한다. 화장 지우기에서부터 아이들 닦아주기까지, 모든 데에 다 사용되는 일상생활의 필수품으로 자리 잡은 물티슈는 일회용 플라스틱 문제의 주범이다. 폴리에스터와 폴리프로필렌을 비롯한 다양한 재료들로 만들어져 생분해되지 않으며, 분해 시 미세 플라스틱이 된다(96쪽 참조). 물티슈들이 쓰레기통이 아닌 변기에 버려지는 경우에는 하수관에 팻버그(fatberg)라 불리는 거대한 점액질 덩어리들이 생기게 만들기도 한다.

또 다른 문제는 면봉이다. 면봉은 너무 작아서 별로 해롭지 않을 것 같지만, 전 세계적으로 엄청난 양이 소비되는 데다 변기에 버려지는 일이 잦아서 바다의 골칫거리가 되었으며, 결국 많은 나라들이 사용을 금지시키기에 이르렀다.

치실은 보통 플라스틱으로 만들어지며 합성 왁스와 테플론 같은 물질로 코팅되기 때문에, 환경에 오랫동안 남아 인간과 동물에게 해를 끼친다.

보다 친환경적이 되려면 할 수 있는

한 소비를 줄이면 된다. 재사용 가능한 것들로 교체하는 것은 개인이 영향력을 행사할 수 있는 한 가지 방법이다. 재사용이 불가능한 물건이라면 생분해되는 것을 찾아 쓰고 적절히 폐기하라.

영국에서는 매년 **18억 개**의 면봉이 사용된다.

- 욕실 장에 있는 일회용품들 중 재사용 가능한 대체품으로 교체할 수 있는 것이 얼마나 되는지 살펴보라.
- 물티슈를 버리고 재사용 가능한, 빨아 쓰는 면보나 패드로 바꿔라. 정말 어쩔 수 없이 물티슈를 쓰게 된다면 변기에 흘려보내지 마라.
- 면봉은 판지로 만든 것으로 바꾸고 사용 후에는 쓰레기통에 버려라.
- 치실은 유리병에 든 생분해되는 실, 옥수수 전분 또는 대나무로 만든 손잡이가 달린 것, 아니면 물 분사식 물치실로 바꿔라. 치간 칫솔은 플라스틱보다는 대나무로 된 것을 선택하라.

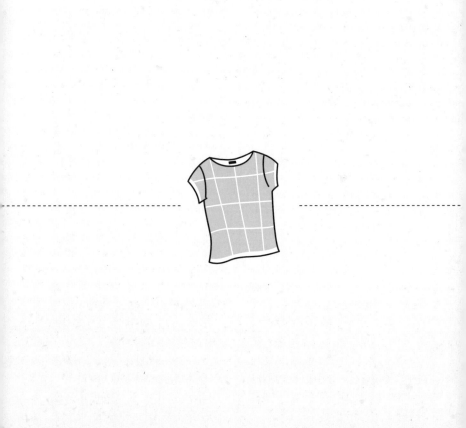

패스트 패션을 거부하는
친환경 옷장

패스트 패션은 왜 문제가 되나?

보다 친환경적이 되려면, 옷을 사고, 빨고, 버리는 방법을 다 고려해야 한다. 패스트 패션은 소비자들이 쉽고 저렴하게 여길 수는 있지만, 지구에는 끔찍한 결과를 초래한다.

패션은 전혀 친환경적이지 않은 것으로 악명이 높다. 그 모든 원단을 생산하는 데 필요한 새 원료들을 아무렇지 않게 수확함으로써 산림 파괴와 생물 다양성 상실의 원인이 된다. 생산 및 염색에 사용되는 화학 물질들은 수로를 오염시키고, 토양 건강을 저해하며, 공장 직원들에게도 해를 미친다. 패션 산업은 환경을 가장 크게 오염시키는 분야들 중 하나다. 중국의 강과 호수의 70%가 110억여 리터의 의류 공장 폐수(화학 물질이 가득한)로 인해 오염되었다.

패션 산업은 또한 세계의 담수 중 2%를 사용해, 물을 많이 필요로 하는 산업 3위에 올랐다(석유와 항공 다음으로). 산업형 의류 공장들은 강과 호수에서 퍼올린 담수로 목화밭에 물을 대기 때문에 사막화와도 관련이 있으며, 이는 동물 개체군과 지역적 기후 체계의 파괴로 이어진다. 바로 이러한 관행 때문에 중앙아시아의 아랄 해는 크기가 90%나 줄어들었다.

모두를 위한 저렴한 패션

=

오염, 물 부족, 그리고 산림 파괴

▲ 패스트 패션 산업이 없다면 어떻지 상상하기 힘들지만, 그것은 지구 자원에 재앙적인 문제를 일으킨다.

인적 비용

인권 문제도 심각하다. 패스트 패션 브랜드들이 의류 제작 공장을 직접 관리하는 일은 드물며, 따라서 보통은 근로 조건을 감독할 수가 없다. 최악의 경우에는 여성과 아동들이 무급으로 초과 근무를 하거나 신체적, 정신적 학대를 당하기도 하며, 임금이 적절한 생활수준에 필요한 정도에 한참 못 미치기도 한다.

우리의 역할

인적 비용에 더해, 문제를 더욱 악화시키는 건 바로 우리의 과소비(우리가 사는 그 모든 물건의 양)이다. 보통 우리의 옷장은 많은 옷들로 터질 듯 꽉 차 있고는 한다.

게다가 상점들에 넘쳐나는 수많은 옷들은 우리가 그것들을 사기 전과 후에 나오는 엄청난 양의 쓰레기를 그대로 보여준다. 매년 작업 현장에서 600억 제곱미터의 옷감이 버려지며, 미국에서만 해마다 1천만 톤에 달하는 옷들이 매립지로 보내진다.

태도의 변화가 없으면 이러한 문제들은 점차 악화되기만 할 뿐이다. 우리는 적게 생산하고 적게 구매해야 한다.

많은 나라들이 글로벌 패션 브랜드에게 보다 엄격한 환경적 기준을 요구하고, 일부 브랜드들은 동물의 털과 가죽 금지, 지속 가능하게 생산된 유기농 면 사용 등 자체적인 규제를 벌이고 있지만, 그렇다고 과소비 문제를 막을 수는 없다. 그렇다면 개인 차원에서, 당신은 무엇을 할 수 있을까?

- 덜 사라. 구매 습관을 변화시키는 것이 우리가 할 수 있는 가장 효과적인 일이다. 중고 제품을 사고, 옷 바꾸기 행사에 참여하거나, 친구나 친척 간에 서로 나눠 입도록 하라. 흥청망청 옷 사기를 줄이면 자원에 대한 수요도 줄일 수 있다.

- 빨리 교체하지 않아도 되는 질 좋은

청바지 한 벌을 만드는 데
1만 리터에 달하는 물이
들기도 한다.

옷을 구매하라. 그리고 더 이상 입지 않는 옷은 재활용되도록 하라(106쪽 참조).

- 독립 브랜드들을 지원하라. 자사의 옷이 정확히 어디서 어떻게 만들어지는지에 대해 개방적이고 정직한 브랜드들이다.

- 좋아하는 글로벌 브랜드에 질문을 하라. 소비자가 압력을 넣지 않으면 그들은 변하지 않는다.

- 환경이나 직원들을 혹사시키는 브랜드는 지원하지 말고, 대형 브랜드들은 소비자가 그렇게 만들어야만 성공할 수 있음을 명심하라. 변화의 동력은 당신의 호주머니에 달려 있는 것이다.

인조 섬유의 문제점은 무엇인가?

대부분의 값싼 옷들을 만드는 데 쓰이는 합성 섬유는 우리의 옷장에 대변혁을 일으켰지만, 거기에는 대가가 따랐다. 부정적 효과들을 제한하기 위해 우리가 할 수 있는 일들이 몇 가지 있다.

20세기 초 합성 섬유가 출현한 이래로 옷값이 싸지고, 유행은 기하급수적으로 빨라졌으며, 선택의 범위도 넓어졌다.

폴리에스터, 나일론, 아크릴, 엘라스틴, 스판덱스 등은 라이크라, 포근한 플리스 같은 실용적인 옷을 제공한 것을 비롯해 패션계에 엄청난 변화를 가능케 했다. 그러나 이것들은 석유의 부산물들로, 지속 불가능하며 생산 과정에서 온실 가스가 배출된다. 게다가 이 섬유들을 생산하려면 엄청난 양의 독성 화학 물질과 담수가 사용된다. 생산과 염색에 쓰이는 화학 물질들은 공장 주변의 공기와 토양을 오염시키는데, 규제가 잘 되지 않는 곳들은 특히 더 그렇

전 세계 **모든 옷의** 65%**는 합성 섬유로** 만들어진다.

다. 또 합성 의류는 버려질 때에도 생분해가 되지 않는다. 그렇다. 당신이 충분히 생각하지 않고 샀던 70년대의 폴리에스터 나팔바지나 90년대의 아크릴 브이넥 니트는 여전히 어딘가에 존재하는 것이다.

인조 섬유는 또한 지구 구석구석에 침투하는 미세 플라스틱 문제를 야기한다(이 문제에 관한 더 자세한 내용은 96쪽 참조).

재활용 해양 플라스틱으로 에코닐(Econyl)이라는 실(옷, 신발, 수영복 등에 쓰이는)을 만들 수 있지만, 이것 역시 미세 플라스틱을 발생시킨다. 플라스틱을 다른 재료에 더해 혼합 물질을 만들어도 그 옷은 재활용될 수 없다.

준천연 섬유

비스코스, 레이온, 텐셀 같은 섬유들은 합성 성분과 식물성 섬유(목재 펄프, 대나무 등)의 혼합물로 구성된다. 보다 친환경적인 선택이라고 광고될 때가 많지만, 이 섬유들 역시 생산에 에너지, 물, 나무(보통 없어질 위기에 처한 숲에서 온)가 많이 소모되며, 생산 과정에서 독성 화학 물질들이 환경으로 배출된다.

친환경적이 되려면 라벨을 확인하고 섬유를 적절히 관리하라.
- 합성 의류의 구매를 피하라.
- 인조 제품을 산다면 최소 30회 입기를 목표로 잘 활용하라. 이는 그 옷을 만들 때 발생한 배출량을 '만회'하기 위해 권고되는 최저 기준이다.

옷을 직접 만들고 수선하면
지구에 도움이 될까?

옷을 직접 만드는 것은 벅차게 들릴 수도 있지만, 연습만 하면 누구나 할 수 있다. 옷을 수선하거나
업사이클링하는 것은 한층 더 친환경적으로 패션을 즐기는 방법이다.

옷을 수선하거나 만드는 것은 새것을 삼(그리고 버림)으로써 전 지구적 패스트 패션 문제(90쪽 참조)에 가담하는 일을 피하는 좋은 방법이다.

당신의 옷을 좀 더 오래 아끼고, 필요에 따라 수선하고, 새롭게 만들어가며 저항하라. 꿰매고, 단추를 달고, 단을 줄이는 방법을 모른다고 걱정하지 마라. 배움에는 결코 늦음이 없으니까. 또 재봉사 수준으로 수선을 해야 하는 것도 아니다. 친환경 바느질을 하는 많은 사람들은 실제로 '보이는 수선(visible mending)' 운동을 벌이고 있다.

- '수선 카페'는 자원봉사자들이 바느질과 짜깁기 기술을 가르쳐주는 자유로운 공간이다. 세계 여러 지역에서 소규모 바느질 워크숍과 수업에 대한 관심이 굉장히 높아지고 있다.
- 짜깁기 같은 필수적인 수선 기술을 단계적으로 가르쳐주는 온라인 비디오들을 찾아보라.
- 바느질 패턴, 요령, 지침 등을 다루는 온라인 바느질 잡지를 구독하라.
- 옷을 처음부터 직접 만들어보라. 직접 만든 옷은 훨씬 더 소중히 여기게 되며, 글로벌 브랜드에서 저렴하게 구매한 것에 비해 더 오래 입게 된다. 자투리 천들과 쓰레기를 줄여주는 영

리한 패턴들(온라인에 수없이 많다)을 이용해 그 새로운 취미를 보다 친환경적으로 만들거나, 지속 가능성에 초점을 맞춘 소규모 패션 디자이너들로부터 패턴과 재료를 구매하라.

- 저녁 수업에 참여해 기초를 배우거나 솜씨를 향상시키고, 마음이 맞는 친구들과 바느질 그룹을 만들어 기술을 공유하고 프로젝트를 논의하라.

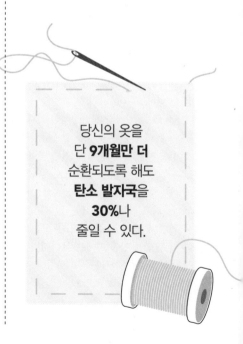

당신의 옷을
단 **9개월만 더**
순환되도록 해도
탄소 발자국을
30%나
줄일 수 있다.

어떤 천연 섬유가
가장 친환경적일까?

단순히 '천연은 좋고, 인조는 나쁘다'고 할 수는 없다. 천연 섬유들만의 환경적 문제들이 있기 때문이다. 각 섬유의 수명 주기를 고려하면 선택에 도움이 된다.

식물이나 동물의 부산물로 만들어진 섬유를 '천연적'이라고 한다. 가장 흔한 예로 면, 리넨(아마로 만든), 대마, 실크, 대나무, 그리고 가죽(102쪽 참조)과 울이 있다. 천연 섬유는 미세 플라스틱(96쪽 참조)을 발생시키지 않으며, 마지막에는 생분해된다. 또한 보통은 항균성이며, 더울 때나 추울 때 체온을 조절해주어 땀이 덜 나게 한다. 이는 곧 합성 섬유처럼 자주 세탁할 필요가 없어서 물과 에너지를 아끼게 된다는 의미이다.

하지만 그래도 천연 섬유를 둘러싼 특정한 환경적 문제들이 존재한다. 모든 윤리적 선택에는 종종 더 큰 결과가 따른다. 아무런 영향이 없는 섬유는 있을 수 없다.

궁극적으로, 가장 친환경적인 선택지는 지금 갖고 있는 옷들을 잘 활용하는 것이다. 지금 옷장에 들어 있는 옷들이 그다지 지속 가능한 방식으로 생산된 게 아니라고 해서, 다 버리고 새로 시작해야겠다고 생각할 필요는 없다. 당신이 가진 옷들을 잘 돌보고, 새 옷을 사야 할 필요가 있을 때에는 보다 친환경적인 섬유로 선택하라.

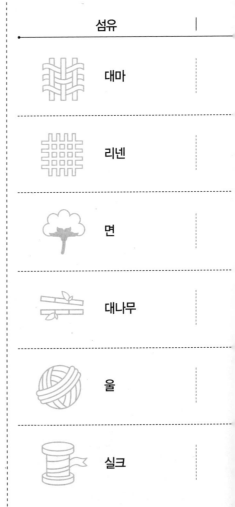

섬유

대마

리넨

면

대나무

울

실크

천연 섬유 비교

천연 섬유를 가장 좋은 것에서부터 가장 나쁜 것까지 확정적으로 순위 매기기 하는 것은 불가능하다. 각 섬유는 어떤 방식으로든 환경에 영향을 미치고 있으며, 작물을 얼마나 쉽게 기를 수 있는지, 생산 과정에 독한 화학 물질들이 사용되는지, 완성된 옷이 얼마나 오래가는지 등의 요인들이 전부 그 섬유의 친환경적인 정도에 영향을 미친다.

장점	단점
가장 효율적인 섬유 작물. 물과 영양분이 거의 없는 곳에서도 자란다. 면에 비해 물을 50% 덜 사용하면서도 토지 면적당 250% 더 많은 섬유를 생산한다. 토양 침식을 막으며 살충제가 필요 없다. 내구성과 통기성이 좋아서 자주 빨지 않아도 된다.	구김이 잘 가고 입는 데 시간이 걸릴 수 있다. 색이 그리 선명하게 나지 않는다.
통기성이 좋아서 땀을 덜 나게 하며(그래서 덜 자주 빨아도 된다), 빨리 마르고 오래간다. 두 번째로 효율적인 섬유 작물로, 식물 전체가 사용되며 식용 작물을 기를 수 없는 토양에서도 재배할 수 있다.	미가공 섬유를 실로 만드는 데에 비교적 오랜 시간이 걸리기 때문에 생산 및 구매 비용이 비싸다. 구김이 쉽게 가고 세탁을 제대로 하지 않으면 잘 줄어든다.
잘 생분해되며 합성 화학 물질로 처리하지 않아도 내구성이 있는 천이 된다. 유기농 작물은 살충제를 뿌리지 않은 토양에서 재배되며, 이로써 물을 더 절약할 수 있다.	물에 굉장히 의존적인데, 대부분은 건조 지역에서 자라며 다른 공급원으로부터 물을 빼온다. 유기농이 아닌 경우에는 대량의 살충제가 사용되며, 유기농은 1%에 불과하다. 국제 유기농 섬유 기준(Global Organic Textile Standard, GOTS)을 찾아라.
빨리 자라고 살충제가 필요치 않으며 면에 비해 물이 훨씬 덜 든다. 생산 비용도 적게 들며, 오래가는 천을 만들 수 있다.	보통 지속 가능하게 재배된다는 보증이 없으며, 생산에 집약적 과정이 요구된다. 이로 인해 발생한 화학적 폐기물의 대부분이 환경으로 배출된다.
자연적으로 항균성을 지니며 흡습, 온도 조절 기능이 있어 따뜻함이나 시원함이 지속된다. 자주 세탁할 필요가 없으며 찬물 세탁이 가능한, 오래가는 섬유이다.	상업적 양 농장은 많은 합성 섬유에 비해 환경에 더 나쁜 영향을 미친다(36~7쪽 참조). 값이 싼 울은 주로 동물 학대가 만연한 농장에서 생산된 것이다(윤리적 울을 구하려면 '책임감 있는 울 기준(Responsible Wool Standard)'을 준수하는 것을 찾아라).
염색되지 않거나 천연 염색된 실크들이 있다(GOTS 인증 제품을 찾아라). '비폭력 실크(Peace silk)'는 누에를 죽이지 않고 만든 것이며, 인조 실크(스파이더 실크라 불리는)는 일반 실크와 마찬가지로 질기지만 밀, 이스트와 설탕으로 만들어진다.	어떤 실크들은 화학 물질과 독성 염료를 이용해 생산된다. 대부분의 상업적 누에 농장들은 실크를 만들 실을 뽑아내기 위해 누에를 죽이므로 채식주의자에게 적합하지 않다고 여겨진다.

내 옷에서 나온 미세 플라스틱이
바다로 흘러드는 걸 막는 방법은?

미세 플라스틱은 지구 곳곳에서 발견된다. 많은 부분이 의류에서 나오며, 우리는 그것을 줄이는 데 일조할 수 있다.

합성 섬유로 만들어진 의류들이 세탁기 속에서 서로 맞비벼지면, 그 마찰로 인해 떨어져 나온 플라스틱 실 조각들이 물에 씻겨 흘러간다. 바로 이것이 미세 플라스틱이다. 5밀리미터보다 작은 그 섬유들은 너무 작아서 세탁기나 하수 처리장에서 걸러지지 않는다. 이제 그것들은 수도, 빙산, 생선, 식품 속에 존재하며, 모든 해안 지대와 바다 곳곳에서 발견된다.

그 섬유들은 화학 물질들(자기도 모르게 그것을 삼켜버린 동물들에게 대부분 해가 되는)로 코팅되어 있어서 오래간다. 이는 10년 입을 플리스 코트를 원하는 경우라면 정말 좋은 일이겠지만, 미세 플라스틱이 지구를 오염시키고 먹이 사슬에 유입된다는 점에서는 그다지 유쾌하지 않은 일이다.

아크릴은 가장 많은 섬유질을 배출하는데, 그 양은 폴리에스터의 1.5배 이상, 폴리에스터와 면 혼방의 5배에 이른다. 약회전 코스로 옷을 세탁하면 표

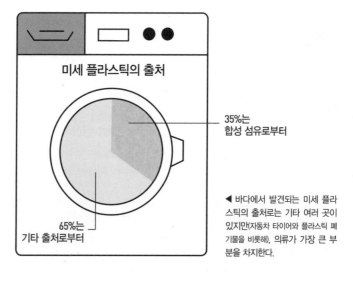

미세 플라스틱의 출처

35%는
합성 섬유로부터

65%는
기타 출처로부터

◀ 바다에서 발견되는 미세 플라스틱의 출처로는 기타 여러 곳이 있지만(자동차 타이어와 플라스틱 폐기물을 비롯해), 의류가 가장 큰 부분을 차지한다.

준 코스에 비해 미세 섬유질 방출이 더 심한 것으로 밝혀졌으며, 이는 아마도 더 많은 양의 물이 사용됨으로써 옷감에서 더 많은 섬유질을 밀어냈기 때문일 것이다.

이제 책임 범위를 알았으니, 이 엄청난 미세 플라스틱 문제를 줄이려면 무엇을 할 수 있을지 보자.

- 세탁망이나 미세 플라스틱을 잡아주는 세탁볼(굉장히 조밀한 그물망으로 만들어 입자들을 빠져나가지 못하게 하는)을 구매하라.
- 가능하면 천연 섬유로 바꿔라(94쪽 참조).
- 옷 세탁 횟수를 가능하면 줄여라(오른쪽 참조).

단 한 번의 세탁으로
70만 개 이상의
미세 섬유질이 배출될 수 있다.

- 세탁 시에는 세탁기를 가득 채워 마찰을 줄여서 섬유질이 덜 떨어져 나오도록 하라. 찬물로 세탁하고 회전식 건조기 사용을 피하는 것도(99쪽 참조) 의류에서 방출되는 미세 플라스틱의 양을 줄이는 데 도움이 된다.
- 새 세탁기를 찾고 있다면 미세 플라스틱 필터가 내장된 것으로 선택하고, 아니면 지금 있는 세탁기에 필터를 추가로 설치하라.

옷은 얼마나 자주 세탁해야 하나?

좋은 소식! 환경을 지키는 가장 쉬운 방법들 중 하나는 그냥 옷 세탁 횟수를 줄이는 것이다.

세탁 횟수를 줄이면 에너지 사용이 줄고, 세제를 덜 쓰며(98쪽 참조), 바다로 흘러드는 미세 플라스틱도 준다. 한 번 입은 옷들을 전부 드럼 속에 밀어 넣는 대신, 옷에 조금만 더 신경을 써라. 여기저기에 벗어놓지 않고 넣어두기만 해도 빨지 않고 더 오래 입을 수 있다.

속옷 같은 일부 의류는 당연히 매번 빨아야 하지만, 나머지는 당신이 생각하는 것처럼 자주 빨 필요는 없다.

- 천연 섬유는 합성 섬유에 비해 덜 자주 세탁해도 된다(94쪽 참조). 울이나 실크를 세탁할 때에는 낮은 온도(30도)와 약회전 코스를 적용해 에너지를 절약하고 옷감의 손상을 막도록 한다.
- 작은 얼룩의 경우에는 옷을 통째로 빨기보다 부분 세탁(손으로 문질러 깨끗하게 하는 것)하는 것이 더 친환경적이다.
- 청바지의 경우, 데님 팬들은 최대한 덜 세탁할수록 좋다고 조언한다. 그래도 청바지를 빨아야 할 때에는 찬물로 손세탁한 뒤 널어 말려야 오래 입을 수 있다.

가장 친환경적인 세탁 방법은?

캡슐 세제와 컵에 가득 채운 액체 세제는 잊어라. 사용한 뒤에 책임감 있게 폐기할 수 있는 재사용 가능한 선택지들은 당신이 환경에 미치는 영향을 줄이고, 나아가 돈도 아끼게 해줄 것이다.

세탁은 지구에 큰 영향을 미친다. 일반적인 미국 가정은 매년 400회씩 세탁을 한다. 매 세탁 때마다 182리터 상당의 물이 사용되며(세탁물을 넣는 입구가 위쪽에 달린 세탁기는 입구가 앞쪽에 달린 것에 비해 물을 더 많이 쓴다), 세탁기 에너지의 75~90%가 물을 덥히는 데 사용된다.

주류 세제들에는 몇 가지 유해 물질들이 함유되어 있다. 인산염(생태계를 파괴하는), 표백제, 석유 화학 물질, 팜유, 라우릴 황산나트륨(SLS) 등. 액체 세제와 세탁 캡슐 역시 보통은 재활용되지 않는 플라스틱 병, 튜브, 파우치에 들어 있다.

대안이 될 수 있는 것은 식물성 재료들이 사용된, 일회용 플라스틱에 담기지 않은 친환경 제품들이다.

에코에그(Ecoegg)는 천연 미네랄 알갱이들이 들어 있는 알 모양의 플라스틱 제품이다. 뜨거운 물과 섞이면 옷감의 때를 빼주고 옷을 부드럽게 만든다. 독한 화학 물질이 들어 있지 않기 때문에 연약한 피부에도 좋다. 한 번 채운 알갱이로 약 70회 세탁할 수 있다.

또 다른 선택지는 소프 넛(soap nut)이다. 면 주머니에 담아 세탁 시 함께 넣으면 뜨거운 물과 만나 사포닌(비누 같은 자연적 화학 물질)을 배출, 때와 얼룩을

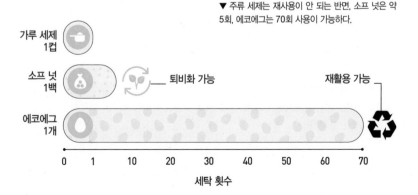

▼ 주류 세제는 재사용이 안 되는 반면, 소프 넛은 약 5회, 에코에그는 70회 사용이 가능하다.

가루 세제
1컵

소프 넛
1백 ─── 퇴비화 가능

재활용 가능

에코에그
1개

0 1 10 20 30 40 50 60 70

세탁 횟수

없애준다. 소프 넛은 여러 번 재사용할 수 있다. 인도에서는 수백 년 전부터 사용되었지만, 일부 사람들은 그것의 효능에 대해 회의적이다. 저속 모드나 찬물 세탁 시에는 잘 안 되지만 가성비가 좋고, 플라스틱 포장이 필요 없으며, 인터넷에서 쉽게 구할 수 있다.

기존 세제를 전혀 안 쓸 수는 없다면, 캡슐형 대신 가루 세제로 돌아가라. 생분해되고/되거나 식물성인 세제를 찾아라. 판지 포장된 제품으로 선택하고, 벌크 또는 리필 제품을 구매하라(제로 웨이스트 상점을 둘러보면 좋다. 이에 관한 더 자세한

옷이 환경에 미치는 영향 중 80%가 세탁으로 인한 것이다.

내용은 115쪽 참조). 섬유유연제 대신 식초를 쓰는 것도 또 하나의 자연적인 접근법이다.

에너지 사용을 줄이려면 찬물 세탁이나 손세탁을 늘려라. 연약한 옷이나 청바지 같은 일부 의류들은 찬물로 헹궈도 상관없다. 또 특정 종류의 옷들은 세탁 횟수를 줄여도 된다(97쪽 참조).

옷을 건조시키는 가장 좋은 방법은?

이제 의류 건조의 전통적 방식으로 돌아갈 때이다. 지구와 당신의 지갑 모두가 고마워할 것이다.

당신은 건조기에 돌린 수건의 따스한 부드러움을 좋아하겠지만, 그건 지구에게는 나쁜 소식이다. 미국 가정의 75%에서 사용되는 건조기는 에너지를 가장 많이 필요로 하는 가전제품들 중 하나다. 일반적인 건조기는 사용할 때마다 이산화탄소 1.8킬로그램을 발생시키며, 이는 금세 축적된다.

건조기 사용은 또한 의류 간에 마찰을 일으켜 합성 섬유로부터 미세 플라스틱(결국 바다로 흘러들게 되는)이 떨어져 나오게 만든다(96쪽 참조). 바다의 모든 미세 플라스틱 중 35%가 합성 의류들로부터 유래된 것으로, 이들은 세탁기와 건조기를 통해 배출된다.

이 책 속에는 복잡한 문제들이 많지만, 이것은 거기에 포함되지는 않는다. 집안의 빨래 건조대나, 정원 또는 발코니가 있다면 빨랫줄을 이용해(이 방법이 금지된 지역이 아니라면. 만약 금지되어 있다면 지방 정부 관계자들에게 그러한 규칙의 철회를 요청하라!) 자연 건조시키는 방식으로 바꿔라. 이는 지구를 살릴 뿐만 아니라 당신의 주머니도 살리는 일이다(건조기 사용에는 비용이 많이 든다).

"향후 10년간
총 의류 소비량은
63% 증가할 것으로
추정된다."

드라이클리닝을 친환경적으로 하는 방법이 있을까?

우리가 두려워하는 '드라이클리닝 전용' 라벨은 보통 높은 가격과 불편함을 의미하지만, 상수도는 물론 사람들의 건강에까지 영향을 미치기도 한다.

간단하게 말하면, 없다. 대부분의 드라이클리닝은 친환경적일 수가 없다. 아무리 드라이클리닝 업체가 요즘에는 당신의 깨끗한, 다림질한 옷을 포장할 때 생분해되는 플라스틱을 사용한다고 해도, 세탁 과정 자체는 바뀌지 않았을 가능성이 높다.

드라이클리닝은 사실 '드라이(건조한)' 하지 않다. 단지 물을 사용하지 않기 때문에 그렇게 불리는 것이다. 수십 년간 그 과정에는 환경에 해를 입힐 뿐 아니라 사람에게 암을 유발할 수 있는 화학 물질, 퍼클로로에틸렌(perchloroethylene, 퍼크(perc)라 불리는)이 사용되었다. 이것은 또한 제대로 보관되지 않을 경우 상수도에 스며들 수 있는 유해 폐기물을 생산한다. 퍼크는 예전만큼 흔히 쓰이지는 않지만, 여전히 많은 나라들에서 널리 사용된다. 또 어떤 경우에는 퍼크 사용을 피하려는 기업들이 또 다른 독성 용제를 쓰기도 한다.

만약 당신의 옷이 '드라이클리닝 전용'이라면 웨트 클리닝(wet-cleaning)을 하는 업체를 찾아라. 웨트 클리닝이란 인공 화학 물질이 아니라 물로 세탁하는 친환경적인 대안이다. 아니면 액체 탄산을 클리닝 용제로 사용하는 곳을 찾아라. 자칫 오염을 일으킬 것처럼 들릴 수도 있지만, 실제로는 그렇지 않다. 그것은 탄산음료에 들어가는 탄산과 같은 성분이며, 그것을 이용하는 클리닝 업체들은 다른 산업의 부산물인 이산화탄소를 다양한 세탁에 재사용하는 것이다.

화학적 처리 문제에 더해 드라이클리닝은 옷걸이 산업에도 기여한다(해마다 80~100억 개의 옷걸이들이 만들어지고 버려진다). 플라스틱 옷걸이와 금속 옷걸이 모두 재활용이 어려워서 보통은 매립지로 보내진다.

▲ 인도의 한 연구 결과, 검사 대상이었던 드라이클리닝된 의류의 75%에서 퍼크가 검출되었다.

비건 가죽(vegan leather)은 진짜 가죽보다 더 친환경적일까?

비건이라고 해서 항상 지구에 영향을 덜 주는 것은 아니다. 이는 개인적 선택으로 귀결될 때가 많아서, 모든 문제를 따져보고 당신의 가치관에 맞는 해결책을 찾으면 된다.

진짜 가죽은 동물 복지를 둘러싼 문제부터 태닝 및 염색에 사용되는 화학 물질에 이르기까지, 부정적인 요소들이 많다. 가죽은 주로 크로뮴과 알데하이드 같은 화학 물질들로 처리되어 수로 오염을 야기한다. 하지만 때로는 지속 가능한 것으로 대체하기 쉽지 않은 경우가 있는데, 가죽이 바로 그렇다.

'비건 가죽'은 괜찮은 대체품처럼 들릴지 모르지만, 별로 새로울 것이 없다. '플레더(pleather)'라고도 알려진 이것은 애초부터 윤리적인 이유가 아니라 가죽의 값싼 대체품으로 고안된 것이었다. 여기에는 동물성 생산물이 들어 있지 않지만, 그래도 환경에 좋지 않다. 대부분의 비건 가죽은 폴리우레탄(PU)이나 폴리비닐 클로라이드(PVC)를 이용해 만들어지는데, 두 가지 모두 가죽 같은 물질이 되려면 복잡한 유독성 처리 과정을 거쳐야 하는 플라스틱들이다. 합성 물질들이라 생분해도 되지 않는다.

얇은 막을 입힌 표면은 쉽게 갈라지며, 그런 물품들은 보통 매립지로 가게 된다. 진짜 가죽은 더 오래간다. 수선도

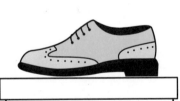

인조 가죽 신발은
평균 **1년 또는 2년**
정도 신는다.

동물 가죽 신발은
잘만 관리하면
평생 신을 수 있다.

▲ 신발 한 켤레 제조 시 해로운 측면들은 그것을 자주 신을 경우 얼마나 오래가는지를 비교해서 따져보아야 한다.

더 쉽고, 생분해되며, 보통은 육류와 유제품의 부산물이다.

일부 인조 가죽 제조업체들은 다른 업체들보다 친환경적이긴 하지만, 패션 브랜드들 중에 공급망을 투명하게 공개하는 곳은 얼마 되지 않는다. 물론 예외도 있다. 일부 윤리적 브랜드들은 재활용 폴리에스터로 만들어진 무용제(solvent-free) 비건 가죽만을 사용한다.

또 버섯, 사과, 루바브 등으로 만든 과일 및 식물 유래 비건 가죽들의 종류가 늘어나고 있다. 이들은 인조 가죽에

세계에서 생산되는
**합성 화학 물질들의 25%는
직물을 만드는 데**에 사용된다.

비해 환경에 영향을 덜 미친다. 파인애플 섬유로 만들어진 피나텍스(Piñatex)는 메탈릭한 마무리로 인기를 끌고 있다.

진짜 가죽을 친환경적으로 만들기 위해, 버려질 뻔한 자투리 가죽들로 제품을 만드는 브랜드들도 있다. 이들은 또한 식물 염료를 사용하고, 장인들을 고용하며, 생산 시 재생 가능한 에너지를 함께 이용한다.

선택은 당신의 가치관과, 당신이 어떤 환경 문제를 우선해서 고려하는지에 달려 있다. 가장 친환경적인 선택지는 가죽을 아예 입지 않거나, 중고로 구매하는 것이다.

스팽글은 지구에 얼마나 해로울까?

반짝거리는 조각은 당신을 멋져 보이게 해줄지 몰라도, 바다의 골칫거리가 된다.

스팽글은 보통 PVC 플라스틱으로 만들어지며, 그 과정에서 다량의 플라스틱 폐기물을 발생시킨다. PVC에는 프탈레이트가 들어 있는데, 이 화학 물질이 먹이 사슬에 유입될 경우 동물과 인간의 호르몬 체계를 교란시킬 수 있다.

그 작고 반짝이는 조각들이 옷에서 떨어지면(주로 세탁 중에) 토양과 수로를 오염시키고, 다수는 바다로 흘러들어가 그것을 먹이로 착각한 물고기들에게 먹히게 된다. 스팽글은 성분과 작은 크기 때문에 재활용될 수 없다. 아이러니하게도 스팽글이 달린 옷은 보통 우리가 입을 일이 가장 적은 옷들 중 하나인데, 거기서 나온 플라스틱은 향후 수백 년간 없어지지 않고 우리 곁에 존재할 것이다.

이 모든 환경적 재앙은 반짝이(글리터)에도 똑같이 해당된다(파티를 망쳐서 미안하지만).

이미 옷장에 스팽글 달린 옷이 한두 벌 있다면, 버리지 말고 재활용되도록 하라. 생분해되는 스팽글과 반짝이도 있지만, 여기에도 소량의 플라스틱이 들어 있으므로 사지 않는 편이 가장 좋다. 반짝이는 플라스틱 조각들 없이도 당신은 충분히 멋져 보일 수 있다.

친환경 안경과 선글라스가 있을까?

안경은 친환경을 고려할 때 가장 먼저 떠오르는 물건은 아니지만, 살면서 안경이 필요할 때마다 올바르게 구매하려는 노력(이 글을 포함해)이 환경에 영향을 미칠 것이다.

선진국 인구의 4분의 3이 안경을 쓰고, 선글라스는 그보다 더 많은 사람들이 쓰지만, 안경이 환경에 미치는 영향에 대해 생각해본 적이 있는가?

안경은 다양한 재료들(알루미늄과 티타늄 같은 금속과 플라스틱을 포함한)로 만들어지는 편이라 재활용 시설에서 처리되기 어렵다. 대부분의 값싼 선글라스들은 100% 플라스틱으로 되어 있고 금방 버려져서, 보통은 매립지 쓰레기에 포함된다. 지속 가능한 안경을 고르는 방법은 다음과 같다.

- **아세테이트를 피하라.** 목재 펄프에서 유래된 이 물질은 '지속 가능'하다고 되어 있어도 보통 독성 물질들을 사용하는 공장에서 규제 없이 생산된다. 아세테이트 안경테는 플라스틱이나 나무와 마찬가지로 재활용될 수 없다. 생분해되는 '바이오 아세테이트'도 있지만, 분해 기간이 얼마나 걸리는지는 제조업체들조차 잘 모른다.
- **천연** 또는 재활용된 재료들을 찾아라. 지속 가능한 방식으로 공급된 나무, 대나무, 재활용 플라스틱, 심지어는 자동차 계기판이나 폐냉장고의 플라스틱 조각들을 이용해 3D 프린팅한 안경테도 있다.
- **사회에 환원하는 기업**의 제품을 구매하라. 수익을 교육 프로그램이나 시력 회복 사업 기금 마련에 사용하는 기업들이 있다. 일부 브랜드들은 다 쓴 안경이나 선글라스를 회수해 궁핍한 사람들에게 주기도 한다.
- **더 이상 쓸 수 없는 안경은 재활용**하라. 플라스틱과 유리 렌즈는 일반적인 재활용 수거함에 넣어도 된다.

○ 지속 가능한 대나무

○ 재활용 플라스틱

○ 금속

✕ 아세테이트

✕ 재활용되지 않는 플라스틱

▲ 새로운, 지속 불가능한 물질보다 공급망이 투명한 천연 재료와 재활용된 재료를 우선시하라.

내 장신구가 지속 가능한지
확인하려면?

지구를 해치지 않고 자신을 치장하고 싶다면, 사용된 재료의 지속 가능성과 추출된 방식을 고려하면 보다 친환경적인 선택을 하는 데 도움이 된다.

싸구려 장신구는 주로 플라스틱이나 금속 합금으로 만들어진다. 이런 것들은 조악하게 제작되어 금세 색이 바래고, 재사용 및 재활용되기보다는 매립지로 가는 경우가 많다.

은과 금은 더 오래가지만 출처를 확인해야 한다. 귀금속 채굴 시에는 대부분 유해한 추출 방식을 사용하기 때문에 산림 파괴, 토양 및 공기 오염이 발생하고 야생 생물들에게 해를 끼친다. 이 산업은 인권과 관련해서도 끔찍한 기록을 갖고 있다. 전 세계에서 채굴되는 금 중에 거의 50%가 장신구에 사용된다. 그 대부분이 소규모 광산들에서 오는데, 거기서는 노동자들(일부는 어린아이들)이 아주 기본적인 도구들만을 제공받으며, 수은 같은 유독성 물질들과 접촉하게 된다. 공급망이 투명하지 않은 원석들도 조심하라. 위험한 작업 환경에서 지속 불가능한 방식으로 채굴되는 경우가 많기 때문이다.

친환경적인 장신구 착용법은 주의 깊게 고르고 오래 사용하는 것이다.

• 매일 착용하는 장신구는 일반적으로 널리 팔리는 것 말고 국내 생산된 것을 골라라. 나무, 대나무 소재나 업사이클링된 것들을 고려하라.

• 금이나 은을 구매한다면 공정 무역 또는 공정 채굴(Fairmined) 인증(윤리적으로 채굴되었음을 보증하는)을 받은 것을 찾아라. 이런 인증을 받은 것은 전 세계 공급량의 약 1%에 불과하다. 그 대안으로 재활용 금이나 은을 구매하면 새 원료를 쓰지 않아도 된다.

• 실험실에서 만들어진 다이아몬드

재활용된 재료를 사용하면 **장신구 생산**이 환경에 미치는 영향을 **95%**까지 줄일 수 있다.

(lab-grown diamonds)와 보석을 선택하라. 화학적으로는 천연 원석들과 동일하나, 환경에 미치는 영향은 같지 않으며 값도 훨씬 저렴하다. 아니면 원석을 어디서 어떻게 공급받는지 공개하는 디자이너들의 제품을 구매하라.

• 장신구를 잘 관리하라. 보관을 잘하고 물에 닿지 않게 하면 수명을 늘릴 수 있다.

• 오래된 장신구는 기부하거나 되팔고, 더 이상 착용할 수 없는 것들은 재활용하라. 그런 것들을 받아주는 많은 기구와 자선 단체들이 있다.

의류 재활용은 왜 중요한가?

옷을 만들고, 운송하고, 판매하는 데에는 엄청난 양의 자원이 든다. 그런 옷들을 버리지 않도록 최선을 다하는 것이 곧 친환경적 삶이다.

지난 20년간 우리가 구매한 의류의 양은 두 배로 늘었다. 해마다 전 세계적으로 800억 벌이 넘는 옷이 만들어지며, 여기에는 막대한 양의 에너지, 원료, 화학 물질, 노동력, 그리고 물이 사용된다. 단 한 장의 면 셔츠를 만드는 데 드는 물의 양은 3천 리터에 달한다(더 자세한 내용은 90쪽 참조).

그 모든 옷이 우리에게 필요한 건 전혀 아니므로, 많은 옷들이 금방 버려진

다. 미국에서는 매년 일인당 약 36킬로그램의 옷이 버려진다. 하지만 우리는 재활용도 제대로 못하고 있다. 영국 사람들 중 41%가 옷을 재활용하는 방법을 잘 모른다. 재활용되지 못한 옷은 매립지로 가거나, 제작 시 사용된 화학 물질에서 나오는 독성 연기를 뿜어대며 소각된다.

보다 친환경적이 되는 가장 쉬운 방법들 중 하나는 당신의 옷들을 소중히

새 셔츠 → 물려 입힘 → 찢어진 곳 수선됨 → 중고품 가게로 보내짐

매립지로 보내짐 ← 자동차 시트 충전재로 사용됨 ← 재활용을 위해 파쇄됨 ← 드레스로 업사이클링됨

▲ 당신이 더 이상 입지 않는다고 해서 의류의 생명이 끝나는 것은 아니다. 다른 사람들이 재사용하거나 새로운 용도로 재활용될 수 있다.

여기고 최대한 잘 활용하는 것이다. 이는 옷장에 있을 때도, 옷장을 떠난 뒤에도 마찬가지다.

의류의 경우, '재활용'이란 기부나 판매, 또는 새로운 물건으로 만들어주는

세계인들이 **버리는**
모든 **옷** 가운데 단 **20%**만이
재사용 또는 재활용된다.

곳에 보냄으로써 당신이 다 입고 난 뒤에도 계속 쓸모 있게 만들어주는 것을 의미한다.

옷의 수명을 늘리면 새 옷으로의 교체가 필요치 않으므로 생산에 소모되는 에너지와 자원이 미치는 영향을 줄일 수 있다. 게다가 다른 누군가도 새것을 사는 대신 그 옷들을 입게 된다.

당신의 옷이 더 이상 입을 수 없게 된다면, 옷 은행이나 다른 옷 재활용 시설에 가져가면 좋다. 여기서는 그 옷들이 되팔려 자동차 시트 충전재나 하급 직물 제품 등으로 이용된다. 옷은 다른 인생 단계를 갖는다고 생각하면 된다. 공장에서 상점으로, 옷장에서 쓰레기통으로 곧장 가는 것이 아니라, 수선되고, 업사이클링되고, 물려 입히거나 다른 용도로 재활용되는 것이다.

신발은 어떻게 재활용할까?

아직 신을 수 있는 신발인지, 아닌지에 따라 차이가 있다.

신을 수 있는 상태의 신발이라면 신발 은행이나 중고 의류 상점에 갖다주거나, 궁핍한 사람들에게 신발을 기부하는 지역적 제도, 또는 필요한 사람들에게 특수한 신발을 보내주는(예를 들어 네팔의 셰르파들에게 등산화를 보내는 등) 국제 프로그램을 이용하라.

우리가 신고 버리는 신발의 수를 고려하면(보고에 따르면 미국에서는 일 년에 3억 켤레가 버려진다), 더 이상 신을 수 없는 신발들에 대한 재활용 선택지는 턱없이 부족하다. 만족스러운 해법은 아직 닿을 수 없을 만큼 멀리 있지만, 당신이 실천할 수 있는 몇 가지 사항들이 있다.

- 다 신은 제품을 반환하면 재활용하는 브랜드의 신발을 구매하라.
- 질 좋은 신발을 구매하라. 한 철밖에 못 신는 패스트 패션 신발보다는 당신이 좋아하고, 오래가고, 수선이 가능한 신발을 사라.
- 닳은 신발은 수선하라.
- 플라스틱 프리, 지속 가능한 방식으로 만들어진, 또는 생분해되는 신발을 선택하면 설사 매립지로 가게 되더라도 장기간 미치는 영향을 줄일 수 있다.

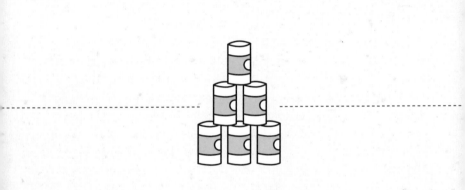

공급망은 최대한 짧게!
친환경 쇼핑

가장 친환경적인 식품 구매 방법은?

매주, 퇴근 후나 주말에, 식품 쇼핑은 삶의 중요한 부분을 차지한다. 어디서(그리고 어떻게) 쇼핑을 하는지가 차이를 만든다.

대부분의 사람들에게 대형 슈퍼마켓은 하나의 고정된 일상이지만, 그것은 지구에 해로운 수많은 관행들과 연관되어 있다. 엄청난 수의 소비자들을 위해 일 년 내내 다양한 상품을 공급하려면, 슈퍼마켓들은 복잡한 국제적 공급망을 개발해야만 한다(이것의 중요성에 대해서는 118~9쪽 참조). 슈퍼마켓들은 플라스틱, 보존제와 가공식품들에 대한 의존도가 높으며, 이 모두가 환경에는 좋지 않은 것들이다. 또 건물들도 문제다. 조명, 난방, 냉방뿐만 아니라 대형 냉장고와 냉동고들까지, 슈퍼마켓들은 막대한 양의 에너지를 소모한다.

음식물 쓰레기 문제도 있다. 슈퍼마켓들은 농부들과 공급자들의 농작물을 퇴짜 놓음으로써 어마어마하게 많은 신선 식품의 낭비를 발생시킨다. 예를 들어, 전체 양상추의 19%는 소비자들에게까지 도달하지도 못한다. 전체적으로, 영국에서는 매년 10억 파운드(2021년 4월 기준 약 1조 5천억 원—옮긴이) 상당의 식품이 재배된 뒤 슈퍼마켓 판매대에 올라보지도 못한 채 버려지는데, 슈퍼마켓들이

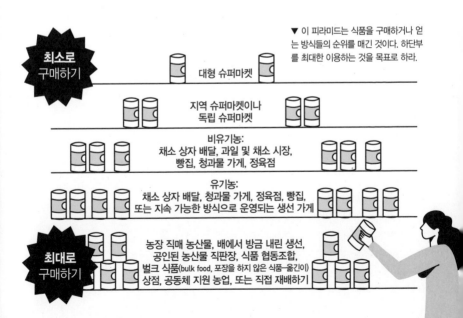

최소로 구매하기

대형 슈퍼마켓

▼ 이 피라미드는 식품을 구매하거나 얻는 방식들의 순위를 매긴 것이다. 하단부를 최대한 이용하는 것을 목표로 하라.

지역 슈퍼마켓이나 독립 슈퍼마켓

비유기농: 채소 상자 배달, 과일 및 채소 시장, 빵집, 청과물 가게, 정육점

유기농: 채소 상자 배달, 청과물 가게, 정육점, 빵집, 또는 지속 가능한 방식으로 운영되는 생선 가게

최대로 구매하기

농장 직매 농산물, 배에서 방금 내린 생선, 공인된 농산물 직판장, 식품 협동조합, 벌크 식품(bulk food, 포장을 하지 않은 식품—옮긴이) 상점, 공동체 지원 농업, 또는 직접 재배하기

요구하는 품질이 그 문제의 주요 원인이다.

긍정적 변화

좋은 소식은 식품 업계의 일부 사람들이 이미 지속 불가능한 제도에서 벗어나려는 시도를 하고 있다는 것이다. 2019년 영국의 슈퍼마켓들은 2030년까지 음식물 쓰레기를 50% 줄이겠다고 서약했고, 호주의 일부 슈퍼마켓들

2018년 **영국의 슈퍼마켓들**이 발생시킨 **플라스틱 폐기물**은 **80만 톤**이 넘는다.

은 그러한 목표를 더 빨리 달성하는 것을 목표로 하고 있다. 점점 더 많은 슈퍼마켓들이 전에는 퇴짜를 놓았던 '못난이' 또는 완전하지 않은 과일과 채소를 판매하고 있으며, 식품을 버리는 대신 푸드 뱅크나 자선 단체에 재분배하는 데에 힘쓰고 있다. 하지만 아직도 할 일이 많다. 예를 들어 프랑스에서는 슈퍼마켓들이 먹을 수 있는 식품을 버리는 것을 금지시키는 법안이 통과되기도 했다.

또 많은 나라의 슈퍼마켓들이 점차 더 친환경적인 기반시설을 갖추고 있다. 교외에 있는 대형 슈퍼마켓들은 태양열로 가동되고, LED 조명을 사용하며, 전기차 충전소를 제공한다(건물 지붕

의 태양열 패널과 같은 재생 가능한 자원들로부터 얻은 과잉 에너지를 저장 및 방전함으로써 보다 친환경적이 될 수 있다). 당신이 이용하는 슈퍼마켓이 에너지를 자급자족하는 친환경 기술의 허브가 된다고 상상해보라.

개인적 차원에서는 식품 구매가 환경에 미치는 영향을 줄일 수 있는 여러 가지 방법들이 있다.

- 농산물 직판장, 지역 제로 웨이스트 숍, 팜 숍을 최대한 지원하라. 플라스틱 포장재를 줄일 수 있을 뿐만 아니라, 지역 공급망을 지원함으로써 보다 탄력 있는 지역 경제를 만드는 데에도 도움이 된다.

- 장을 볼 때 차를 타고 가야 한다면 일주일에 한 번만 장을 보도록 하여 배출이 많은 자동차 여행을 최소화하라. 물론 걷거나 자전거를 이용할 수 있다면 자주 장을 봐도 상관이 없으므로, 음식물 쓰레기를 최대한 줄이면서 가족을 먹일 수 있는 최선의 방법대로 하라(더 자세한 내용은 26~27쪽 참조).

- 식료품을 직접 사러 가지 않고 배달받는 것을 고려해보라. 해당 슈퍼마켓이 전기차 배달 서비스를 운영한다면 더욱 좋은 방법이다!

- 식재료를 벌크로 구매하면 집에 가져가게 되는 플라스틱의 양을 줄일 수 있다.

- 종이 영수증은 받지 마라. 한 가지 이상의 재료로 만들어져(잉크가 아닌 열로 인쇄되는 방식), 재활용될 수 없다. 그 대신 가능하면 디지털 영수증을 택하라.

종이, 비닐, 면 가방 중
어느 것이 더 친환경적일까?

장본 물건들을 집으로 가져오는 문제에 관해서라면, 꺼내놓을 정보들이 몇 바구니는 된다. 플라스틱이라고 해서 항상 더 친환경적인 것은 아니다. 중요한 것은 그 백을 몇 번이나 사용할 수 있느냐 하는 것이다.

일회용 비닐 봉투를 피해야 할 이유는 수없이 많다. 이것은 급속도로 고갈되고 있는 석유로 제조되고, 거의 재활용되지 않으며(매년 전 세계적으로 5조 장이 사용되지만 약 1%만 재활용됨), 버려진 뒤에는 미세 플라스틱으로 분해되어(96쪽 참조) 수로로, 나아가 먹이 사슬로 유입되거나, 다량은 바다로 흘러가 해마다 10만여 마리의 동물들이 그것을 먹게 된다

(모든 장수거북의 3분의 1은 뱃속에 비닐 봉투를 담고 있다).

일회용 비닐 봉투는 무슨 일이 있어도 피하는 것이 상식이지만, 그 대안들을 더 자세히 들여다보면 문제가 좀 복잡해진다. 백의 친환경 정도를 결정하려면, 그것의 전체 수명 주기를 고려할 필요가 있다. 생산에 사용되는 자원들, 제조 시 소모되는 에너지의 양, 사용 기

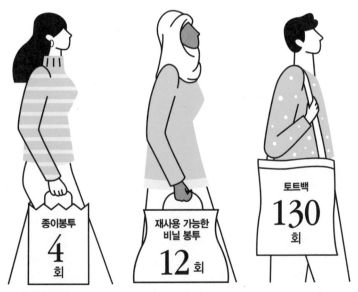

▲ '보다 친환경적인' 백들은 여러 번 사용되어야 일회용 비닐 봉투에 비해 영향을 덜 미치게 된다.

간, 재활용 가능성, 폐기 시 무엇으로 분해되는가 하는 문제 등.

종이봉투는 비닐 봉투 생산에 필요한 에너지의 네 배를 소모한다. 비닐보다 무거워서 운송 시 배출량도 더 많으며, 지속 가능하게 공급된 나무로 만들어지지 않은 이상 그것의 제작은 곧 산림 파괴로 이어진다. 모든 요소를 고려할 때, 종이봉투는 지속 가능한 나무로 만들어지고 네 번 이상 사용될 때에만 비닐보다 친환경적이다.

반면에 면 토트백은 생산 시 사용되는 자원과 에너지 측면에서 비닐보다 더 효율적이려면 130회 이상 사용되어야 한다. 다만 좋은 점은, 면 같은 천연 섬유로 만든 가방들은 버려졌을 때 오염을 야기하지 않는다는 것이다.

또한 전통적인 스트링 백은 좋은 선택이다. 토트백에 비해 생산 시 자원이 덜 들고, 작게 돌돌 말아 주머니나 가방에 쏙 넣을 수 있으며, 굉장히 질기기 때문이다.

재사용 가능한 비닐 백은 얇은 일회용 봉투보다 훨씬 더 안 좋은 경우가 많은데, 더 자세한 내용은 오른쪽을 참조하라. 보다 친환경적인 백 사용법은, 무엇으로 만들었든 간에 최대한 덜 사용하는 것이다.

- 이미 갖고 있는 가방을 활용하라. 종이든, 비닐이든, 면이든 상관없이 가능한 한 오래 사용하도록 하라.
- 재사용 가능한 가방을 챙기는 것을 잊지 마라. 아니면 집이나 차 안이 온갖 봉투들로 어질러지기 쉽다.

재사용 가능한 백은 정말 친환경적인 선택일까?

재사용이 가능한 견고한 비닐 백이 친환경적인 선택지로 제시되고 있지만, 과연 그것이 몇 번이나 사용될까?

많은 나라들이 일회용 비닐 봉투의 사용을 막고 있다. 예를 들어 영국에서는 세금으로 인해 해변에서 발견되는 비닐 봉투의 양이 40% 줄었다. 여러 슈퍼마켓들은 더 이상 일회용 비닐 봉투를 제공하지 않으며, 그 대신 '백 포 라이프(bag for life)'라는 재사용 백을 내놓고 헐면 무료로 교환해주고 있다. 하지만 이 무겁고 질긴 백들은 더 많은 플라스틱을 사용하고, 제작 시 더 많은 가스를 배출한다. 그러므로 열두 번 이상 사용하지 않으면, 사실 일회용 비닐 봉투보다 지

미국의 쇼핑 인구 중 **40%**는 재사용 가능한 백을 챙겨가는 것을 **자주 잊어버린다고 한다.**

구에 더 해롭다. 미국에서는 현재 이런 백들이 평균 세 번 정도밖에 사용되지 않으며, 따라서 적어도 아직은 그것이 많은 환경운동가들과 정부들이 원했던 꿈의 해결책이 되지는 못하고 있다.

플라스틱보다는 유리나 금속 용기에 담긴 제품을 선택해야 하나?

서로 다른 종류의 포장재에 든 제품들 중 선택해야 할 때는, 그 재료 자체보다는 당신이 그 용기를 재사용함으로써 수명을 늘릴 수 있는가에 더 중점을 두어라.

당신이 재사용하는 거의 대부분의 것들이 일회용 플라스틱보다는 지구에 더 좋다. 플라스틱은 지속 불가능한 원료로부터 유래하며, 대규모 오염을 초래하며, 재활용될 때마다 품질이 저하된다. 검은색 플라스틱은 무슨 일이 있어도 피하라. 대부분의 재활용 시설 기계들은 컨베이어 벨트 위의 검은색 플라스틱을 감지하지 못하기 때문에 그것들은 곧장 매립지로 가게 된다(24쪽 참조).

바이오 플라스틱으로도 알려진 '식물성' 플라스틱은 친환경적으로 들리지만 산업적 퇴비화 시설에 폐기되지 않는 이상은 일반 플라스틱과 똑같이 유해한 미세 플라스틱으로 분해된다.

새 금속 대신 **재활용 알루미늄**으로 캔을 만들면 에너지가 **95%** 덜 든다.

금속과 유리는 재활용하기가 쉽다. 유리에 담긴 물건을 사서 그 병에 다른 것을 담아 재사용하거나, 리필용으로 이용하면 더욱 좋다.

하지만 플라스틱 대신 유리나 금속 포장재를 선택하는 것이 항상 권장할 만한 일은 아니며 심지어 불가능할 수도 있다. 재활용되는 플라스틱들은 당신이 사는 곳에 따라 다르므로, 어떤 종

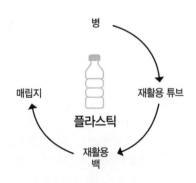

▲ 플라스틱은 재활용될 때마다 다변성이 떨어져서 보통 수명 주기가 짧다.

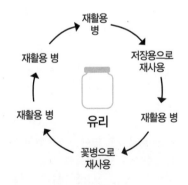

▲ 유리는 재활용되어도 질이 떨어지지 않기 때문에 끊임없이 재사용되고 다른 용도에 맞게 제작될 수 있다.

류가 반드시 매립지로 가게 되는지 알아보려면 조사를 해보는 것이 좋다. 어떤 종류의 포장재든 어떻게 만들어지는지, 재활용되는 원료로 만들어지는지, 어떻게 운송되는지, 또 어디에 어떻게 폐기되는지를 고려해야 한다. 금속, 유리, 플라스틱은 모두 수명 주기 중 각기 다른 단계에서 장점과 단점을 지니므로, 완벽히 친환경적인 포장재란 없다.

소프트드링크를 예로 들어보자. 유리병(운송 시 더 많은 에너지가 드는)이 아니라 재활용 가능한 금속으로 만들어졌다면 알루미늄 캔을 가장 먼저 선택해야겠지만, 둘 다 플라스틱 병보다는 우선시되어야 한다. 유리나 금속으로 된 것을 구매한다면 반드시 재활용하도록 하라. 이병들의 생산 과정에서 플라스틱 병 생산보다 더 많은 온실 가스가 배출되는 경우가 많다. 이것들을 재활용하면 처음부터 새로 만들어지는 일을 막을 수 있고, 이산화탄소 배출이 줄어든다.

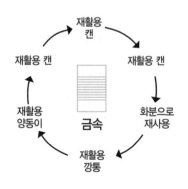

▲ 알루미늄이나 강철처럼 흔한 금속들 역시 끝없이 재활용될 수 있다.

제로 웨이스트 숍은 어떻게 운영되나?

제로 웨이스트 숍들의 폭발적인 증가는 낭비적이고, 온실 가스 배출량이 많은 슈퍼마켓들로부터의 환영할 만한 전환이다.

제로 웨이스트(또는 벌크 식품) 상점은 포장하지 않은 마른 식품들과, 많은 경우에는 세제들도 구비하고 있어서, 필요한 물품의 무게를 재거나 직접 가져간 용기에 담아서 구매할 수 있다. 대부분은 용기들을 판매하거나 반환 가능한 용기들을 제공, 또는 마른 식품들을 담을 수 있는 종이봉투를 갖추고 있다. 무게로 돈을 지불하므로, 과도한 포장을 할 필요가 적다(당신과 가게 모두). 이러한 이유로 보통 값이 더 저렴하다(슈퍼마켓 물건 가격의 약 7%는 포장 값이다). 게다가 그곳에서 사는 물건들은 공급망이 비교적 짧은 것들이라 식품의 이동 거리도 줄어들게 된다.

대부분의 제로 웨이스트 숍들은 현지에서 공급받은 과일과 채소, 빵, 달걀뿐만 아니라 비즈왁스 랩, 대나무 칫솔 같은 플라스틱 프리 가정 필수품들도 판매한다. 딱 필요한 양만큼 무게를 달고, 매립지로 가야 할 운명의 플라스틱 병을 리필하는 것은 더할 나위 없는 만족감을 준다. 또 당신이 힘들게 번 돈이 당신의 거주 지역에서 융통되게 함으로써 지역 경제까지 도울 수 있음을 잊지 말라.

온라인 쇼핑과 오프라인 숍 중 어느 쪽이 더 친환경적일까?

당신의 쇼핑이 환경에 미치는 영향은 당신의 쇼핑 방식에 따라 크게 좌우된다. 오프라인과 온라인 쇼핑 중 선택할 수 있는 경우에는, 몇 가지 요인을 고려해야 한다.

가장 친환경적인 쇼핑법이란 복잡하고도 어려운 문제이지만, 초점을 맞춰야 할 핵심은 에너지, 연료, 그리고 포장이다.

에너지와 연료

오프라인 숍은 온라인 숍에 비해 더 많은 에너지를 소모한다. 오프라인 숍들은 손님들에게 편안한 환경을 제공하기 위해 조명을 켜고, 난방 및 냉방을 해야 하기 때문이다. 쇼핑을 하러 차를 타고 가면 재생 불가능한 연료를 쓰며 이산화탄소를 배출하게 된다. 하지만 가까운 곳에서 쇼핑을 하는 경우에는 걷거나, 자전거 또는 대중교통을 이용할 수 있다. 온라인 숍의 배달 차량은 일반 자동차에 비해 연료 효율이 좋은데, 이는 한 번에 여러 개의 물건을 운송함으로써 상품이 소비자에게 전달되는 데 필요한 이동횟수를 줄여주기 때문이다. 한 걸음 더 나아가 전기 차량으로 배달을 하거나, 운송에 따른 탄소 상쇄(carbon offset, 배출시킨 이산화탄소의 양만큼 온실 가스 감축 활동을 하는 것-옮긴이) 활동을 펼치는 브랜드들을 찾아라. 연구에 따르면, 모든 사람이 온라인으로만 쇼핑을 할 경우 에너지 사용과 이산화탄소 배출이 35% 줄어들 것이라고 한다. 그러나 이 수치는 우리 모두가 모든 오프라인 숍을 이용하지 않음을 가정한 것으로, 적어도 단기 또는 중기적으로는 실현 가능성이 없는 일이다. 장기적인 추세를 보면 전자 상거래는 세계적으로 늘어나고 있는 반면, 2020년 이전 우리의 오프라인 숍 방문 횟수는 그와 같은 수준으로 줄어들지 않았다. 이는 오프라인이든 온라인이든, 우리가 그 어느 때보다 쇼핑을 많이 하고 있다는 뜻이다.

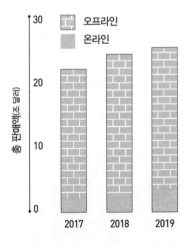

▲ 세계적으로 쇼핑이 늘어남에 따라, 쇼핑이 환경에 미치는 부정적인 영향들도 늘고 있다.

포장

사람들은 쇼핑을 할 때 일회용 비닐 봉투는 전보다 덜 쓰지만, 온라인 주문 배달의 증가로 에어캡, 안전 봉투, 택배용 비닐 봉투, 완충용 폼 조각들을 비롯한 엄청난 양의 포장재를 더 많이 사용하게 되었다. 17개국의 온라인 쇼핑 경향을 조사한 한 보고에 따르면, 베이징의 평범한 사람 한 명이 일 년에 70개의 택배를 받는다. 그리고 이러한 수치 중

상점에 오가는 **일반적인 자동차로의 이동**은 일반적인 **온라인 숍** 배달에 비해 **24배** 많은 **이산화탄소**를 배출한다.

가와 더불어 포장은 점점 더 많은 이산화탄소 배출과 오염을 야기한다. 폐기물 관리에 대한 능동적인 정책을 펼치는, 또는 재활용되었거나 재활용이 가능한 판지 포장을 이용하는 온라인 브랜드들을 찾아라.

보다 친환경적인 쇼핑
쇼핑을 온라인에서 하든 번화가에서 하든, 수천 킬로미터를 이동해야 하는 상품들은 구매하지 마라. 상품들의 공급망이 비교적 짧은 상점들을 이용하라. 온라인에서는 가능한 한 적은 수의 숍들을 이용하되, 주문을 합해 포장재의 양과 발송되는 택배 수를 줄여라. 반품도 피하라(오른쪽 참조). 그리고 무엇보다도, 적게 구매하라. 최고로 친환경적인 선택지는 구매 방식을 떠나 소비하는 양을 줄이는 것이다.

온라인 반품의 문제점은?

온라인 쇼핑 시 반품을 하는 일은 그 어느 때보다 더 쉽다. 하지만 당신의 반품은 무료일지 모르나, 지구는 그 대가를 치르게 된다.

온라인 쇼핑의 가장 편리한 측면들 중 하나는 반품의 용이성이다. 많은 사람들이 수많은 물건을 주문해놓고 대부분 돌려보내는 일을 당연하게 여기며, 일부 사람들은 상습적으로 의류를 주문해 한 번 입고 반품하고는 한다. 예를 들어 호주에서는 매일 200만 건의 온라인 구매 상품 택배들이 배달되는데, 그중 의류가 든 것은 3분의 1이 반품된다. 일부 선진국들에서는 온라인 구매 의류 반품 비율이 거의 50%에 달한다.

도로를 달리는 그 모든 추가적인 배달 차량들, 또 국제 배송되는 다량의 택배들은 곧 이산화탄소 배출의 큰 증가를 의미한다. 게다가 반품된 많은 물건들은 재판매되지 못하고 곧장 매립지로 보내진다(그것이 재포장하는 데 드는 노력에 비해 더 큰 이득이 되는 경우가 많기에).

환경에 미치는 영향을 줄이려면 반품을 최대한 줄여야 한다. 반품 가능성이 있는 물건은 오프라인 숍에서 구매하고, 반품을 당연시하지 말고 예외적인 일로 여겨라.

왜 공급망이 짧으면 더 친환경적일까?

공급망은 짧을수록 좋다. 상품이 생산되어 당신에게 오기까지의 단계들이 적을수록, 지구에는 더 좋다.

공급망은 처음 상품이 만들어질 때부터 소비자에게 배달되기까지의 모든 단계이다. 지난 1백 년간, 세계적 기업들의 값싼 노동력 및 원료 이용, 나라마다 다른 세금 감면 정책 때문에 공급망은 날로 복잡해져왔다. 한 나라에서 생산된 식품이나 상품이 다른 나라에서 가공되고, 또 다른 나라에서 포장되는 일도 흔하다. 공급망 단축은 장기적 지속 가능성을 위해 필수적인데, 여기에는 여러 가지 이유가 있다.

버려지는 일을 피함

공급망이 짧아지면 쓰레기가 줄어든다. 특히 식품 산업에서는 더욱 그렇다. 예를 들어 미국과 캐나다에서는 40%의 식품이 적절치 않은 보관, 운송 중의 손상, 또는 잘못된 재고 관리 등의 이유로

일반적인 기업이
환경에 미치는 영향의 90%는 공급망 때문에 발생한다.

공급 중에 버려진다. 전 세계적으로, 소비자들에게 오기 전에 버려지는 식품은 세계 인구의 절반을 먹일 수 있는 양이다. 밭에서 식탁까지의 단계들이 줄어들면 쓰레기 발생 기회가 줄어들고, 생산

자와 더 가까워지게 된다. 신원이 확인된 사람이 생산했음을 알고 나면 보통 그 상품에 더 큰 가치를 매기게 되는데, 그럼 버려질 확률도 줄어드는 것이다.

포장과 탄소 배출을 줄임

공급망이 짧아지면 포장을 줄일 수 있다. 장거리 식품 운송에는 손상의 최소화와 신선도 유지를 위해 엄청난 양의 플라스틱이 사용된다. 이와는 반대로, 짧은 거리만 이동하면 되는 식품은 플라스틱 없이 최소로 포장해도 된다. 점점 더 많은 상점과 음식점들이 지역 공급자들에게 포장을 최소화해줄 것을 요청하고 있으며, 다수는 상품을 꺼낸 뒤 포장을 그냥 버리기보다는 그 용기를 재사용할 수 있는 독창적인 방식들을 찾고 있다.

게다가, 공급망이 짧아짐에 따른 이동 거리의 단축은 곧 운송 수단들의 이산화탄소 배출량이 줄어듦을 의미한다. 상업적 해상운송은 전 세계의 이산화탄소 배출량의 2.1%를 차지할 뿐만 아니라, 해양 오염을 증가시키고 해양 생태계를 파괴한다.

지역 경제에 도움이 됨

공급망이 짧아지면 돈이 당신이 사는 지역에 머물게 되며, 이는 다양한 이익을 가져온다. 개인적으로 지역에 투자

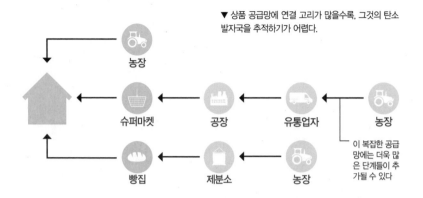

▼ 상품 공급망에 연결 고리가 많을수록, 그것의 탄소 발자국을 추적하기가 어렵다.

농장

슈퍼마켓　　공장　　유통업자　　농장

이 복잡한 공급 망에는 더욱 많 은 단계들이 추 가될 수 있다

빵집　　제분소　　농장

하고 있다고 느끼는 사업주들은 모두를 위한 환경 개선 계획을 지원하는 경향이 크다. 이는 수많은 새로운 사업의 증가로 이어지며, 나아가 더 많은 사람들이 고용되고, 이들이 다시 지역 경제에 투자하게 된다.

게다가, 조사에 따르면 우리는 지역 사회와의 유대 관계가 강할수록 더 큰 행복감을 느낀다. 공급망이 짧아지면 지난 수십 년에 걸친 세계화와 아웃소싱에 의해 사라졌던 인적 요소가 기업과 소매상들에 복귀된다. 제로 웨이스트 숍과 같은 기업들은 소비자와 직원들에게 식품과 기타 상품들의 생산, 운송, 판매 방식은 물론, 보다 지속 가능한 공급망 조성을 위해 어떤 능동적인 일을 할 수 있는지에 대해 토론하고 배우는 기회를 제공한다.

책임감

책임감은 또 하나의 중요한 이점이다. 공급망에 누가 관계되어 있는지 알면 그들에게 책임을 추궁하고 필요한 경우 수준을 향상시킬 수 있다. 패스트 패션 같은(90~1쪽 참조) 일부 글로벌 산업들의 경우, 공급망이 너무 복잡하고 불투명해서 우리 소비자들은 우리가 입는 옷을 어디서, 누가, 또는 어떤 조건 하에서 만들었는지 전혀 알 수 없기 때문에, 보다 친환경적인 산업이 되도록 압력을 가하기가 힘들다.

가장 친환경적인 가구를
고르는 방법은?

친환경적으로 집을 설비하려면 세 가지를 고려하라. 도구들 꺼내기, 중고품 구매하기, 그리고 지속 가능한 재료 선택하기.

친환경적이 되려면 가구를 사기 전에 꼭 필요한 것인지 자문해보아야 한다. 이미 가지고 있는 것을 수리하거나 업사이클링할 수 있지 않을까? 그게 아니라면, 검색 범위를 꼭 새 제품들로 한정해야 할까? 중고품 가게와 온라인 마켓들도 둘러보고, '누군가의 쓰레기가 다른 누군가에게는 보물'이라는 격언을 받아들여라. 사랑받았던(pre-loved) 완벽한 물건을 발견했을 때의 흥분감은 그 무엇과도 견주기 어렵다.

새 가구를 꼭 사야 한다면 그것이 어디서, 어떤 재료로 만들어졌는지 조사하는 것이 중요하다. 새 원료로 만들어

전체 숲의 **18%**는 **보호받는다.**
하지만 남은 82%는
파괴될 위험에 처해 있다.

진 가구는 생산과 운송에 많은 에너지가 든다. 게다가, 많은 종류의 나무가 산림 파괴와 불법 벌목 등의 지속 불가능한 방식으로 공급된다. 목제 가구를 구매할 때에는 본의 아니게 토착민들의 땅을 남용하고 야생 생물들의 서식지를 파괴하는 일에 동참하게 되는 일이 없

도록 주의하라.

지속 가능한 방식으로 재배된 나무를 선택하라. 목제 제품들에서 볼 수 있는 국제산림관리협의회(FSC) 로고는 책임감 있게 공급되었음을 보증하는 것이다. 또는 대나무나 다른 비희귀 천연 재료들로 만든 것을 골라라.

지역 장인이 만든 핸드메이드 가구를 구매하는 것도 좋은 선택인데, 이때에는 생산과 운송 과정에서 발생하는 배출을 염려하지 않아도 되기 때문이다. 또 더 오래 쓰려면 다기능 또는 조절 가능한 가구를 고려하라(아동용 침대로 개조가 가능한 아기 침대 등).

믿을 만한 윤리적 인증이 없는 싸구려 브랜드들은 대부분 결코 오래가지 못하므로 주의해야 한다. 수리가 가능한지, 아니면 다른 방식으로 재사용될 수 있는지를 고려하라. 여러 재료들로 만들어진 제품은 재활용이 어렵고 수리는 더욱 힘들다. '재활용 가능' 라벨이 있어도 한 번쯤 의심해볼 필요가 있다. 재료의 재활용이 이론적으로는 가능할지 모르지만, 실제로는 재활용할 시설을 찾기가 불가능할 수 있으니까. 합성 재료로 된 것을 구매하면, 해로운 휘발성 유기 화합물(VOCs, 122쪽 참조)이 배출될 수도 있으니 주의해야 한다.

지속 가능한 재료 선택하기

일부 흔한 가구 재료들과 비교적 흔치 않은, 보다 친환경적인 선택지들을 비교했다. 아래에 포함되지 않은 재료는 온라인으로 검색하거나 제조업체에 문의하라.

가구 재료

나무

애쉬(물푸레나무), 비취(너도밤나무), 오크 나무, 소나무는 가구와 부품에 널리 사용되는 나무들이지만, 네 가지 모두 유럽과 러시아에서 과도하게 벌목되고 있다. 이들은 주로 더 잘 보호되어야 할 오래된 숲에서 공급된다. 미송(douglas fir)과 삼나무(cedar)는 미국, 캐나다, 브라질 등지의 오래된 숲에서 많이 공급되는데, 불법 벌목으로 새나 물고기와 다른 야생 생물들의 섬세한 생태계가 위험에 처하게 되었다. 어떤 나무를 구매하든 간에 FSC 인증을 받았는지, 또는 재생된 나무인지를 확인하라.

MDF

저렴하고 폐목재나 조각난 나무로 만들 수 있는 반면에, 암을 유발할 수 있는 요소 수지 접착제가 사용된다. MDF 재활용 시설은 별로 없기 때문에 보통은 매립지에 폐기되어 토양에 유독 물질들을 배출한다.

대나무

빨리 자라고, 다방면에 사용되며, 보기보다 훨씬 강한 대나무는 보통 가장 친환경적인 가구용 목재로 꼽힌다. 지속 가능한 방식으로 공급되었는지 확인하라. FSC 인증(169쪽 참조)을 받을 수는 있으나, 대나무는 엄밀히 말하면 나무가 아니라 풀이기 때문에 그 인증을 받은 대나무 숲은 많지 않다.

금속

강철이나 알루미늄은 재활용되는 비율이 높으므로 좋은 선택이다.

재활용 플라스틱

플라스틱은 나무처럼 보이는 작은 알갱이나 널빤지 형태로 만들 수 있어서 야외나 도로 시설물에 사용하기에 이상적이다. 재활용 플라스틱으로 된 것만 구매해야 더 많은 플라스틱 폐기물이 발생하지 않는다.

판지

골판지는(놀랍게도) 의자와 침대 프레임 같은 가구들에 쓰기 좋다. 가볍고, 조절이 가능하며, 운반이 쉽고 재활용도 빨리 된다. 온라인으로 구매하거나 직접 만들도록 하라.

친환경적인 실내장식을 위해서는 어떤 제품을 구매해야 할까?

걸레받이를 손보든 새 주방을 설치하든, 환경 보호를 위해 당신이 할 수 있는 더 나은 선택들은 수도 없이 많다.

보다 친환경적인 꾸미기 프로젝트를 위해, 당신이 뜯어내거나 교체하려는 물건을 재활용할 수 있는지, 또는 누군가에게 줄 수 있는지를 항상 생각해보라. 전동보다는 수동 기구들을 이용하고, DIY 재료는 플라스틱보다는 종이갑이나 깡통에 든 것이나, 가능하면 포장되지 않은 것으로 구매하라.

페인트를 선택할 때는 휘발성 유기 화합물(VOCs)의 함유 정도가 높은 것은 피하라. 이 화학 물질들은 쉽게 발산되어 유독 가스가 된다. 많은 부분이 암 유발 물질이며, 들이마시게 되면 다른 여러 가지 건강 문제들을 야기한다. 몇 년 전까지만 해도 휘발성 유기 화합물은 모든 가정용 페인트에 흔히 들어 있었지만, 요즘 대부분의 무광 및 새틴 페인트들에는 훨씬 적게 함유되어 있다. 백악, 식물성 염료, 광물, 고령토 등의 천연 재료들로 만든 '숨을 쉬는(breathable)' 페인트를 찾아라. 지속 불가능하며 동물과 인간에게 해로울 수 있는 비닐, 기름, 석유 화학 용제가 함유된 페인트는 피하라. 당신의 국가 내에서 제조하고, 동물 실험을 하지 않으며, 책임감 있는 폐기물 정책을 시행하는 페인트 업체를 찾아라.

대부분의 벽지는 친환경적이지 않다. 수명을 늘리기 위해 비닐로 코팅되며, 그 복잡한 구성 때문에 재활용이 안 되고 생분해되지도 않는다. 플라스틱이 함유되지 않은, 지속 가능한 숲에서 얻은 종이로 만들어진, 무독성 수성 잉크로 칠해진, 재활용되는 벽지를 찾아라. 벽지 풀은 동물 파생물이나 독성 용제가 들어 있지 않은 것으로 선택하라.

목제 주방 설비나 바닥은 항상 재활용 목재나 지속 가능하게 공급된 나무를 사용한 것으로 구매하라. 혹은 재활용 플라스틱 병으로 만든 마루 밑 깔개(underlay), 바다에서 수거한 플라스틱을 단단한 왁스처럼 녹여서 만든 주방 조리대 같은 혁신적인 자재들을 고려해보라. 이러한 보다 친환경적인 선택지들은 값이 비쌀 수 있지만, 수요가 늘어남에 따라 가격은 계속 떨어지고 있다.

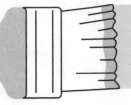

페인트 1리터가 생산될 때 **배출되는 독성 폐기물은** 30리터 **에 달한다.**

▼ 꽃이라고 다 친환경적인 것은 아니다. 아래는 세 종류의 꽃이 영국에서 판매될 경우 발생하는 이산화탄소 배출량을 나타낸 것이다.

각 3.5kg	각 2.4kg	각 10g
네덜란드 온실 백합	케냐 장미	영국에서 재배된 금어초

절화를 사도 괜찮을까?

절화 산업은 탄소 배출의 큰 원인이다. 꽃들이 당신의 동네 꽃집까지 오려면 수천 킬로미터를 날아와야 하기 때문이다.

전 세계의 절화들 중 다수는 케냐, 에콰도르, 콜롬비아, 단 세 국가에서 재배된다. 실제로, 영국과 미국에서 구매되는 모든 꽃의 80%가 수입된다. 일 년 내내 이어지는 수요에 맞추기 위해, 꽃들은 계절에 상관없이 많은 양의 인공조명과 난방을 이용해 재배된다. 꽃들에 사용되는 살충제, 생장 조절제를 비롯한 기타 화학 물질들은 토양과 야생 생물에게 해를 끼치며, 수계에 유입될 경우 부영양화를 일으킬 수 있다.

잘린 꽃들은 보호 비닐로 포장되며, 항공기와 자동차를 타고 세계 곳곳의 소매상들에게 가는 동안 시원하게 유지된다. 그 환경 비용은 상당하다. 예를 들어, 매년 밸런타인데이에 미국에서 판매되는 장미 1억 송이는 9천 톤의 이산화탄소를 발생시킨다. 보다 친환경적으로 꽃을 즐기는 방법은 다음과 같다.

- 될 수 있으면 국내에서 재배된 꽃을 구매하라. 해외에서 재배된 꽃의 경우에는 '공정 무역' 마크로 해당 재배자가 환경과 근로자들을 보다 책임감 있게 대한다는 것을 확인할 수 있다.
- 지속 가능성에 중점을 두는 지역 꽃집을 이용하라. 국제적 또는 온라인 체인점보다 낫다.
- 플라스틱 없는 포장을 요청하고, 지속 불가능한 플라스틱 플로럴 폼(오아시스)을 사용하는 꽃꽂이는 피하라.
- 꽃다발보다 오래가는, 계절에 맞는 화분 식물을 대안으로 고려하라.

"다 버리고
다시 시작하는 것은
금물 -
가진 것을 끝까지
사용하라."

도시락 통이나 물통처럼 재사용 가능한 물건들을 사야 할까?

재사용 가능한 식음료 관련 용품들이 점차 인기를 끌고 있지만, 일상용품들의 경우 가장 지속 가능한 선택지는 당신이 이미 갖고 있는 물건이다.

일회용 플라스틱에 대한 반발은 좋은 동기로부터 촉발되었지만, 우리는 그것을 더 많은 물건을 사기 위한 변명으로 여겨서는 안 된다. 가진 것을 다 써버리고 전부 더 '지속 가능한' 대안들로 바꾸는 것보다는, 구매하는 물건의 수를 줄이고 이미 갖고 있는 것을 가능한 한 오래 쓰는 것이 가장 친환경적인 생활 방식이다. 예를 들어, 쓸 만한 플라스틱 식품 용기가 집에 있다면 멋들어진 '제로 웨이스트' 도시락 통을 사고 싶은 충동을 참아야 한다.

재사용 가능한 물병은 일회용 플라스틱을 줄이는 좋은 방법이지만, 수천 킬로미터 떨어진 공장들에서 생산된 저렴한 스테인리스 스틸이나 재사용 가능 플라스틱 병들은 피하라. 즐겨 사용할 만한 것(그러면 더 잘 챙기고 어디를 가든 갖고 다닐 확률이 높다), 환경 자선활동에 관한 명확한 모델이 있는 기업에서 만든 제품을 선택하라. 예를 들어, 당신의 병 구매에 따른 수익이 청정수 프로젝트의 자금으로 사용될 수도 있다.

플라스틱 빨대는 사회적 금기가 되었다. 플라스틱은 비교적 튼튼해서 장애인들이 쓰기에는 가장 알맞은 재료인 경우가 많지만, 대부분의 사람들은 강철, 대나무, 유리, 심지어는 밀(진짜 스트로(straw)!)을 비롯한 보다 친환경적인 대체품들을 선택할 수 있다. 종이 빨대는 금방 질척해지고 보통 재활용되지 않으므로 피하도록 한다.

재사용 가능한 커피 컵도 널리 사용된다(더 자세한 내용은 60쪽 참조).

방지하기
줄이기
재사용하기
재활용하기
소각하기
버리기

높아지기
피하기

▲ 이 '쓰레기 계층'은 어떤 조치가 우선시되어야 하는지 보여준다. 이미 가진 것을 재사용하는 것이 교체하는 것보다 낫다.

선물을 하는 가장 친환경적인 방법은?

선물은 보통 죄책감을 수반하지만("이 정도 가격이면 될까?" "너무 많이 썼나?"), 이제는 우리가 주고, 받고, 종종 상점에 반품하기도 하는 그 많은 물건들이 환경에 미치는 영향도 염려해야 한다.

우리는 선물 주고받기를 좋아할지는 모르지만, 그 물건 자체를 그렇게 좋아하지는 않는 것으로 밝혀졌다. 미국의 한 연구에 따르면, 조사된 사람들 중 40%는 크리스마스 이후 최소 하나의 선물을 상점에 반품하는 것으로 나타났다. 그럼 어떻게 하면 덜 낭비적인 선물을 할 수 있을까?

좀 더 환경적 의식을 가지고 접근하라고 해서 생일, 기념일, 업적 등을 축하하는 일을 그만두라는 것은 아니다. 누군가가 특별한 물건을 필요로 하고 원한다는 것을 안다면, 반드시 그것을 선물로 구매하라. 만약 그렇지 않다면,

2018년 호주 사람들은
1천만 개의
원치 않는 선물을 받았다.

지구 자원을 고갈시키지 않고, 금방 쓰레기통에 던져지지 않을 만한 선물들을 생각해보라.

특별한 날을 기념하는 방법으로 생일 모금 행사가 점차 인기를 끌고 있다. 생일을 맞은 사람이 친구와 가족에게, 선물을 사는 대신 온라인 링크를 따라

가 특정 자선 단체나 운동에 기부하도록 하는 것이다.

선물을 받는 사람이 어린아이라면 그 부모에게, 아이한테 선물을 줘도 되는지 미리 확인해보는 것이 좋다. 많은 부모들이 아이가 받는 선물의 수를 줄이고 싶어 하지만, 상대방의 기분을 상하게 할까 두려워 어떻게 말해야 할지 모르기 때문이다. 파티 초대장에 '선물 사절'이라고 적혀 있으면, 그 요청을 존중하라.

보다 친환경적인 삶을 위한 선물을 하려면, 다음 아이디어들을 시도하라.

- **물질적 선물 대신** 신나는 경험을 선물하라. 함께 일일 여행을 간다든가, 스파에서 관리를 받는다든가, 음악회를 가는 등의 경험을.
- **당신만의 홈메이드 선물**(먹을 수 있는 선물은 항상 환영받는다)을 만들거나, 당신이 받았던 선물들 중 필요 없는 것을 다시 선물하라.
- **선물 받을 사람의 이름으로** 나무를 심거나, 자선 단체에 기부하거나, 위험에 처한 동물을 입양하라.
- **어린아이 경우**에는 금방 버려지게 될 장난감을 사주는 대신 예금 계좌에 돈을 넣어주어라.

보다 친환경적인 포장지 대체품이 있을까?

선물 포장을 귀찮은 일로 여기든 즐거움으로 여기든, 한 가지만은 부정할 수 없다. 그 모든 포장지는 지구에게는 결코 선물이 될 수 없다는 것.

포장지는 환경에 실제로 문제가 된다. 다른 종이들처럼 포장지도 생산 시 나무와 엄청난 양의 물 사용을 필요로 하며, 결정적으로 포장지는 대부분 재활용이 되지 않는다. 포장지의 재활용 가능성을 확인하려면 구기거나 찢어보면 된다. 구겨진 채로 있지 않거나 찢기 힘들다면 종이만으로 만들어지지 않았을 확률이 높기 때문에 매립지로 가게 된다. 끈적거리는 테이프, 반짝이, 비닐 리본이나 기타 종이에 붙은 장식용품들도 포장지의 재활용을 불가능하게 만든다.

선진국의 포장지에 대한 욕구는 끝이 없어 보이며, 그에 따른 에너지 비용도 상당하다. 예를 들어, 프랑스인들은 매 크리스마스마다 2만 톤의 포장지를 사며, 독일에서 일 년에 사용되는 포장지를 만드는 데 드는 에너지는 한 소도시의 일 년치 동력이 될 만한 양이다.

포장을 줄여도 선물을 그럴듯해 보이게 만들 수 있는 방법은 다음과 같다.

- 완전히 재활용되는 크라프트지나 신문을 사용하라. 끈적거리는 테이프 대신 끈이나 리본, 또는 비플라스틱 접착제를 사용한 재활용되는 종이테이프를 써라. 플라스틱 리본과 반짝이는 제철 잎이 달린 잔가지 같은 자연적인 장식물로 바꿔라. 어린아이들

영국은 매 크리스마스마다 약 **36만 5천 킬로미터**의 포장지를 소비한다.

이라면 집에서 만든 식물성 염료로 밋밋한 종이에 그림을 그리거나, 끈을 물들여 자기만의 포장 재료를 만들기를 좋아할 것이다.

- 후로시키(furoshiki)라는 일본의 천 포장 기술을 시도해보라. 유기농 면 보자기는 온라인에서 구할 수도 있고, 아니면 네모난 조각 천으로 직접 만들어도 좋다. 당신의 선물을 예쁘게 보이도록 할 수 있으며, 받는 사람이 그 보자기를 다시 쓸 수 있다. 선물의 모양에 따른 포장 방법을 보여주는 많은 시범 영상을 온라인에서 찾을 수 있다.

- 포장지, 백, 리본과 기타 장식용 재료들은 보관했다가 재사용하라. 선물 포장은 전부 새로 사는 것이라기보다는, 당신이 가진 것들을 이용해 창의력을 발휘할 수 있는 기회이다.

인사 카드는 환경에 얼마나 나쁠까?

우리는 대부분 카드를 주고받는 것을 좋아하지만 그 많은 종이, 플라스틱, 축적되는 이산화탄소 배출량을 고려하면 지구에는 결코 좋은 일을 한다고 할 수 없다.

우편으로 보내지는 일반적인 카드는 그 존재 기간 동안 약 140그램의 이산화탄소를 발생시키는 것으로 추산된다. 얼마 안 되는 것처럼 들릴지 모르지만 하나하나가 다 축적되며, 그 카드들이 기후 변화에 얼마나 크게 기여하는지를 알면 깜짝 놀랄 것이다. 전 세계적으로 우리는 매년 70억 장의 카드를 사서 보내며, 이로 인해 98만 톤의 탄소가 대기 중에 배출된다.

영국에서 구매되는 카드들 중 단 **33%**만이 **재활용된다.**

영국인들은 해마다 20억 장 이상의 카드를 구매해(이 중 절반은 크리스마스 시즌에) 인당 카드 발송 횟수가 가장 많다.

환경에 미치는 영향을 제한하면서도 사랑하는 이들에게 당신의 감정을 전할 수 있는 몇 가지 방법이 있다.

- 당신이 직접 카드를 만들어 새 카드 생산에 필요한 에너지를 절약하라. 게다가 재활용 카드를 사용하면 친환경 보너스 점수가 추가된다. 받는 사람은 당신이 그 사람만을 위해 만드는 노력을 했다는 것에 더욱 감동할 것이다.

- 카드를 살 때는 지속 가능하게 재배된, 또는 재활용된 자원을 이용한 것인지 확인하라(유럽에서는 FSC 로고를 찾으면 된다). 셀로판 포장지는 사실상 재활용이 가능하지만 대부분이 매립지로 가게 되므로 이것이 사용되지 않은 카드를 선택하라. 지역 예술가나 디자이너가 만든 카드를 고르면 운송에 따른 탄소 배출량을 줄일 수 있고, 지역 경제 투자 및 자영업 지원 등의 효과가 있어서 대기업 제품을 구매하는 것보다 환경에 미치는 영향이 전반적으로 덜하다. 일부 제조업체들은 씨앗 종이를 사용한다. 이것은 꽃씨가 박혀 있어서 받는 사람이 심을 수 있기 때문에 쓰레기통에 버려지는 대신 다른 목적을 가진 카드가 된다. 반짝이가 붙은 카드는 재활용이 되지 않으므로 무슨 일이 있어도 피하라.

- 가까운 거리나, 차를 타고 멀리 가지 않아도 되는 곳이라면 우편으로 보내는 대신 직접 배달하라.

- e카드를 보내는 것을 고려하라. 재료가 전혀 사용되지 않으며 탄소 비용도 현저히 줄일 수 있다.

진짜 나무와 플라스틱 크리스마스트리 중 어느 것을 사야 하나?

크리스마스를 기념하는 사람들에게, 이것은 익숙한 딜레마이다. 인조 나무를 쓰면 진짜 나무가 매년 베어질 필요가 없겠지만, 과연 그게 정말 더 친환경적인 선택일까?

인조 크리스마스트리는 지속 불가능한 석유계 플라스틱들로 만들어지고, 공장에서 소매점들로 가기 위해 보통은 먼 곳으로 운송된다. 매년 진짜 나무를 쓰는 것보다 인조 나무가 더 에너지 효율적이 되려면 10년은 써야 하지만, 마지막에는 결국 분해되지 않는 나무로 남겨진다. 인조 나무가 분해되는 데 얼마나 걸리는지에 대해 합의된 바는 없지만, 첫 생산이 1920년대였으니 대부분은 아직도 매립지에 자리를 차지하고 있을 가능성이 크다. 따라서 진짜 나무가 더 친환경적인 선택이다. 농장이 적절히 관리되고 나무들이 매년 이식된다면 지속 가능한 공급원이다. 2미터 높이의 나무를 기르는 데 7년이 걸리며, 그 시간 동안 나무는 이산화탄소를 흡수한다. 어느 시점이든 영국에서 자라는 1억 그루의 크리스마스트리는 중요한 탄소 흡수원이 된다(12쪽 참조).

보다 친환경적인 크리스마스를 위해서는, 트리가 지속 가능한 방식으로 인근에서(운송으로 인한 영향을 줄이기 위해) 길러졌는지 확인해야 한다. 화분에 든 살아 있는 나무를 구매한다면, 크리스마스가 지난 뒤 분갈이를 하거나 정원에 옮겨 심어서 탄소 흡수원으로서의 생명을 늘릴 수 있다. 일부 지역들에서는 트리 화분을 대여했다가 크리스마스 이후에 반납하면 그것이 이식되기도 한다.

진짜 나무를 버릴 때에는 퇴비화가 가능한 재활용 시설로 가져가라. 영국에서는 매년 약 700만 그루의 나무가 매립지로 가게 되는데, 그곳에서 산소 없이 분해되면서 강력한 온실 가스인 메탄을 배출한다. 당신의 트리가 퇴비화될 수 없다면, 차선책은 안전하게 소각하는 것이다.

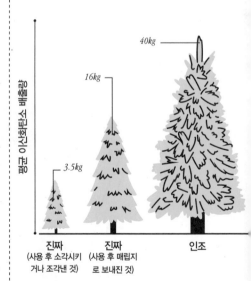

▲ 평생의 탄소 배출량(폐기 단계 포함)을 보면 진짜 나무가 더 친환경적이다.

진짜
(사용 후 소각시키거나 조각낸 것) — 3.5kg

진짜
(사용 후 매립지로 보내진 것) — 16kg

인조 — 40kg

이산화탄소 배출량

불꽃놀이는 환경에 얼마나 나쁠까?

불꽃놀이는 어떤 행사든 특별하게 만들어주지만, 그 예쁜 폭발이 우리 지구에 얼마나 해로운지 알게 된다면 그 "우와" "이야" 하는 환호성은 "으악!" "안 돼"로 바뀌고 말 것이다.

폭죽이 폭발하면 이산화탄소와 금속과 기타 독소들로 된 아주 고운 먼지 입자들이 배출되어 대기를 오염시키고 건강에 해로운 영향을 준다. 미국에서는 매년 폭죽 때문에 배출되는 이산화탄소가 6만 톤이 넘는다. 그리고 중국에서는 주로 구정 때 공기 오염의 급증이 보고되며, 때로는 그 오염이 위험 수준에까지 이른다.

폭죽의 성분들(황, 질산칼륨, 숯)은 공기뿐 아니라 그것이 터진 지점 아래에 있는 수로들까지 오염시켜 수중 생물에게 해를 끼친다. 색을 내기 위한 금속 원소들이 토양에 스며들면 산성도가 증가해 식물과 동물의 건강에 영향을 줄 수 있다. 또 설상가상으로, 폭죽은 주로 플라스틱으로 포장되어 있는데, 그 포장이 터지게 되면 토양과 물에 미세 플라스틱으로 남는다(96쪽 참조).

특별한 축하 행사를 계획할 때, 정말 불꽃놀이가 필요할까? 레이저 쇼로 대신할 수 있지 않을까? 국경일에 불꽃놀이를 즐기고 싶다면 집에서 따로 하지 말고 공개적인 행사에서 보도록 하라.

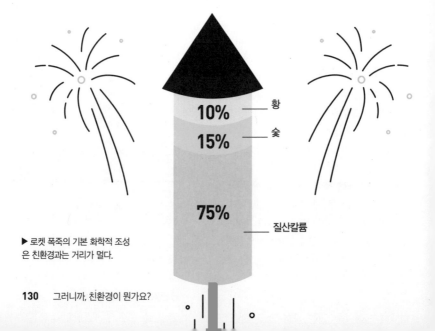

▶ 로켓 폭죽의 기본 화학적 조성은 친환경과는 거리가 멀다.

10% — 황
15% — 숯
75% — 질산칼륨

친환경적으로 파티를 여는 방법은?

파티는 누구나 좋아하지만, 그 많은 장식용품과 풍선들이 지구에 미치는 영향은 전혀 축하할 일이 아니다. 다행히 환경 친화적인 파티 대안들이 있다.

색 테이프와 깃발 같은 장식용품들은 보통 플라스틱제이며 한 번 쓰고 버리게 되어 있다. 색종이 조각들도 문제다. 바깥에 뿌려지면 청소하기가 무척 힘들고 많은 부분은 수로나 흙에 지저분하게 뒤섞여, 동물들이 먹으면 위험해질 수 있다.

풍선 날리기는 행사를 축하하는 멋진 방법이 될 수는 있지만, 그 풍선이 어디로 가게 되는지 생각해본 적이 있는가? 바다에서는 거북과 돌고래가 오래된 풍선을 맛있는 먹잇감으로 오해하기도 한다. 또한 육지에서는 작은 생물들이 풍선에 몸이 엉키는 경우가 있다.

비교적 나은 풍선들도 있지만, 문제가 없는 것은 없다. 고무풍선은 고무나무에서 추출된 라텍스로 만들어진다. 대부분의 고무나무는 소규모 농장들 소유의 조림지에서 자란다. 이 조림지들은 우리 생태계에 도움을 주는데, 전 세계 풍선 산업에 필요한 1600만 그루의 나무가 매년 대기 중의 탄소 3억 6300만여 킬로그램을 분리시키는 것으로 추산되기 때문이다. 하지만 고무풍선들은 기술적으로는 생분해가 가능하다고 하지만, 터진 뒤 분해되기까지 수년이 걸리며 그 시간 동안 바다와 땅을 더럽힌다. 종이 등 역시 비슷한 문제를 야기한다. 거기에 사용되는 종이는 생분해되는 데 오랜 시간이 걸리며, 금속 틀은

동물들에게 해로울 수 있다. 이들은 또 땅에 닿았을 때까지 불이 붙어 있는 경우 화재를 낼 위험도 있다.

헬륨 풍선은 지구의 한정된 자원인 불활성 기체를 빠르게 고갈시키기 때문에 문제가 된다. 그리고

풍선 조각을 먹는 것이 딱딱한 플라스틱을 삼키는 것보다 **새들에게 32배** 더 **치명적이다.**

마일라(mylar, 플라스틱 포일) 풍선은 완전한 생분해가 절대 불가능하다.

- 색 테이프와 천으로 된 장식용 깃발을 직접 만들어 최대한 오래 재사용하라.
- 색종이 조각 대신 꽃잎 같은 자연적인 것들을 찾아라. 물에 닿으면 녹는 것, 씨앗이 들어 있는 퇴비화가 가능한 종이도 있다. 스팽글과 반짝이는 피하라(103쪽 참조).
- 고무 라텍스 풍선만 사용하고, 날려 보내지 않도록 하라.

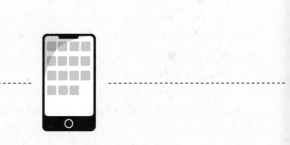

재생 에너지로의 전환,
친환경 기술

재생 에너지들 중
가장 친환경적인 선택은?

화석 연료 발전을 재생 에너지원으로 바꾸는 것은 가장 간단한 친환경적 변화이다. 에너지 시장이 어떻게 돌아가는지 알면 당신이 그러한 변화를 이루는 데 도움이 될 것이다.

석탄, 석유, 가스 등의 화석 연료를 태워 동력을 얻은 결과들은 기록에 의해 충분히 입증되었다. 이 연료들은 온실가스를 배출하고, 땅을 수압 파쇄함에 따른 영향, 비재생 에너지 수입에 드는 추가적인 탄소 비용(그리고 지역 회복력에 미치는 영향) 등 기타 문제들도 야기한다.

재생 가능한 에너지원들

바람, 태양열, 수력, 바이오매스(biomass, 식물 쓰레기나 때로는 동물 배설물로 만들어지는)는 모두 재생 가능한 형태의 에너지다. 종류별로 장점과 단점을 가지고 있다. 예를 들어, 풍력 터빈이나 태양열 패널(재활용이 안 되는) 건설에는 여러 재료들과 에너지가 든다. 수력 발전용 댐도 마찬가지인데, 이는 또한 산림 파괴와, 야생 생물 및 인간이 살던 곳에서 내몰리는 결과마저 초래할 수 있다. 장점은, 이러한 형태의 에너지들은 무한정으로 이용할 수 있기 때문에(바이오매스의 경우에는 보충이 가능) 그것을 수집하는 데 드는 환경적 비용이 비재생 에너지를 태우는 데 드는 것보다 적다는 것이다.

변화 추진

직접 발전을 하지 않는 이상, 당신의 집에 들어오는 전기는 하나의 공급원으로부터 오는 것이 아니다. 온갖 공급원에서 온 전기는 재생 가능성과 관계없이 국가 송전망으로 흘러든다. 당신이 쓰는 전기가 완전히 친환경적이기를 바랐다면 실망스러울 수도 있을 것이다. 하지만 더 많은 사람들이 녹색 요금제로 바꿀수록, 에너지 공급업체들이 화석 연료로부터 손을 떼게끔 더 큰 압력을 가할 수 있게 된다.

아이슬란드, 노르웨이, 케냐를 포함한 일부 국가들이 이미 거의 대부분의

2019년 영국에서는 재생 에너지원이 **최초로 화석 연료를 추월했다.**

에너지를 재생 가능한 원천으로부터 공급받는다는 것은 고무적인 일이다. 다른 곳을 보면, 호주의 풍력 및 태양열에 대한 수요는 평균 비율의 열 배로 늘었으며, 일부 주들에서는 50%의 전기가 이미 풍력과 태양열 발전소에서 온 것이다. 독일에서는 2019년 사용된 전체 에너지 가운데 바이오매스를 비롯한 재생 에너지가 50%를 살짝 못 미치는 정도이다.

▼ 지난 20년간 전 세계적으로 재생 에너지 생산이 상당히 증가했다.

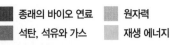

| | 종래의 바이오 연료 | 원자력 |
| | 석탄, 석유와 가스 | 재생 에너지 |

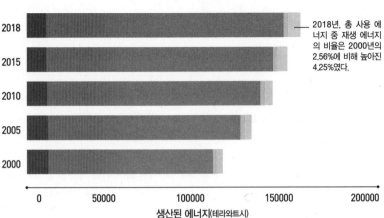

2018년, 총 사용 에너지 중 재생 에너지의 비율은 2000년의 2.56%에 비해 높아진 4.25%였다.

생산된 에너지(테라와트시)

에너지 공급업체의 변경을 수월하게 해주는 웹사이트, 은행, 기타 기업들을 비교해보라. 아니면 당신만의 에너지 공급원에 투자할 수도 있다. 초기에는 재정적 지출이 들지만, 장기적으로는 굉장한 지속 가능성이 발휘될 것이다. 영국의 경우 국내 시설에 걸맞은 주요한 선택지는 풍력과 태양열이다.

화석 연료로부터 멀어지기 위해 해야 할 일은 다음과 같다.

• 녹색 요금제로 바꿔라. 100% 재생 가능한 에너지원을 사용하는 기업을 찾아라. 에너지원은 명확히 밝혀져야 하며, 그렇지 않은 경우에는 공급자에게 해명을 요청하라. 비건인 경우에는 바이오매스 가스 생산에 동물 부산물을 사용하지 않는 공급업체를 찾는 게 좋을 것이다.

• 비재생 에너지원 이용 기업을 선택하는 경우에는, 해당 기업의 원자력이나 수압 파쇄법 등에 대한 가치관이 당신과 맞는지를 확인하라.

• 약 열여섯 개의 태양열 패널이면 일반 가정집 한 채에 전력을 공급할 수 있다. 미국을 비롯한 많은 나라에서 태양열 패널은 국가 송전망과 연결되며, 남는 에너지는 그 공급처에 되팔리게 된다. 그렇지 않은 경우에는, 에너지가 전력망 없이 사용하기에 적합한 배터리 형태로 저장되기도 한다. 블루칩 기업들은 태양열 패널을 더 작고 얇게 만들고, 가정용 배터리의 용량을 늘리는 데에 힘쓰고 있다.

• 지역적인 마이크로 그리드(micro-grid)는 한 마을이나 외딴 지역에 보통은 풍력 그리고/또는 태양열로 전력을 공급할 수 있다. 이 제도는 효율적이며 잘 운영되면 가성비도 좋다.

우리 집을 따뜻하게 하는
가장 친환경적인 방법은?

난방에 관한 한, 친환경이라 함은 에너지를 덜 쓰고, 가장 효율적인 난방 시스템을 찾고, 재생 가능한
자원으로 생산되는 전기로 바꾸는 것이다.

사람들은 항공, 패션 등의 산업들이 탄소를 많이 배출한다고 비판하고는 하지만, 우리가 사는 집도 그와 똑같은 엄청난 탄소 배출원이다. 생각 없이 방의 온도를 단 1도 올리는 것만으로도, 우리가 일 년에 대기 중에 배출하는 이산화탄소는 350킬로그램이나 늘어난다. 수백만 채의 집들이 그렇게 한다고 하면, 문제가 얼마나 커질지는 불을 보듯 뻔하다. 가정 난방의 영향을 최소화할 수 있는 방법은 주로 세 분야로 나누어 생각해볼 수 있다.

- 가능하면 재생 가능한 에너지를 사용하라. 석탄과 가스는 화석 연료들이라 결코 친환경적일 수 없다. 네덜란드를 비롯한 많은 나라들은 새 집들에서의 화석 연료 사용을 금지시켰지만, 기존 집의 난방 시스템을 바꾸는 일은 많은 경우에 너무 비싸다. 선택이 가능한 지역에 산다면, 친환경 에너지 공급업체로의 변경을 고려하라. 이 기업들은 당신이 국가 송전망으로

18°C ▶ 안락한 방 온도
19°C
20°C

에너지 적정 사용: 일 년에 3090킬로와트시

에너지 초과 사용: 일 년에 1530킬로와트시

◀ 온도 조절 장치를 1~2도 올리면 일
년 동안 에너지 소비량이 급격히 증가하
게 된다.

부터 공급받는 전력량을 동량의 재생 가능한, 청정에너지로 상쇄시킨다. 즉 더 많은 사용자들이 가입할수록, 송전망에서 재생 에너지가 차지하는 비율이 커지는 셈이다.

- **난방을 더 효율적으로 하라.** 열펌프는 가장 에너지 효율이 높은 방식들 중 하나로, 땅, 공기, 물에서 얻은 열을 당신의 집안으로 들인다. 관리비가 저렴하고 배출량도 적지만, 설치비가 많이 든다. 현대식 장작 난로 역시 효율적이나, 연구 결과 그것에서 나온 연기가 공기 오염의 상당한 원인이 된다. 바이오매스 보일러는 근본적으로 최첨단 장작 난로이다. 목재 펠릿을 태우며, 거기서 나온 재는 퇴비로 사용된다.

- **난방에 드는 에너지를 줄여라.** 난방 온도를 1도만 내려도 시간이 지남에 따라 에너지를 놀라울 정도로 아낄 수 있다. 이용하는 방들만 난방을 하고, 다른 방들의 라디에이터는 꺼두는 것을 고려하라. 리모컨 시스템은 각 방의 온도 제어를 보다 능동적으로 할 수 있게 해주어, 에너지 사용량을 5%까지 줄일 수 있다. 단열재는 필수이다. 단순히 이중 유리창뿐만이 아니라 바닥이나 벽, 천장의 사이, 그리고 옥상 공간도 단열을 더 잘 시킬 수 있다. 심지어 단열 페인트도 있다! 많은 나라들이 가정의 단열 업그레이드 비용을 지원해주는 제도를 시행하고 있다.

친환경적으로 우리집을 시원하게 하는 방법은?

에너지를 잡아먹는, 탄소를 배출하는 에어컨에 의지하지 않고도 시원함을 유지할 수 있는 방법들이 있다.

에어컨은 엄청난 양의 에너지를 소모한다는 점, 또 사는 지역에 따라 그 에너지가 재생 가능한 공급원으로부터 오는 것인지 확인하기 힘들 수도 있다는 점에서, 난방 시스템과 똑같이 어려운 문제이다. 게다가 에어컨에는 이산화탄소보다 1천 배 이상 더 강력한 악명 높은 온실 가스, 수소불화탄소(HFCs)가 이용되는데(12쪽 참조), 이는 기후에 크나큰 위협이 되고 있다.

에어컨을 켜지 않고 시원하게 하려면, 더워지기 전인 아침에 방이나 건물의 서로 마주 보는 창문들을 열어 통풍을 시켜라. 그러다 따뜻해지면 창문을 닫고 커튼을 쳐서 뜨거운 공기가 들어오지 못하게 하라. 시원한 공기가 빠져나가지 못하게 지붕, 창문, 문의 단열이 잘 되어 있는지 확인하라. 실링팬(천장 선풍기)을 저속으로, 시계 반대 방향으로 돌리면 각진 날개들이 하강 기류를 만들어 냉방에 효율적일 수 있다. 야외에 충분한 공간이 있다면 나무와 덤불을 심거나, 집에서 햇볕이 닿는 면에 그늘을 드리울 수 있는 차양을 달도록 하라.

정말 밤에는 전자 기기의 플러그를 뽑아두어야 할까?

전자 기기들을 밤새 대기 상태로 두면 편리할 것 같지만, 바로 이러한 습관이 환경에 영향을 미친다.

우리가 사용하는 기기들은 대기 상태일 때 전력의 90%를 소모한다. 우리 중 4분의 3은 텔레비전부터 식기세척기, 게임 콘솔, 스마트 스피커, 휴대전화 충전기까지 여러 기기들을 밤에 대기 상태로 둔다. 대기 모드는 지구상의 이산화탄소 배출량의 1%를 야기하는 것으로 여겨진다.

영국에서는 이러한 낭비적인 습관이 발전소 두 개가 일 년에 생산하는 전력과 맞먹는다. 전반적으로 오래된 기구일수록 대기 상태일 때 에너지를 더 많이 잡아먹는다. 대기 상태로 두지 않는 것이 에너지 사용량을 줄이는 가장 쉬운 방법들 중 하나이다.

- 기기를 사용하지 않을 때는 플러그를 뽑아두는 것을 습관화하라. 적절히 끄고 켜기만 하면, 더 이상의 에너지를 소모하지 않는다.
- 원격으로 끄고 켤 수 있는 에너지 절약형(또는 대기전력 절약형) '스마트' 플러그(옆쪽 참조)를 구매하라.

일 년에
2kWh
대기 상태의 텔레비전

일 년에
20kWh
대기 상태의 노트북

일 년에
87kWh
대기 상태의
시계 겸용 라디오

▲ 벨기에의 한 연구는 대기 상태로 둔 전자 기기들의 에너지 사용량을 추산했다. 개별적으로 보면 적은 숫자이지만 이들이 축적된다.

스마트 기술로
우리집의 에너지 효율이 좋아질까?

'스마트' 홈 기술은 돈과 에너지 소비를 보다 효율적으로 관리하는 데 도움이 될 수 있지만, 지속 가능성 문제들이 없지는 않다.

스마트 계량기부터 스마트 기기와 플러그까지, 인터넷으로 제어되는 가전기구들은 가정과 기타 건물들이 낭비를 줄일 수 있도록 돕는다. 이러한 '사물 인터넷'은 스마트 및 음성 인식 제어를 통해 온도 제어, 외출 시 기기 전원 끄기 등을 가능하게 하여 전반적인 에너지 사용을 줄여준다. 하지만 이 기술이 가정에 도입되는 것에 따른 문제점들도 있을 수 있다.

간접 비용

스마트 전자 기기들을 제작하는 데 드는 에너지와 재료들은 그 기기들 자체의 탄소 발자국에 반영된다.

게다가 사물 인터넷이 발전하면 가상 비서(virtual assistance) 역할을 하는 음성 인식 스피커처럼 서로 간의 의사소통을 위해 대기 상태로 있어야 하는 기기들(옆쪽 참조)의 수도 늘게 된다. 스마트 전자 기기들을 대기 상태로 둠으로써 발생하는 탄소 배출량은 향후 5년간 20% 증가할 것으로 예상된다.

에너지 소비 문제 외에도, 첨단 기기들은 신기술 도입 시 구식 기기가 호환이 안 되는 문제 때문에 보통 더 잦은 업데이트나 교체가 필요하다. 그러므로 스마트 기기에 돈을 쓰기 전에 필요성을 잘 고려해보라.

- 각종 기구와 전자 기기에 관한 한 덜 사기, 또는 '수리하면서 오래 쓰기'가 목표라면, 스마트 기기는 어울리지 않는다.

스마트 기술로
일반적인 사무실 건물의
에너지 사용을 20%
줄일 수 있다.

- 스마트 기기를 쓰고 싶다면 가정의 에너지 효율을 높여주는 기기들만 써라. 전기나 가스에 쓰는 스마트 계량기는 에너지를 언제, 얼마나 사용했고 그 비용이 얼마인지를 정확히 보여주어 소비에 대해 의식할 수 있도록 해준다. 스마트 플러스로도 에너지를 절약할 수 있다. 여러 개의 기기들을 한 번에 끄거나 타이머를 맞출 수 있으며, 어디서든 앱으로 작동시킬 수 있다. 이러한 기술은 사무실들의 에너지 절약에도 효율적이다.

가장 친환경적인 배터리는?

우리는 살면서 배터리를 많이 쓰는 온갖 기기들을 사용하므로, 자칫 독이 될 수 있는 배터리의 사용과 폐기에 유의해야만 한다.

2018년, EU에서는 약 19만 1천 톤의 배터리들이 판매되었다. 배터리에는 중금속들이 들어 있는데, 그 대부분은 아프가니스탄 같은 부패한 분쟁 지역들(보통 노동자들이 비참한 조건들을 참고 견뎌야 하는)에서 채굴된다. 이 채굴은 토양뿐만 아니라 토착민들에게도 영향을 미쳐, 많은 경우 살 곳을 잃게 만든다.

배터리들이 매립지에 버려지게 되면 토양에 독성 화학 물질들이 유출되어 지하수가 오염될 수 있다. 배터리의 부패 과정에서도 온실 가스가 배출된다.

재생 가능한 에너지원이 되기 위한 배터리 분야의 혁신은, 전기 차의 다양성과 신뢰도가 발전함에 따라 크게 촉진되고 있다. 그러나 가정용 배터리는 효율성 면에서 별로 발전하지 않았으며, 가장 친환경적인 배터리에 대한 조언은 거의 없는 상태이다. 배터리 사용의 영향을 최소화시키는 몇 가지 방법이 있다.

- 배터리 사용을 전반적으로 줄여라. 태양열 휴대전화 충전기나 태엽식 손전등 같은 대체품들을 고려하라.
- 항상 배터리를 재활용하라. 가게들이나 재활용 센터에서 배터리 수거 통을 찾을 수 있다.
- 일회용 배터리 구매를 피하라. 재충전이 가능한 배터리는 1천 번까지 충전시킬 수 있다. 재충전식 배터리 중에서도 보다 친환경적인 선택지들이 있다. 다른 재충전식 배터리들보다 더 오래가는 니켈 금속 하이브리드(NiMH) 배터리를 찾아라. 배터리가 완전히 충전되면 정지되는 스마트 충전기와 같이 사용하라.

1,500 아연 배터리

150 알칼라인 배터리

75 리튬 배터리

1 재충전식 니켈 카드뮴 배터리

▲ 배터리의 종류마다 수명이 다르다. 위는 같은 양의 에너지를 낼 때 필요한 배터리 수를 나타낸 것이다.

더 친환경적인 노트북과 태블릿이 있을까?

기술은 여러 모로 우리가 보다 지속 가능해질 수 있도록 해주지만, 그것이 적용되는 하드웨어는 친환경과는 거리가 먼 경우가 많다. 정보를 알면 환경을 생각하는 선택을 하는 데에 도움이 된다.

2019년 기준, 약 20억 대의 컴퓨터(노트북 포함)와 10억 대의 태블릿이 존재했다. 이 모든 기기는 엄청난 양의 전자 폐기물(e-waste)을 발생시킨다. 예를 들어 영국에서는 2019년 1/4분기에 12만 2천 톤의 전자 폐기물이 발생했고, 대부분은 매립지로 가게 되었다.

쓰레기 문제 외에도, 폴리비닐 클로라이드(PVC) 같은 재료들이 컴퓨터나 태블릿 제작에 흔히 사용된다. 이런 재료들은 생산 과정에서 해로운 화학 물질들을 배출하는데, 그 기기가 사용 뒤 소각될 경우에도 그렇다.

또한 진보적인 것처럼 보이는 기술 브랜드들의 윤리적 신뢰도 문제도 있다. 일부 기업은 아동 노동력을 이용한 것으로 밝혀졌고, 배터리나 휴대전화의 경우에는 그 부품들이 주로 분쟁 지역에서 채굴된다. 당신의 기기를 업데이트하거나 교체하고 싶은 유혹이 있을지라도, 덜 사고 오래 쓰는 것이 친환경적 접근법이다. 구매 전 다음 사항들을 고려하라.

- 새것보다는 수리되거나 재활용된 것을 구매하여, 새 원료들에 대한 수요를 줄여라.
- 노트북보다는 수리와 업그레이드가 비교적 쉬운 데스크톱 컴퓨터를 선택하라. 같은 이유로, 태블릿보다는 노트북을 선택하라.
- 그래도 새 제품을 사기로 마음먹었다면 어떤 브랜드들이 인권, 적정한 임금, 근로 조건에 관한 명확한 정책을 시행하는지를 알아보고, 그들의 '분쟁' 광물 관련 정책들도 확인해보라.

일반적인 노트북은 생산 시 그 자체 무게의 **열 배**에 달하는 **화학 오염 물질**을 필요로 한다.

'TCO 인증'(책임감 있고 지속 가능한 공급망을 가진 컴퓨터, 태블릿, 휴대전화 브랜드에 대한 국제적 기준)을 받은 브랜드인지 확인해보는 것이 좋은 시작점이 될 수 있다.

- 생산 과정에서 독성 화학 물질들이 사용되는지 여부를 확인할 수 있다면 더할 나위 없이 좋다. 점점 더 많은 기업들이 자사의 제품에서 그런 해로운 물질들을 없애나가고 있다.

전자 폐기물을 제한하는 방법은?

'버리고 업그레이드'라는 우리의 소비지상주의적인 문화 때문에 지속 불가능한 수준의 전자 폐기물이 발생하고 있다. 이제는 전자 기기에 대한 접근법을 다시 고려해보아야 할 때이다.

잦은 업데이트와 자주 바뀌는 기술 트렌드로 인해, 전자 기기는 오래 쓰도록 설계되는 법이 별로 없다. 소비자인 우리는 자주 구 모델을 버리도록, 또 작은 결함(토스터 버튼이 눌러서 안 나오거나 휴대전화 화면에 금이 가는 등)만 있어도 폐기하도록 권장된다. 최근 몇 년간, 우리의 가전기기 소비는 급격히 증가했다. 2018년 영국의 가정들은 가전기기 구매에 110억 파운드(2021년 4월 기준 약 17조 1300억 원-옮긴이)를 썼는데, 이는 그 전년도에 비해 10억 파운드 늘어난 것이다. 이러한 '계획적 진부화(planned obsolescence)'는 사실상 약 20%만이 재활용되는 독성 전자 폐기물을 산처럼 쌓이게 만듦으로써 환경에 막대한 영향을 미친다.

해마다 세계적으로
5천만 톤에 달하는
전자 폐기물이 배출된다.

재활용이 지구상의 전자 폐기물 문제에 대항하는 핵심임은 분명하다. 하지만 우리는 기계와 장치의 구매 및 유지 방법에 대한 전체적인 접근법을 검토해볼 수도 있다. '절약, 재사용, 재활용'이라는 주문을 기억하면 사고방식을 변화시키는 데에 도움이 된다.

- **절약하라.** 구매 단계가 시작될 때 취할 수 있는 조치들이 있다. 가능하면 질 좋은 제품에 돈을 좀 더 써라. 수리가 용이하거나 오래가도록(평생 간다면 가장 좋음) 제작된 제품들을 사면 덜 버리게 되어 장기적으로 쓰레기를 줄일 수 있다.

- **재사용하라.** 당신은 물건 수리가 적성이 아니라고 생각할 수도 있다. 하지만 '수리 카페'들이 점점 더 많이 생겨나고 있다. 이는 사람들에게 기본 수리 기술을 가르쳐 플러그 전선 갈기나 컴퓨터 부품 교체 등을 스스로 할 수 있도록 하는 비공식적 행사이다.

- **재활용하라.** 미국과 영국을 포함한 많은 나라들은 전국적인 전자 기기 재활용 제도를 시행한다. 토스터, 드릴, 헤어드라이어, 텔레비전 등은 매립지에 던져버릴 필요가 없다. 그런 기기들을 지역 내의 정해진 장소로 가져가면, 수집되어 안전하게 분해된다. 컴퓨터, 노트북, 태블릿도 특수 재활용 센터에 갖다주면 되는데, 이때 하드 드라이브나 로컬 스토리지에 담긴 개인 정보를 먼저 삭제하는 것을 잊지 말도록.

내 스마트폰이 지구를 죽인다고?

오늘날 지구에 사는 사람 수보다 스마트폰 수가 더 많은 것으로 추산된다. 스마트폰 제작과 그것의 폐기 모두 환경에 분명한 영향을 미친다.

미국에서만도 재활용되기를 기다리는 스마트폰이 2억 5천만 대가 넘으며, 여기에 매달 1100만 대가 추가된다. 이들 중 실제로 재활용되는 것은 20%도 안 되는 것으로 추산된다.

스마트폰 생산에 사용되는 금속들은 귀중한 자원들이다. 텅스텐 같은 유용한 금속들은 보통 아주 형편없는 근로 조건 속에서, 때로는 분쟁 지역 내에서 채굴된다.

스마트폰이 재활용되지 않으면, 새 모델에 대한 요구에 맞추기 위해 금속들을 더욱더 많이 채굴해야 한다. 그리고 스마트폰이 매립지로 가게 되면 수은과 납 같은 유독 성분들이 토양에 스며들어 지하수를 오염시킨다.

이 문제의 엄청난 영향을 줄이려면, 스마트폰의 수명 주기에 대해 보다 주의 깊게 생각해보아야 한다.

- 자동 업그레이드는 정말 필요한 경우가 아니라면 받지 마라.
- 오래된 스마트폰은 믿을 만한 업체를 통해 재활용하라. 재활용이 잘 되면 금, 백금, 구리 같은 금속들이 회복된다. 스마트폰을 그냥 버리는 것보다 훨씬 권장할 만한 방법이다. 스마트폰 재활용을 위한 자선 단체와 제도들이 있으며, 일부 브랜드들은 오래된 휴대전화를 무료로 회수해 모니터가 잘 되는 시설에서 재활용되도록 한다.
- 휴대전화를 교체할 때에는 수리된 중고를 선택하거나, 생산 시 공정한 채굴 정책 및 공급망을 운용하는 독립적인 공급 업체를 찾아라.

▲ 스마트폰을 만들기 위한 '희토류 금속' 및 기타 귀금속 채굴은 환경에 심각한 영향을 미친다.

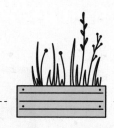

친환경적 실천의 소우주,
친환경 정원

내 정원을 최대한 친환경적으로 만드는 방법은?

정원이라고 다 친환경적인 것은 아니다. 당신의 정원이 주변의 야생 생물과 환경을 위해 더 잘 기능하도록 계획하거나 고칠 때 적용할 수 있는 몇 가지 방법이 있다.

정원은 바쁜 세상의 안식처이자 먹거리와 꽃의 원천이며, 자연과 다시 연결되는 곳이다. 반면에 그곳은 자원을 고갈시키고 토양에 부담을 주는 장소이기도 하다.

평평한 판이나 콘크리트로 씌워진 토양은 빗물이나 식물로부터의 탄소를 흡수할 수 없다. 식물은 탄소를 공급해 토양 동물들에게 영양을 공급함으로써 토양 건강에 결정적인 역할을 하고, 토양 구조를 지키며, 영양소 순환과정을 유지한다. 나지(bare soil)는 침식되고 황폐화된다. 이 문제에 대해 깊이 생각하지 않

을 수도 있지만, 잘 관리된 토양은 생물다양성이 풍부해지는 데에 도움이 되며, 탄소 흡수원 역할을 한다(208쪽 참조).

식물 고르기

당신이 사는 지역의 토종이 아닌 식물을 재배하면 문제가 될 수 있다. 예를 들어, 건조한 기후에서 자연적으로 잘 자라지 못하는 식물들을 강수량이 적은 지역에 심을 경우에는, 물을 많이 줘야 건강을 유지할 수 있다.

당신이 선택한 조경 그리고/또는 식물이 당신이 있는 곳의 지형과 기후에

▼ 적은 노력과 저비용으로 친환경 정원을 만드는 방법은 많다(모든 의미에서).

토종 **나무**와
식물들을
재배하라

콘크리트가 아닌
식물들로
흙을 덮어라

맞아야 최고의 친환경 정원이 될 수 있다. 캘리포니아의 '친환경' 정원은 독일의 그것과는 아주 다르게 보일 것이다.

기후 변화와의 투쟁
정원을 조금만 영리하게 설계한다면, 당신이 사는 지역의 기후 변화나 기상 이변의 영향을 완화하는 데 실제로 도움이 될 수 있다. 나무는 그늘을 만들어주므로 집 가까이에 심으면 더운 날씨에 냉방의 필요성을 줄여준다(137쪽 참조). 키 큰 관목을 집 근처에 심거나 덩굴 식물을 위한 격자 구조물을 세워도 외벽 공기가 식어서 같은 효과가 난다.

당신의 정원은 빗물 배수관 역할을 하여 집 주변 땅에 홍수가 나는 것을 막는다. '빗물 정원(rain garden)'은 저지대에 심은 식물들로 폭우의 유출을 늦추는 것이다. 옥상 녹화(green roof) 역시 과

잉 빗물의 흡수를 돕는다. 물이 흘러가지 않게 붙잡고, 처리하고, 저장하는 것이 친환경 정원의 핵심이므로, 이것을 설계와 식재의 초석으로 삼도록 하라.

도시의 토지 면적 중
22~36%는
정원이 차지하는 것으로 추산된다.

야생 생물의 서식지
초목이 우거진 외부 공간은, 대부분이 지난 1백 년간 서식지의 상실을 경험해온 곤충, 새, 기타 야생 생물들에게 안식처를 제공한다. 1940년대 이후로 영국은 '미개발' 목초지(농업이나 정원에 이용되지 않는 땅)의 97%를 잃었고, 이는 많은 종들의 자연 서식지 파괴를 야기했다. 우리는 야생 생물들을 위한 공간을 재창조해야 하며, 정원의 '재야생화(rewilding)'가 완벽한 시작점이 될 것이다.

모든 정원은 크나큰 친환경 잠재력을 지니고 있으며, 당신이 그것을 깨울 수 있다.

- 지역에 알맞은 다양한 식물들을 심어서 곤충을 유인하고, 결국에는 새들과 기타 야생 생물의 먹이를 제공하도록 하라.
- 정원을 포장하거나 인조 잔디를 까는 일은 피하라.
- 퇴비 더미를 만들라. 친환경 정원에는 필수이다. 자세한 내용은 160쪽 참조.

당신의 녹색 공간을 **벌레 천국**으로 만들어라

어떤 곤충들을 정원으로
유인해야 하나?

어디에나 더 많은 곤충이 필요하다. 당신의 공간이 곤충들을 더 많이 맞아들이도록 만드는 것이 그 지역의 생물 다양성을 지키는 핵심이다.

곤충은 작물과 기타 식물들의 가루받이에 중요한 역할을 한다. 곤충은 또 더 큰 동물들의 먹이가 되고, 유기물을 분해해 영양분을 토양에 되돌려준다. 하지만 세계의 곤충 종들의 40%가 멸종되어가고 있다. 한 연구에 따르면, 독일은 1989년과 2016년 사이 총 날벌레의 76%를 잃었다. 이제 살아남은 것들을 육성할 때이다.

인터넷으로 잠시만 찾아봐도 당신이 사는 곳에 어떤 곤충들을 유인할 수 있

유럽 전역의 야생 **벌 종들** 중 거의 **10%가 멸종 위기**에 직면해 있다.

을지 알 수 있다. 당신이 식량을 재배한다면 달갑지 않을 곤충들도 있고, 당신이 밖에 있을 때 성가시게 하는 것들도 많지만, 유익한 곤충들도 아주 많다.

- 나비와 나방들을 불러들이려면 부들레이아와 버베나처럼 꿀이 풍부한 꽃들을 길러라. 줄기가 긴 꽃이나 풀은 휴식처가 되고, 오크, 버드나무, 자작나무 등의 나무들은 서식지와 번식지

를 제공한다.

- 딱정벌레와 거미 같은 벌레를 들이려면 썩은 통나무와 덤불을 이용해 어둡고 그늘진 곳을 만들어라.
- 벌들은 다양한 꽃들을 폭넓게 좋아한다. 해가 잘 드는 곳에 꽃을 심되, 색을 다채롭게 구성하고 개화시기를 다르게 하여 꽃을 가능한 한 오래 볼 수 있고, 거의 일 년 내내 꿀을 제공할 수 있게 하라. 버드나무처럼 꽃이 피는 나무들은 연초에 벌들에게 많은 양의 먹이를 제공한다.
- 야생화 초원을 조성해 곤충들에게 서식지와 먹이를 제공하라. 공간이 부족하다면 화분에 한 가지만 심을 수도 있다. 최상의 결과를 내려면, 잡초를 먼저 제거하고 그 지대가 과비옥화되지 않았는지 확인한 뒤(야생화는 피폐한 땅을 더 좋아한다), 봄이나 가을에 심도록 하라.
- 살충제는 쓰지 마라. 달갑지 않은 벌레들은 물론 유익한 벌레들까지 죽이게 된다. 식물들을 잘 조합하면 원치 않는 벌레들을 막을 수 있다. 모기는 냄새가 강한 식물을 좋아하지 않으며, 파리는 바질을 싫어하고, 로즈메리는 배추좀나방이 접근하지 못하게 한다.

내 정원을 야생 생물의 서식지로 만드는 방법은?

보기에 아름다운 당신의 정원은, 작은 생물들에게도 안락한 집일까? 소소한 변화들만으로도 새와 개구리 같은 지역 야생 생물들에게 큰 차이를 만들어줄 수 있다.

보통 야생 생물 유입을 촉진하는 가장 쉬운 방법은, 모든 것을 깔끔하고 정돈된 상태로 만드는 일을 그만두는 것이다. 길게 자란 풀들을 그대로 둔다든가, 산울타리를 과하게 다듬지 않는 등(그 밑의 공간도 그대로 두고), 곤충들을 유인하면(왼쪽 참조), 개구리, 박쥐, 새 같은 그들의 천적들도 따라온다.

당신의 지역에 다양한 야생 생물을 유인하는 가장 효과적인 방법들을 충분히 조사해보라. 도시나 교외에 산다면 정원 울타리에 구멍을 내서 먹이와 물을 찾아다니는 고슴도치 같은 야생 생물이 정원을 드나들 수 있도록 하라.

야생 생물이 편안함을 느끼는 공간 만들기

안식처

나무, 잎이 무성한 덤불과 긴 풀들을 심고, 작은 생물들이 덤불 사이나 나무 더미 속을 은신처로 삼을 수 있도록 하라. 나무껍질, 짚, 이끼, 통나무, 솔방울이나 원통형 판지 심 등을 이용해 벌레들을 위한 호텔을 만들어주어라.

먹이

인근의 새들을 위해 고양이 같은 포식자들이 닿을 수 없는 곳에 먹이통을 만들어주어라. 해바라기를 기르는 것도 새들을 먹이는 좋은 방법이 된다.

물

돌, 나뭇가지나 다른 걸터앉을 수 있는 물건들과, 작은 생물들이 기어 나올 수 있는 경사로 등이 있는 작고 얕은 물웅덩이를 제공하라. 벌들은 그런 물웅덩이에서 물을 마시기를 좋아한다.

둥지 공간

정원의 적당한 장소에 새집들을 설치하라. 유럽에서는 대부분의 새들이 북동쪽을 향하는(직사광선과 우세풍을 피할 수 있는) 새집을 선호한다. 고양이가 쉽게 닿을 수 없는지 확인하라.

잔디를 깔아도 괜찮을까?

잔디는 보기에 깔끔하고 아이들이 놀기에도 좋지만, 우리 주변 환경에는 그다지 유용하지 않으며 심지어는 해로운 경우도 있다.

잔디는 아스팔트나 콘크리트보다는 개선된 것이지만 그 밖에는 예뻐 보이는 것을 제외하면 그다지 하는 역할이 없으며, 친환경적이 되기에도 충분하지 않다.

우선, 잔디가 잘 자라지 않는 곳에 사는 사람들에게는 결코 친환경적인 선택이 될 수 없다. 자연 환경을 뒤엎으려면 끊임없이 집중적인 개입이 필요하며, 보통 그것은 토종 식물과 야생 생물의 손상으로 이어진다.

가뭄이 잘 드는 나라에서는 물을 엄청나게 잡아먹는 잔디에 물을 대는 일이 문제시된다. 또한 토종 식물들을 잔디로 교체하면 갑작스러운 폭우를 흡수하는 토양의 능력이 저하되는데, 잔디 밑의 토양은 식물 재배용으로 조성된 것에 비해 더 조밀한 경우가 많기 때문이다.

잔디도 탄소 순환(carbon cycle, 208쪽 참조)에서 제 역할을 하긴 하지만, 나무나 다른 식물들만큼 이산화탄소를 많이 흡수하지는 못한다. 게다가 잔디에는 보통 화학 물질들이 분사되는데, 이것은 토양과 수로로 흘러들어 생태계를 해치고 부영양화의 원인이 된다.

잔디를 정말 원한다면, 환경을 해치지 않으면서도 보다 친환경적이고 다목

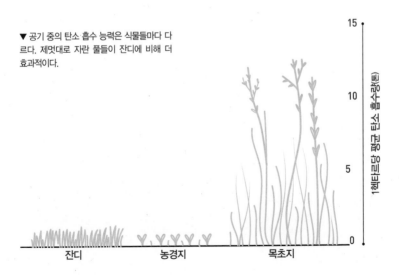

▼ 공기 중의 탄소 흡수 능력은 식물들마다 다르다. 제멋대로 자란 풀들이 잔디에 비해 더 효과적이다.

1헥타르당 평균 탄소 흡수량(톤)

15

10

5

0

잔디　　　　농경지　　　　목초지

적인 것으로 만들 수 있는 방법들이 있다. 근본적으로 우리는 자연을 격려하고 성장을 도우며 자연과 함께 일해야 하는 것이지, 2주에 한 번씩 박박 밀며 굴복시키듯이 해서는 안 된다. 이제 당신의 잔디를 살피고 어떤 변화를 줄 수 있을지 알아보아야 할 때이다.

- 깔끔하게 손질된 잔디가 아닌 클로버, 야생화, 또는 토종 풀로 된 초원을 가꿔라. 잔디 깎는 주기를 확 늘리면 토종 꽃들이 씨를 뿌릴 수 있게 된다. 잔디 깎기를 일 년에 단 두 번, 아니

미국 땅 가운데
1600여만 헥타르는
잔디로 덮여 있다.

면 한 번만 미뤄도, 꽃들에게 수명 주기를 완성하고 새로 씨를 뿌릴 기회를 줄 수 있다.

- 잔디를 깎을 때에는 좀 더 길게 자라게 두었다가 깎도록 하고, 잘린 부분은 잔디 위에 그대로 두어 분해되도록 한다. 이것은 토양에 공급되어 잔디의 이산화탄소 흡수량을 늘리는 데에 도움을 준다.
- 잔디의 일부를 채소 정원으로 바꾸어 당신만의 주말 농장을 만들어라.
- 살충제나 기타 해로운 화학 물질의 사용을 중지하라.
- 빗물을 받아두었다가 잔디에 주도록 하라(153쪽 참조).

잔디깎이는 환경을 얼마나 오염시키나?

수동 가위로 잔디를 깎을 필요까지는 없지만, 비교적 나은 잔디깎이들이 있으니 알아보라.

잔디를 깎아야 한다면 휘발유를 연료로 하는 잔디깎이는 피하라. 휘발유는 지속 불가능하며, 그걸 이용하는 잔디깎이는 일산화탄소와 질소산화물을 비롯해서 환경을 오염시키는 유독 가스들을 배출한다. 연구 결과, 사용 시간이 같을 때 잔디깎이는 신형 휘발유 자동차보다 11배 더 많은 공기 오염 물질을 배출했다.

그러면 당신에게 남겨진 것은 구식 수동 잔디깎이나 전기식뿐이다. 배출량이 0인(그리고 꽤 괜찮은 운동이 되는) 수동 잔디깎이는 가장 친환경적인 선택지다. 전기식 잔디깎이를 선택한다면, 꼭 재생 에너지 요금제를 신청하도록 하라.

잔디 상태를 개선하고 고르게 다듬기 위해 잔디를 깎는다면, 마이크로 클로버를 심어보는 것도 좋다. 이렇게 하면 풀뿌리에 질소가 공급되어 고른 성장에 도움이 된다. 또 다른 선택지는 촘촘한 갈퀴로 죽은 뿌리들을 파내어, 고르지 못하게 자라는 풀들을 줄이는 것이다.

"정원은
친환경적
실천들이 모인
하나의 소우주가
될 수 있다."

정원에 물을 주는
가장 친환경적인 방법은 무엇일까?

담수는 점점 더 귀한 자원이 되어가고 있다. 친환경 정원사는 영리하게 물을 대고, 가능한 한 많은 양의 물을 재사용함으로써 물 사용을 줄인다.

물을 가장 많이 절약할 수 있는 정원은 토종 식물들로 가득한 정원이다. 그 식물들은 해당 지역의 강수량에 익숙해져 있으므로 다른 기후에서 온 식물들에 비해 물을 덜 필요로 한다.

일부 지역 당국들은 잔디와 정원에 물을 주는 것을 금지시킨다. 아무런 제한이 없다고 해도, 물은 영리하게 다루도록 하라. 스프링클러와 호스는 물을 낭비한다. 스프링클러는 너무 오래 켜져 있는 경우가 많고, 호스는 방아쇠로 제어되지 않는 경우에는 물을 막 쓰게 된다. 과도한 물주기는 물을 낭비할 뿐 아니라, 식물을 침수시켜 해로운 영향을 미칠 수 있다.

• 퇴비나 뿌리 덮개 등으로 토양을 건강하게 하라. 그러면 수분을 더 오래 머금어 물을 덜 자주 주어도 된다.
• 이른 아침이나 황혼녘에 물을 주면 증발되는 양이 줄어 토양에 더 많이 흡수된다.
• 식물의 뿌리 바로 위에 물을 주면 그냥 흘러가버리는 일을 피할 수 있다.
• 목욕물이나 세수한 물(중수라고 불리는)을 식물에 재사용하라(너무 많은 인공 클렌저나 화학 물질들을 사용하지 않는다면).
• 점적 관개(drip irrigation) 방식을 이용하면 규모가 크거나 식물이 벽에 심

어진 경우, 필요한 곳에 직접 물을 줄 수 있다.
• 뚜껑이 달린 빗물 통을 구비해 빗물과 지붕에서 떨어지는 물을 받아두었다가, 수돗물 대신 그 물을 정원에 사용하라. 공간이 허락된다면, 지하 저장 탱크에 빗물을 저장하는 가정용 빗물 수집 장치의 설치를 고려하라.

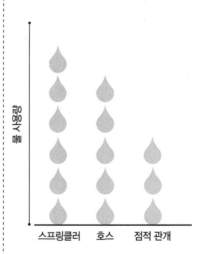

▲ 점적 관개 방식은 물을 호스보다 덜 쓰고 스프링클러보다는 50%나 덜 쓰는데, 이는 물이 증발이나 유출로 낭비되는 일이 없기 때문이다.

가장 친환경적인 정원 바닥재는 무엇일까?

땅을 무엇으로 덮는지(또 땅을 덮는지 안 덮는지 여부)에 따라 정원의 친환경 정도는 크게 달라진다. 어떤 재료들은 놀라우리만치 해롭다.

우리는 너무 오랫동안 콘크리트와 아스팔트 같은 불투수성 재료들로 토양을 덮어서 빗물 흡수 능력을 빼앗아버렸다. 서양 도시 및 교외 주택들에서 포장된 진입로와 마당이 유행하게 되자, 잉여수가 말 그대로 갈 곳을 잃어 도시에 홍수가 나는 경우가 늘고 있다.

돌과 콘크리트 같은 고밀도 재료들은 낮에는 열을 잡아두었다가 밤에 방출하여, 도시 지역에서 흔한 소위 '열섬(heat island)' 효과를 낸다. 밤에 증가하는 열 때문에 우리는 잠을 이루기가 힘들다.

특히 콘크리트는 환경에 악몽이나 다름없다. 세계적으로 어마어마한 규모

잉글랜드에 있는
520만 채의 건물들은
홍수의 위험을 안고 있다.

인 콘크리트 생산에는 엄청난 에너지가 소모되며, 시멘트 산업을 한 나라에 비유한다면 탄소 배출량으로 세계 3위에 오를 것이다.

정원 바닥을 깔면서도 환경을 지키고자 한다면, 당신이 까는 재료가 그 지역을 주거 가능하게 해주는(빗물을 흡수하거나 온도를 제어함으로써) 땅에 어떤 지장을 줄지 생각해보아야 한다. 선택지들을 비교할 때는 그 재료가 어디에서 왔는지, 얼마나 오래가는지, 재활용이 되는지, 또 야생 생물에게 해를 끼쳐 지역 생태계에까지 영향을 주는 독성 화학 물질 없이도 유지될 수 있는지 등을 고려하라.

- 데크나 자갈 같은 다공성 재료를 선택해 물이 스며들도록 하라. 시멘트 대신 돌로 포장하고 그 틈을 모래로 메워도 배수 문제를 해결할 수 있다.
- 정원 전체를 덮지는 마라. 앞마당과 길가에 식물이 많으면 여름에 온도 제어를 도와 열섬 효과를 피할 수 있게 해준다. 잎이 무성한 정원은 공기 중의 오염 물질과 먼지를 걸러주어, 집과 거리 사이의 보호 장벽 역할도 한다.

정원 바닥재

잔디
잔디는 물을 흡수하고 탄소를 잡아두기 때문에 선호되는 재료지만, 한계점이 있다(150쪽 참조).

인조 잔디
피할 것. 플라스틱으로 만들어졌으며 토양과 야생 생물에 좋을 게 없다. 다공성이긴 하나, 그 밑의 토양이 다져진 상태라 빗물이 유출되는 경우가 많다.

자갈
좋은 정원 바닥재이다. 물이 잘 빠지도록 하며, 포장용 평판보다 저렴하다.

콘크리트
피할 것. 엄청난 탄소 발자국에 더해, 물이 통과하지 못하므로 배수 문제를 야기해 홍수의 위험을 증가시킬 수 있다.

돌 또는 벽돌 포장
돌이나 벽돌 사이를 무엇으로 채우는가에 따라 배수 가능성이 달라진다. 시멘트는 피할 것(비록 잡초는 자라겠지만).

플라스틱 포장
새 플라스틱은 친환경적이지 않은 반면, 재활용 플라스틱으로 만든 포장용 평판(물 빠짐을 위한 구멍들이 나 있는)은 좋은 선택지가 될 수 있다.

목재 데크
지속 가능하게 재배된, 또는 재활용된 나무로 만든 것만 선택하라. 각 판의 틈새로 배수가 되지만, 독성 착색제나 밀폐제가 사용되는 경우도 있다.

플라스틱 데크
피할 것. 별다른 유지 보수는 필요 없지만, 폴리비닐 클로라이드(PVC)로 만들어져 재활용되거나 차후에 재사용될 수 없다.

합성 데크
재활용 플라스틱과 압축된 나무 조각들로 만들어진 합성 데크는 오래가며 배수가 잘 된다.

정원에서 먹거리를 재배해야 할까?

가장 친환경적인 정원은 먹거리를 생산하는 정원이다. 녹지만 있다면(또는 발코니나 화분 몇 개만 있어도) 실천할 수 있다.

당신이 먹거리를 직접 재배하게 되면 전 세계적인 식량 생산 및 분배와 관련된 환경적 문제들의 대부분이 작은, 개인적 문제로 완화될 수 있다. 집에서 기른 먹거리는 항공마일(48쪽 참조)을 발생시키지 않으며 포장(52쪽 참조)이 필요 없다. 또 다량의 화학 물질 투입 없이 유기농으로 재배가 가능하다. 그리

고 그것의 성장을 돕기 위해 열심히 일하고 정성을 들였기에, 가게에서 산 것에 비해 버릴 확률이 낮다.

먹거리를 직접 재배하는 것은 육류 위주의 식단을 떠나 채소를 더 많이 먹게 될 때 특히 더 보람이 있다. 당신만의 식량 공급처를 가지게 되면 편리할 뿐만 아니라 식비도 크게 줄게 된다. 과

▼ 단 4제곱미터 크기의 화단에서 6개월간 과일과 채소를 재배해도 상당한 수확량을 얻을 수 있다.

6개월에 25kg이 넘는 생산량

일과 채소를 기르면 당신만의 처트니, 잼, 피클 등을 만들 수도 있어서 슈퍼마켓 의존도를 더욱 줄일 수 있다.

연구에 따르면, 집 앞마당에 먹거리를 기르는 것은 공동체 형성에도 도움이 된다. 남아도는 제철 식품을 이웃과 나눔으로써 친구를 사귀게 되고, 먹거리를 재배하는 다른 사람들과 관계를 맺게 된다. 복잡한 세계적 공급망 대신 지역 먹거리 체계를 지원하면 탄소 배출, 쓰레기, 플라스틱이 줄어들고 토양 건강이 증진되어 환경에 아주 이로운 영향을 미치게 된다.

이 모든 장점들에 더해, 먹거리를 직접 기르면 당신에게도 좋다. 성취감과 행복감을 불러일으킴으로써 스트레스를 줄여주기 때문이다(소소한 반복적 육체 노동은 정신 건강에도 놀랄 만한 효과를 미친다).

당신의 정원을 지역 재배 공동체 형성의 관문으로 여겨라. '잔디 말고 먹거리를 기르자'를 당신의 새 주문으로 삼을 때가 되었는지도 모른다.

- 한 번에 너무 많은 것을 하려 하지 마라. 재배 경험이 없다면 허브 또는 좋아하는 과일이나 채소 한두 가지로 작게 시작하라(좋아하지도 않는 채소들을 줄줄이 세워 기르는 것은 아무 의미가 없다).
- 현실적이 되어라. 다 돌볼 수도 없는데 너무 많은 씨앗을 뿌려서는 안 된다. 적은 양으로도 아주 생산적일 수 있다.

- 온라인 강의, 가드닝 사이트, 책 등을 참고해 일 년 내내 신선한 채소, 과일, 허브를 자급자족하려면 무엇을 심어야 할지 알아보라.
- 정원이 없다고 체념하지 마라. 화분을 발코니에 두어 먹거리를 기를 수도 있고(토마토, 허브나 딸기), 주방 창턱에서 길러도 된다.
- 가까운 주말 농장에 가입하거나, 혼자서 그 구획에 대한 책임을 감당하기가 꺼려지고 다른 사람들과 기술을 공유하고 싶다면 공동체 텃밭에 참여하라. 직장 동료나 친구들 가운데 마

사먹는 먹거리의 5분의 1을 **집에서 기른 것으로** 대체하면 **일 년에 평균 30kg의 이산화탄소** 발생을 막을 수 있다.

음이 맞는 사람들을 모아 함께 먹거리를 심고, 돌보고, 수확하면 어떨까?
- 퇴비를 살 때 이탄(peat)은 피하라. 부분적으로 부패된 식물질이 수천 년 동안 쌓여 이루어진 이탄 지대는 귀중한 수분 보존 장치이자 다양한 서식지, 중요한 탄소 흡수원이다.

영속농업의 원리는 무엇인가?

왠지 어렵게 들리는 이름 때문에 지레 손사래 치지는 마라. 대부분은 상식이니까. 영속농업의 가치를 수용한다면 지속 가능한 정원을 가꿀 수 있게 될 것이다.

'영속농업(permaculture)'이라는 용어는 1970년대에 처음 사용되었지만, 그 개념은 아주 오래되었다. 영속농업이란 식물들을 자라도록 돕는 환경을 이용하고, 그로부터 배우자는 신념에 입각한 농업 체계이다. 이는 산업형 단작물 심기와는 정반대이다(41쪽 참조). 영속농업에서는 식물이 자연을 거스르는 것이 아니라, 조화를 이루며 자라난다. 단 네 가지의 작물(콩, 밀, 쌀, 옥수수)이 전 세계에서 재배되는 총 식량의 50%를 차지하는 상황에서, 대부분의 산업형 농업은 영속농업이 권장하는 다양성을 이루지 못한다. 이렇게 작은 유전자 풀(pool) 때문에 산업형 작물들은 해충에 취약하기도 해서, 질병 때문에 어마어마한 양의 작물이 파괴되기도 한다.

영속농업은 다양성은 물론이고, 단지 계절적이 아닌 장기적인 지속 가능성을 촉진한다. 토양 건강 유지, 유기농법, 그리고 자연에서 볼 수 있는 패턴들 따라 하기가 핵심이다. 생태계의 각 요소는 서로 연결되어 있다. 그러므로 정원 설계에서도 자연이 대신 일하도록 놔두고, 자연을 흉내 내도록 노력하라. 예를 들면 다음과 같다.

- '동반 식물'을 함께 심어라. 리크와 당근은 서로의 해충을 쫓아내주기 때문에 함께 심으면 좋다.
- 채소 밭 옆에 야생화가 필 자리를 마련해두어 벌들을 유인하면, 벌들이 농작물의 가루받이를 도와 수확량이 늘어난다.

지구 사랑

사람 사랑

영속농업

과잉분 반환

▶ 영속농업에서는 지구의 자원이 보호되며 쓰레기가 줄어든다.

내 정원에서
플라스틱을 줄이는 방법은?

주방과 욕실의 플라스틱 폐기물을 해결했다면, 이제 정원도 플라스틱 프리로 만들 때이다.

모종삽부터 식물 식별표까지, 플라스틱은 수많은 방법으로 당신의 정원에 들어온다. 화분은 원예의 필수품이며, 플라스틱 화분은 가장 저렴한 비용으로 대량 생산될 수 있다. 대부분은 매립지로 가거나 소각된다. 정원의 모든 플라스틱이 환경에 도움이 되지 않는 건 아니다. 비닐 터널은

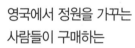

영국에서 정원을 가꾸는 사람들이 구매하는 **플라스틱 화분**과 모종판의 수는 매년 평균 **5억 개**에 달한다.

재배 기간을 늘려주고, 보다 다양한 종류의 농작물과 꽃들을 집에서 기를 수 있게 해준다. 정원에 작은 비닐 터널이 있으면 과일과 채소를 더 쉽게 기를 수 있게 되어 탄소 발자국도 줄일 수 있다. 마지막에 그 플라스틱은 쓰레기 부대 같은 하급 물건들로 재활용될 수 있다.

정말 가치가 없는 플라스틱의 경우에는, 그리 어렵지 않게 대체품을 찾을 수 있다.

• 새것을 사야 한다면 금속이나 목재로 된 정원 도구와 비품들을 선택하라.

• 생분해되는 화분을 찾아라. 이것들은 왕겨와 대나무 같은 재료로 만들어져 땅에 바로 심을 수 있다. 아니면 신문을 접어 화분을 직접 만들 수도 있다.

• 플라스틱을 사기보다는 나무나 점토 같은 천연 재료로 된 용기들이나, 용도 변경이 가능한 물건들(욕조, 장화, 금속 용기 등, 심지어 낡은 청바지로 벽걸이 화분을 만들 수도 있다)을 재사용하라.

• 주방의 플라스틱 폐기물을 이용하라. 요구르트 통, 우유 곽, 음료수 병을 묘목 기르기에 재사용함으로써 새 생명을 불어넣어라.

• 정원 용품점의 화분과 모종판 재활용 또는 나눔 제도를 이용하라.

• 가드닝 공동체에 소속되어 있다면, 부피가 큰 물건을 한 번 쓰려고 새로 사기보다는 나눠 쓰거나 빌려 쓰면 어떨까?

퇴비 더미는 항상 좋은 것일까?

공간이 허락한다면, 퇴비 더미나 통은 토양에 영양분을 되돌려줌으로써 정원에서 꽃과 먹거리가 재배되는 데에 도움을 준다.

음식물 쓰레기를 퇴비로 만드는 것은 두 가지 환경 문제를 처리한다. 첫째로, 썩은 음식이 매립지로 가서 온실 가스인 메탄을 배출하는 일을 막는다. 그리고 둘째로, 정원의 토양에 영양분을 공급하고 보충하여 당신이 먹거리를 직접 기를 수 있도록 하며, 야생생물을 위한 건강한 자연 환경을 만든다(156쪽과 149쪽 참조).

퇴비화는 음식이나 정원에서 잘린 것들 같은 유기 물질이 미생물들과 벌레들에 의해 분해되어 탄소가 풍부한 뿌리 덮개가 되는 단순한 과정이다. 퇴비를 직접 만들려면 퇴비 통이나, 정원

퇴비 더미로 해마다
150kg의 음식물 쓰레기를
재활용할 수 있다.

에 퇴비 더미를 만들 공간이 필요하다. 플라스틱 퇴비 통을 구매하거나, 보다 친환경적인 해결책으로는 남는 나무로 직접 통을 만드는 것이다. 깎은 풀, 과일 및 채소 껍질처럼 질소가 풍부한 '녹색' 쓰레기 혼합물에 탄소가 풍부한 '갈색' 쓰레기(마른 나뭇가지나 판지 등)를 더하라. 녹색과 갈색을 겹겹이 쌓아야 둘이 조화를 이루어 미생물들이 쓰레기 분해

에 필요한 모든 것을 제공받을 수 있다.

퇴비 더미나 퇴비 통은 촉촉하되 너무 축축해서는 안 되며, 공기가 통해야 하고, 배수가 잘 되어야 한다. 뚜껑은 습기와 온기를 유지해 쓰레기가 보다 빨리 분해되도록 한다. 햇빛을 받게 하는 것도 속도를 높일 수 있는 방법이다. 때때로 퇴비에 공기가 통하도록 '뒤집거나' 섞어주어야 한다. 약 6개월이 지나면 정원에 깔 만한 상태가 된다. 검은색에 가까운 짙은 갈색을 띠며 질감은 부슬부슬해진다.

- 퇴비에 넣어도 되는 것들을 알아두어라. 부서진 달걀껍질, 달걀 판, 플라스틱 프리 티백은 넣어도 되지만 육류와 유제품은 악취를 풍기며 쥐가 꼬일 수 있어서 안 된다. 개화한 잡초를 퇴비화하는 것은 피하라. 대부분의 가정용 퇴비 더미는 그 씨를 파괴할 정도로 온도가 높지 않기 때문에, 본의 아니게 퇴비와 함께 정원에 그 씨를 퍼뜨리게 될 수 있다.
- 퇴비 더미를 만들 공간이 없다면 공동체 퇴비 프로그램에 참여하라.

벌레 사육장을 만들 필요가 있을까?

퇴비 더미를 만들 공간이 없다고 해서 체념하지 마라. 그 대안으로 가정의 음식물 쓰레기를 처리할 수 있는 기발한 방법이 있으니까.

음식물 쓰레기를 재활용하고 싶지만 공간적 제약이 있다면, 벌레 사육장이 완벽한 해결책이 될 수 있다. 벌레들이 음식물 쓰레기를 효율적으로 처리해 실내용 식물과 창가의 화단에 쓸 퇴비와 액비로 탈바꿈시켜줄 것이다. 벌레까지 들어 있는 기성품을 구매하거나 직접 만들 수 있으니, 판매처나 DIY 프로젝트는 온라인으로 찾아보라. 벌레는 평범한 지렁이가 아닌 붉은지렁이(줄지렁이 또는 붉은줄지렁이라고도 하는)여야 한다.

간단한 벌레 사육장은 두 부분으로 나뉘어 있다. 벌레는 윗부분에 살며, 당신은 거기에다 음식물 쓰레기와 톱밥 또는 잘게 찢은 젖은 신문지를 켜켜이 넣는다. 그 아래는 액체가 모이는 통이다. 윗부분은 전체의 약 3분의 2를 차지해야 하며, 쟁반들을 층층이 쌓아 구분해도 된다.

벌레 사육장에는 대부분의 주방 쓰레기를 넣어도 되지만 육류, 생선, 뼈, 유제품, 또는 맵거나 짜거나 신 음식은 벌레들에게 주지 않도록 한다. 벌레 사육장은 10~30도로 유지되어야 하므로 창고나 비바람이 들이치지 않는 발코니 같은 곳이 좋다.

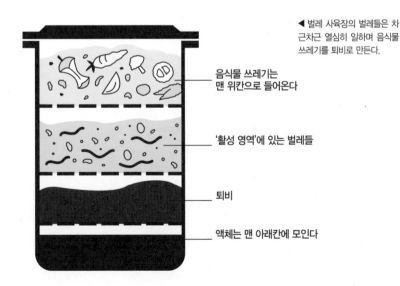

◀ 벌레 사육장의 벌레들은 차근차근 열심히 일하며 음식물 쓰레기를 퇴비로 만든다.

음식물 쓰레기는 맨 위칸으로 들어온다

'활성 영역'에 있는 벌레들

퇴비

액체는 맨 아래칸에 모인다

공기 정화에 가장 효과적인 실내 식물은?

실내 식물은 방 한 구석이나 선반 위에서 예쁘게 보일 뿐 아니라 당신과 환경에도 좋은 영향을 미친다. 실내 식물 혁명 만세!

실내 식물은 이산화탄소를 흡수하고 산소를 내뿜으며, 공기 중의 오염 물질과 VOCs(122쪽 참조)를 걸러줌으로써 당신의 가장 가까운 환경을 개선시킨다. 연구 결과 집안에 식물이 많을수록 스트레스도 더 줄고 마음을 진정시키는 데에도 도움이 된다고 한다.

미국 항공우주국 나사(NASA)는 1980년대에 식물을 둔 방 안의 다양한 물질 양 측정을 통해 실내 식물의 공기

정화 기능을 잘 입증해 보였다. 연구 조건들이 실제 생활이나 작업 환경과 유사하지 않았기 때문에 결과를 어느 정도 감안해서 받아들여야 한다. 하지만 그래도 집 안에 식물을 두는 것만이 공기 질을 개선시키는 방법이므로, 대도시 한가운데에 살고 있다면 이상적인 방법이 될 수 있다.

가장 효과적인 식물들 중에서 흔히 구할 수 있고 저렴한 것들도 있다. 집에

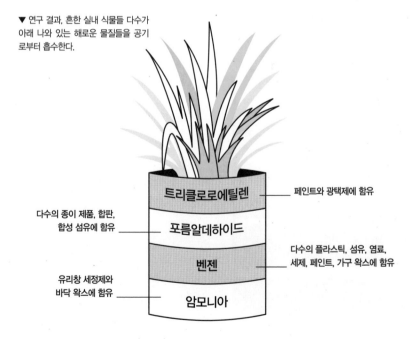

▼ 연구 결과, 흔한 실내 식물들 다수가 아래 나와 있는 해로운 물질들을 공기로부터 흡수한다.

트리클로로에틸렌	페인트와 광택제에 함유
다수의 종이 제품, 합판, 합성 섬유에 함유	포름알데하이드
벤젠	다수의 플라스틱, 섬유, 염료, 세제, 페인트, 가구 왁스에 함유
유리창 세정제와 바닥 왁스에 함유	암모니아

식물을 들이고 싶다면 다음을 참고하여 시작해보라.

- 벤젠과 포름알데하이드 같은 독성 물질들을 거르는 데에 최고인 식물들 중 하나는 스파티필럼(Spathiphyllum wallisii)이다. 잉글리시 아이비(Hedera helix)도 최고의 공기 정화 식물에 속한다. 바구니에 넣어 천장에 매달거나, 작은 화분에서 기른다. 관음죽(Rhapis excelsa)과 용혈수(Dracaena marginata)는 자라는 속도는 느리지만 공기 중의 독성 물질을 제거하는 데 언제나 효과적이다.
- 빨리 자라는 것을 원한다면, 접란(Chlorophytum comosum)을 선택하라.
- 화초 기르기에 재능이 없다면 쉽게 죽지 않는 스킨답서스(Epipremnum aureum)가 이상적이다.

영국의 한 조사 결과
16~24세 응답자들 중
80%가 최소 한 개의
실내 식물을 가지고 있다.

- 화분에 심어진 식물들만 집안의 공기 질을 좋게 해주는 것은 아니다. 국화와 거베라 같은 일부 절화들도 효과적인 천연 필터 역할을 한다.
- 가능하면 가까운 곳에서 유기농으로 재배된 식물이나 절화를 선택해 불필요한 오염과 항공마일 발생을 피하라.

내가 기르는 식물의 출처가 중요한가?

식물의 출처를 알면 가장 친환경적인 식물을 고르는 데 도움이 된다.

식물과 씨앗의 공급망은 추적이 가능하다. 또 다른 산업과 마찬가지로 이들 역시 공급망에 따라 과도한 탄소 배출을 하게 될 기회가 많다. 식물 산업에서 탄소를 가장 많이 발생시키는 관행 두 가지는 인공조명과 열로 성장을 촉진하는 것과 국제 배송이다. 전자로 인한 온실가스 배출량이 후자로 인한 것에 비해 많을 수 있다는 사실을 유념할 필요가 있다.

식물을 구매할 때는 정원 용품점이나 가게에 그 출처를 문의하라. 가능하면 국내에서 재배된 것을 선택하고, 재배 시 에너지가 많이 드는 개입을 덜 필요로 하는 토종 식물을 선택하면 좋다.

씨앗부터 기른다면 문제가 좀 쉬워진다. 유기농 씨앗 목록에서 구매하면 되므로. 아니면 씨앗 교환 제도를 이용해 다른 사람과 직접 만나서, 또는 우편으로 씨앗을 교환할 수도 있다.

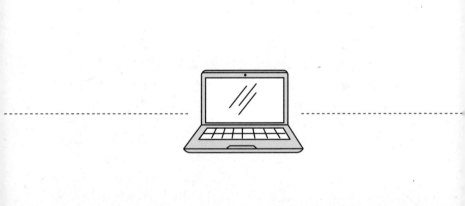

지구의 행복까지
고려하는
일과 놀이

100명이 **일주일에 두 번** **재택근무**를 할 때마다, 일 년에 약 **63.5톤**의 **이산화탄소 배출**을 피할 수 있다.

가장 친환경적인 일터는 어디일까?

수많은 사람들이 재택근무를 하고 있지만, 각 일터의 구조에 따른 장점과 단점이 있다.

전통적인 사무실의 친환경성은 그 기업이 얼마나 친환경적이냐에 따라 좌우된다. 즉, 모든 사무실이 능동적으로 친환경적인 조치들을 시행하지는 않는다. 매일 하는 통근은 상당한 탄소 발자국을 발생시키며, 자가용을 이용하는 경우에는 더욱 그렇다.

공유 오피스는 전통적인 사무실에 비해 인당 바닥 면적을 덜 쓰므로 난방비도 덜 든다. 가까운 곳을 선택하면 탄소 배출도 줄일 수 있다. 하지만 당신은 해당 건물의 운영 방식에 대한 발언권이 없을 가능성이 있다. 현대의 많은 공유 오피스들은 과도한 네온 조명과 사무실 내부의 바(bar) 등, 에너지가 많이 드는 특징들을 갖고 있다.

재택근무는 이동이 필요 없다는 명백한 장점을 지닌다. 2020년의 봉쇄령 기간에 영국에서는 1800만 명이 재택근무로 전환했는데, 그 결과 도시의 일부에서는 공기 오염이 50%까지 줄고, 에너지 관련 배출량도 17% 줄었다. 게다가 당신이 에너지 요금의 책임자이므로 전력, 난방, 동력의 공급을 재생 가능한 자원으로 교체할 수 있다. 다만 전자 폐기물 재활용처럼 친환경 사무실에서 가능한 제도들에 참여하지 못할 가능성이 있다. 궁극적으로 가장 친환경적인 일터는 당신의 상황에 달려 있다.

- 가능하면 걷거나 자전거를 타고 출근하고, 회사에 보다 친환경적이 될 것을 촉구하라(오른쪽 참조).
- 자가용으로 출근한다면, 재택근무로의 전환을 고려해보라.

내 일터를 보다 친환경적으로 만드는 방법은?

전사적인 대책에서부터 간단한 변화에 이르기까지, 직장에서 쓰레기와 탄소 배출을 줄일 수 있는 방법은 수없이 많다.

쓰레기 재활용에 더해, 기업이 취할 수 있는 가장 친환경적인 조치들로는 냉난방 및 조명 시스템의 효율성(냉난방 및 조명이 타이머로 작동하거나, 특정 공간을 사용할 때만 반응하도록)과 건물의 단열 상태가 좋은지(그리고 안전한지) 확인하는 것 등이 있다. 기업들은 또한 효율적인 전자 기기들을 구매하고, 재생 에너지 요금제로 바꾸고, 만약 제품을 생산한다면 탄소 배출 상쇄에 대해 자세히 알아볼 수도 있다. 에너지 진단을 받는 것은 기업이 개선 가능한 부분을 알 수 있는 좋은 방법이다.

일터는 그곳의 직원들이 소속감과 책임감을 느낄 때 더 친환경적이 되는 경향이 있다. 환경 팀이 아직 없다면 당신이 먼저 설치를 제안해보라.

현재 상황에 대한 감사를 실시하여 목표에 도달할 수 있는 전략을 찾는 것이 성공 여부를 판단하는 핵심이다. 회사의 일상적인 의사결정에 환경적 전략들을 끼워 넣는 방법은 무궁무진하다.

- 당신이 얼마나 많은 플라스틱 문구류를 쓰고 있는지, 다른 것으로 대체할 수는 없는지 살펴보라. 예를 들어 펜 대신 나무 연필을 주문하는 식으로. 이사회나 회의 때 펜, 메모지, 유명 브랜드 상품을 제공하는 일은 피하라.

- 아직 안 했다면, 회사의 전구를 LED로 교체하라. 에너지 효율이 콤팩트 형광등(CFL)보다 좋다(콤팩트 형광등도 종래의 백열전구보다는 훨씬 낫지만).

- 정말 필요한 게 아니라면 인쇄를 피하라. 양면, 흑백으로 인쇄하고 다 쓴 토너와 잉크 카트리지는 재활용하라.

- 기후에 맞는 화분 식물들을 놓아둠으로써 공기 질과 분위기를 개선하라.

- 친환경적인 음식 공급처와 청소 업체를 이용하라. 식물을 주로 사용하는, 또는 버려질 운명에 처한 잉여 식량을 활용하는 케이터링 업체와 협업하라. 기업들은 자선 단체와 연계하거나 음식물 쓰레기 앱에 가입해 남은 음식을 재분배할 수도 있다.

- 머그, 유리컵과 과일을 제공함으로써 직원들이 일회용 플라스틱에 든 음료나 과자를 사지 않도록 하라. 평범한 미국의 회사원은 일 년에 500개의 일회용 커피 컵을 쓴다.

- 판촉물을 이용하는 회사들은 지속 가능한 기업의 제품으로 구매하거나, 자선 단체에 기부하는 것으로 대신하도록 하라.

디지털 작업이 정말 종이보다 친환경적일까?

종이 없는 사무실은 나무, 에너지, 귀한 자원들을 절약해주지만, 디지털이라고 해서 탄소 배출이 아예 없는 것은 아니다. 디지털 문서, 클라우드 저장소, 스트리밍, 기타 온라인 활동들도 환경에 영향을 미친다.

종이와 관련된 환경 문제는 그에 사용되는 나무의 수에만 국한된 것이 아니다. 종이 만들기는 에너지가 집중되는 일이다. 나무를 종이로 만드는 것은 물, 에너지, 운송이 필요한 중공업에 해당한다. 직장에서 불필요한 종이 사용을 줄이는 것은 좋은 생각이지만, 전자 콘텐츠 역시 환경에 영향을 준다는 사실을 기억해야 한다. 디지털 문서라고 해서 탄소 중립적이지는 않다.

우리는 그 어느 때보다 더 방대하고 전력을 많이 소모하는 데이터 센터(온라인 콘텐츠와 '클라우드' 저장소를 수용하는)의 탄소 비용에 대해 이제 막 이해하기 시작한 단계이다. 디지털 생활자들의 증가

2019년 보고에 따르면
데이터 센터들 중 **43%**가
환경 정책 없이 운영되고 있다.

에 따라 더 많은 저장소와 처리 전력이 필요하기에, 2025년에는 총 탄소 배출량 중 데이터 센터의 에너지 사용량이 3%를 차지할 것으로 추산된다. 이런 추세가 계속된다면 2040년에는 지구상

의 총 탄소 배출량 중 약 14%(오늘날 미국 전체의 이산화탄소 배출과 맞먹는 양)가 디지털 데이터 저장으로 발생될 것이다.

물리적이든 가상이든 잡동사니들을 처리하는 것이, 당신의 직장 생활이 환경에 미치는 영향을 줄이는 방법이다.

- 디지털 시스템을 간소화하고, 정기적으로 디지털 저장소를 검토해 더 이상 필요치 않은 문서들을 삭제하라.
- 인터넷이 필요한 많은 활동들을 친환경적으로 할 수 있다. 검색 결과로 탄소 배출을 상쇄하는(나무 심기 등을 통해) 친환경 검색 엔진으로 바꾸고, 듣거나 보지 않는 음악이나 동영상을 컴퓨터로 틀어놓지 마라.
- 이메일 사용 습관을 바꿔라(171쪽 참조).
- 종이를 쓸 때에는 양면 및 흑백으로 인쇄하고, 버리는 종이는 메모용으로 사용하되 전부 재활용하도록 한다.

어떤 종이가 가장 친환경적일까?

재생지는 나무가 잘리는 일을 막아주지만 이야기는 거기서 끝나지 않는다. 종이의 친환경성에 기여하는 다른 요인들이 있다.

종이 만들기와 관련된 배출량을 계산하려면 그 에너지 집약적인 생산망의 라이프 사이클(벌목에서부터 제조 관행들, 에너지 소비와 운송에 이르기까지)을 들여다보아야 한다.

재생지('소비자 사용 후 폐기물'로 만든) 사용은 새 나무 펄프의 사용을 피함으로써 산림 파괴와 그 결과로 발생하는 야생 생물의 서식지 상실을 줄이는 데에 일조하는 것이다.

종이 브랜드의 총 탄소 발자국을 알아내기는 쉽지 않지만, 종이를 잘 선택하면 보다 친환경적인 구매 행위를 할 수 있다.

- 종이의 재활용 비율을 확인하라. 산업 표준이 없으므로 소비자 사용 후 폐기물 비율이 가장 높은 것을 고르도록 하라.
- 가능하면 종이 생산에 어떤 종류의 에너지가 사용되었는지 확인하라. 그 제지 공장은 화석 연료를 쓰는가, 아니면 대체 에너지원으로 가동되는가?
- FSC 인증 제품을 찾아라. 국제산림관리협의회는 전 세계 숲들의 책임감 있는 관리를 장려한다. FSC 종이는 지속 가능하게 관리된 숲과 생산 공정을 운용하는 공장에서 공급되며, 따라서 토착민들과 생산 과정에 연관된 모든 이들의 복지가 보장된다. 'FSC 재활용' 라벨은 그 종이가 정말로 재활용되었음을 보증한다.

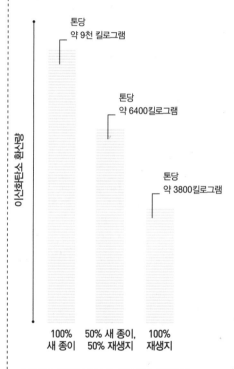

톤당
약 9천 킬로그램

톤당
약 6400킬로그램

톤당
약 3800킬로그램

(세로축) 이산화탄소 환산량

100%
새 종이

50% 새 종이,
50% 재생지

100%
재생지

▲ 새 펄프 함량이 낮을수록, 종이 생산 시 발생하는 온실 가스 배출량이 적다.

"인터넷도 환경에
영향을 미친다. 이미
지구상의
탄소 배출량 중
거의 4%를
차지하고 있으니."

이메일은 환경에 어떤 영향을 미치는가?

우리는 별 생각 없이 매일 수없이 많은 이메일을 보내지만, 우리의 끊임없는 소통에는 환경적 대가가 따른다.

이메일에도 탄소 발자국이 있다. 컴퓨터 자판을 입력하고, 네트워크를 통해 이메일을 보내고, 받은 메일을 메일함에 저장하는 등, 세계 곳곳의 방대한 데이터 센터들에 의해 처리되는 이러한 일들은 전기를 소모한다.

이메일 한 통을 보내는 것은 비교적 영향이 적은 일처럼 느껴질 수 있지만, 우리가 보내는 그 많은 이메일들을 전부 합하면 상당한 영향력을 지니게 된다. 2019년에는 전 세계적으로 매일 2936억 통이라는 믿기 어려운 양의 이메일들이 발송되었다. 세계에서 매년 이메일 발송으로 인해 발생하는 탄소 배출량은 도로에 자동차 700만 대가 더 다니는 것에 맞먹는다. 2019년의 한 연구 결과, 영국의 모든 사람이 하루에 이메일 한 통씩만 덜 보내면 전국의 이산화탄소 배출량을 1만 6433톤 이상 줄일 수 있다. 그리고 이건 빙산의 일각일 뿐이다. 인터넷 사용의 60%를 차지하는 스트리밍과 데이터 저장 역시 탄소 배출의 큰 원인들이다.

아무리 사소하고 일상적인 일이라도 지구에 유익한 것을 우선시하는 사고방식을 가지면 차이를 만들 수 있다. '보내기' 버튼을 누르기 전에 신중하게 생각하라. '좋아요, 고마워요'나 '알았어요'처럼 한두 단어만 적은 이메일들이 정말 필요한 것인가?

이메일 4만 4165통
(한 해에 받는 평균 수): **0.6톤**

**첨부파일이 있는 이메일:
50그램**

ABC

**글만 있는 이메일:
4그램**

**스팸 메일:
0.3그램**

▲ 받은 메일함의 탄소 발자국(이산화탄소 환산량으로 계산됨)은 당신이 받는 이메일의 수와 종류에 따라 달라진다. 열어보지 않고 삭제한 스팸 메일은 영향을 덜 미친다.

전자책과 실물 책 중 어느 쪽이 더 친환경적일까?

전자책 단말기의 편리함을 부정할 수는 없지만, 종이책이 몰입이 더 잘된다고 생각하는 사람들이 많다. 그렇다면 어느 쪽이 환경에 영향을 덜 미칠까?

실물 책과 전자책 모두 환경 비용을 발생시킨다. 디지털 자료를 읽는 데 필요한 전자책 단말기를 생산하려면 배터리와 화면에 사용되는 귀금속을 채굴해야 하며, 연료, 물, 운송 관련 비용도 든다. 책을 인쇄하는 데에는 생산과 운송에 사용될 종이, 잉크, 물(책 한 권당 약 32리터), 에너지가 필요하다. 2018년 영국에서만 1억 9100만 권의 책이 판매되었으며, 거기에는 어마어마한 양의 자원이 들어 있다.

어떤 독서 방법이 친환경적인가 하는 것은 읽는 책의 수에 따라 좌우된다. 전자책 단말기는 매년 최소 25권의 책을 읽어야 생산 시 발생하는 탄소 배출량을 실물 책 생산 시 발생하는 양보다 줄일 수 있다. 대부분의 사람들은 전자책 단말기를 약 4년간 사용하므로, 4년 동안 100권의 책을 읽지 못할 거라면 실물 책이 더 친환경적인 선택이 될 것이다. 책을 꾸준히 읽는 사람이라면 디지털 책이 더 친환경적인 선택이 될 것이고.

다음은 보다 친환경적인 독서 습관을 위해 유념할 점들이다.

- 전자책 단말기는 군이 업그레이드하지 말고 꼭 필요한 경우에만 교체하되, 쓰던 것은 반드시 재활용하거나 되팔도록 하라.
- 종이책을 고수한다면 가능한 한 지역 서점을 이용하거나(아동서의 경우에는 특히 더) 중고 서점과 자선 가게에서 구매하라(기부나 판매를 할 때도 마찬가지).
- 친구와 책을 바꿔 보거나, 직장이나 동네에서 좀 더 큰 규모의 책 교환망을 조직해 모두가 지구에 부담을 주지 않고도 새로운 읽을거리를 찾을 수 있도록 하라(이 책에도 적용되는 사항이다!).

일반적인 실물 책은
7.5kg
이산화탄소 환산량을
발생시킨다.

2019년 전 세계의 뉴스 수익 중 **85%**는 **종이 신문**에 의한 것이었다.

▶ 디지털 뉴스가 상승세를 타고 있지만, 특히 기술에의 접근성이 떨어지는 지역들의 식자율이 높아짐에 따라 인쇄 매체도 여전히 널리 이용된다.

종이 신문과 잡지를 읽어도 될까?

주말 신문을 한가롭게 뒤적이는 것은 즐거운 일이지만, 그것을 인쇄하는 데에는 상당한 환경 비용이 든다.

인쇄 매체의 쇠퇴에도 불구하고, 그 산업은 여전히 엄청난 양의 자원을 소모하고 있다. 2018년, 영국에서는 약 3억 7400만 권의 잡지와, 그보다 수백 만 부는 더 많은 신문이 판매되었다. 모두가 나무, 에너지, 잉크, 그리고 운송을 필요로 하는 것들이다. 광택이 나는 잡지들은 인쇄 과정에서 유독한 휘발성 유기 화합물(VOCs)을 배출하며, 윤기가 흐르는 코팅 때문에 재활용되기가 어렵다. 실제로 잡지를 받지 않는 재활용 시설들이 많다.

보다 친환경적으로 매체를 구독하는 방법들이 있다.

- 뉴스 앱, 뉴스 사이트, 또 좋아하는 출판물의 디지털 버전으로 바꿔라. 이들이 탄소를 전혀 배출하지 않는 것은 아니지만, 인쇄 매체들보다는 환경에 미치는 영향이 덜하다.
- 통근 시 무료 잡지 및 신문을 집어오는 것을 피하라. 무가지는 고작 몇 분 읽고 버려지는 경우가 많기 때문이다.
- 그래도 인쇄 매체를 읽고 싶다면, 다 읽은 뒤 친구에게 넘겨주거나, 기부하거나, 만들기 재료로 사용하라. 그런 다음에 가능하면 재활용하라.

내 돈을 지구에 도움이 되도록 관리하는 방법은?

사회가 순조롭게 운영되려면 돈에 의지할 수밖에 없지만, 우리가 돈을 쓰고, 저축하고, 투자하는 방식이 지구에 득이 될 수도 해가 될 수도 있다는 사실에 점점 더 많은 사람들이 공감하고 있다.

직불 카드나 신용 카드를 사용하거나 현금을 낼 때마다, 당신은 소비자로서 작지만 어떤 방식으로든 지구의 미래를 보호하는 선택을 할 수 있다. 오늘날 많은 브랜드들이 3P(사람(people), 지구(planet), 수익(profit))에 대해 고려하고 있음을 알리기 위해 국제적 인증을 받으려고 노력한다. 비코프(B Corp) 인증은 기업이 법적 문서의 수정을 통해 3P 보호를 명시하도록 요구하기 때문에 가장 받기 어려운 인증으로 통한다. 구매하기 전 미리 생각함으로써 당신의 선택이 환경적으로 건전한 것인지 확인하라.

일상적인 은행 업무

최근까지도 대다수의 은행들은 수익이 가장 많은 산업(화석 연료에서부터 무기와 광산업에 이르기까지)에 투자했다. 오늘날에는 보다 많은 은행들이 미래를 내다보고 윤리적 투자 정신을 고취시키고자 애를 쓴다. 친환경 은행들은 투명한 투자를 하며, 에너지 효율이 높은 주택 계획이나 자선 단체 등 긍정적인 환경적, 사회적 목표를 가진 조직들에 우선적으

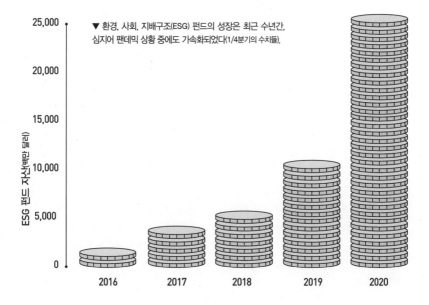

▼ 환경, 사회, 지배구조(ESG) 펀드의 성장은 최근 수년간, 심지어 팬데믹 상황 중에도 가속화되었다(1/4분기의 수치들).

ESG 펀드 자산(백만 달러)

25,000
20,000
15,000
10,000
5,000
0

2016   2017   2018   2019   2020

로 대출을 해준다.

당신의 나라에 기반을 둔, 또 투자처와 지원하는 자선 단체 등을 투명하게 공개하는 은행을 선택하라. 투명한 은행 체계는 보다 공평한 사회를 이루는 데에 도움이 된다.

윤리적 투자

전통적으로 증권 거래소는 석유, 무기, 금융을 거래하는 기업들로 가득했다. 하지만 윤리적 기업들만을 대상으로 하는 새로운 투자 상품들이 신흥 시장으로 떠오르고 있다. 이 분야는 2027년

2016년부터 2018년까지
지속 가능한 투자는 전 세계적으로
34% 증가했다.

까지 173% 성장할 것으로 추산된다. 다음은 몇 가지 친환경적 투자 방법들이다.

- 예금, 주식, 연금이 있다면 당신이 무엇에 투자해왔는지 자세히 알아보라. 어떤 분야를 지원하고 싶은지, 또는 피하고 싶은지 생각하라. 윤리적 펀드나 투자 서비스는 당신의 가치관과 맞는 기업들을 안내해줄 것이다. 온라인으로 환경, 사회, 지배구조를 우선시하는 투자 기회를 찾아보라.
- 큰돈을 투자할 계획이라면, 사회적 기업과 지속 가능성에 초점을 맞추는 기업들에 직접 투자하는(혼자 또는 그룹으로) '엔젤(angel)' 투자를 고려하라.
- 개발도상국의 기업가들(흔히 여성)에게 소량의 돈을 빌려주어 유리한 출발을 하도록 돕는 소액 금융 또는 소액 대출을 고려하라. 대출이 상환되면 다시 다른 누군가에게 사용되어 일종의 순환이 이루어진다.

보험

은행 업무와 투자처럼 보험 역시 책임감과 투명한 투자 정책을 가진 윤리적 회사인지 확인하는 것이 중요하다. 웬만하면 자사의 투자에 대해 명확한 태도를 보이는 회사를 지원하라. 또 그 회사가 클라이밋와이즈(ClimateWise)에 소속되어 있는지를 보라. 이 자발적 참여 단체에 속한 보험 회사들은 기후 위험에 대한 반응을 드러내고, 기후 문제에 대한 의식을 높이며, 환경에 체계적으로 투자하는 데 힘쓴다.

자선 단체에의 기부

자선 단체에 낼 돈을 따로 챙겨두는 건 굉장히 가치 있는 일이다. 지구의 여러 가지 문제에 직면한 상황에서, 지원할 상대를 선택하기가 힘들 수 있다. 확신을 못하겠다면 집에서 가까운 소규모 자선 단체를 지원해보라. 소액의 돈도 지역에서 활동하는 자선 단체에게는 길게 쓰일 수 있고, 지역적 사안을 지원함으로써 공동체 의식도 기를 수 있다. 당신이 가장 중요하게 여기는 기후 관련 문제들의 해결을 위해 호소하는 단체들을 찾아볼 수도 있다.

환경에 가장 해로운 여가 활동은 무엇일까?

스포츠는 건강과 행복을 증진시켜주지만 생태적인 영향을 미치기도 한다. 로우 테크 여가 활동이 지구의 행복까지 살릴 수 있는 길이다.

일부 인기 있는 여가 활동들(특히 특수 장비나 여행이 필요한 것들)은 환경에 상당한 영향을 미친다.

스키

여행뿐만 아니라 여러 가지 장비도 필요한 스키는, 스키장이 있기에 특별해진 바로 그 산들에 무척 해로운 영향을 끼친다(토양을 단단히 다지고 초목을 파괴). 스키 리프트와 케이블 카 등이 상당량의 에너지를 소모하는 리조트는 탄소를 많이 배출한다. 그리고 기후 변화로 인해 겨울이 짧아지면서 많은 리조트들이 인공 눈을 만드는데, 여기에는 방대한 양의 물이 사용된다.

골프

골프장을 새것같이 깨끗하게 유지하는 데에는 일반 코스 기준으로 일 년에 1억 8900만 리터의 물(1400명이 사는 마을에 일 년간 공급할 수 있는 양)이 필요하다. 지나치게 깔끔하게 손질된 골프장이 과연 야생 생물의 서식지와 탄소 흡수원으로의 역할을 지속할 수 있을지에 대해서

면적 8090제곱킬로미터

한 달에 물 79억 리터

▶ 미국 내에서 골프장이 차지하는 면적과, 그곳에 사용되는 물 양의 추정치는 어마어마하다.

는 논란의 여지가 있다.

서핑

서핑은 우리로 하여금 바다를 더욱 존중하게 만들지는 모르지만, 종래의 서프보드와 웨트슈트들은 친환경적이지 못하다. 둘 다 재활용이 안 되는데, 싸구려 폼이나 폴리스티렌 보드는 휴가철에 딱 한 번 쓰고 매립지에 영원히 묻히게 될 수도 있기 때문이다. 게다가 대부분의 웨트슈트는 네오프렌으로 만들어지며, 이것을 만들 때에는 석유나 기타 재료들(시추 또는 채굴이 필요한)이 사용된다.

당신이 선택한 여가 활동의 영향을 고려하여, 당신의 보다 친환경적인 실천에 도움이 될 수 있도록 하라.

- 스키를 탄다면 리조트에 갈 때 비행기보다는 기차를 이용하라.
- 골프를 좋아한다면 지속 가능한 물 관리, 야생 생물 통로, 태양열 골프 카트 등을 운영하는 친환경 골프장인지 확인하라. 지역 골프장이 해당 토지의 지속 가능성을 위해 어떤 일을 하고 있는지 문의하라.
- 장비가 필요하다면 생분해되는 고무 요가 매트, 코르크 요가 블록, 목재 서프보드처럼 생분해되는 플라스틱 프리 제품을 선택하라. 플라스틱보다는 천연 재료로 골라라.
- 안 쓰는 장비는 기부하거나 팔고, 가능하면 장비를 빌려 사용하라. 대여 플랫폼들은 너무도 많으므로 스키부터 텐트까지 무엇이든 구할 수 있다.

보다 친환경적인 운동 방법은?

체력 단련과 친환경은 밀접한 관련이 있다. 운동과 동시에 다른 일을 처리하고, 체육관에 더 많이 문의하라.

전자 기기들과 온열실 등으로 인해 운동은 에너지 소모가 크다는 꼬리표가 붙는다. 게다가 체육관의 자판기와 스낵 바에는 일회용 플라스틱으로 포장된 음식들이 가득한 경우가 많다.

운동을 할 때 로우 테크 습관을 유지하고, 체육관보다는 야외나 집에서 운동하라. 달리기, 자전거 타기, 야외 서킷 트레이닝은 모두 환경적 영향이 적은 선택지들이다.

- 체육관 수업 대신 야외 훈련이나 홈 트레이닝을 하라.
- 체육관이 좋다면 전자 장비보다는 체중을 이용해 운동하는 수업을 들어라. 체육관에 전기를 어디서 조달하는지, 일회용 플라스틱을 줄일 수는 없는지 등을 문의하라. 그런 문제에 별 관심이 없다고 느껴지면 환경 의식이 보다 강한 체육관으로 바꿔라.
- 인스턴트 식음료와 에너지 스낵은 피하라. 재사용 가능한 물병을 챙기고 간식은 집에서 싸가라.
- 운동과 쓰레기 줍기를 같이 하라. 해변 청소나, 달리는 동시에 쓰레기를 줍는 '플로깅(plogging)'처럼.

가족과 인간관계, 보다
중독적인 친환경으로!

가장 친환경적인 피임법은?

철저하게 친환경적이 되려면 어떤 임신 조절법을 이용할 것인지 생각해볼 필요가 있다. 어떤 방법들은 환경과 당신의 건강에 더 큰 영향을 미친다.

임신 조절에 관한 한, 일부 가장 흔한 방법들이 사용자뿐만 아니라 환경에도 부작용을 일으킬 수 있다.

환경적 영향이 큰 선택지들

흔히 사용되는 콘돔들 대부분은 화학적으로 강화된 라텍스로 만들어진다. 라텍스 자체는 고무나무에서 나는 천연 물질이지만(131쪽 참조), 콘돔에 함유된 일부 화학 물질들(노녹시놀-9(살정제)와 파라벤류(일종의 보존제) 등)은 당신과 환경에 원치 않는 부작용을 일으킬 수 있다. 더 긴 지속성, 더 나은 쾌감이나 감도 같은 부가적인 성능을 약속하는 브랜드들은 보통 더 많은 화학 물질들을 사용한다. 연구 결과, 이들 중 일부는 호르몬과 질 세균총을 교란시킬 수 있다. 그리고 콘돔이 매립지로 가게 되면, 그 화학 물질들은 지하수로 유입될 가능성이 있다. 대부분의 콘돔에는 카세인이라는 우유 단백질이 함유되어 있으므로 비건이 아니라는 것 역시 유념해야 한다. 한 가지 더 고려할 점은, 이 일회용품이 생분해

2018 바다정화 활동에서
뉴저지 해변에서만
565개 콘돔을 수거했다.

되려면 수천 년이 걸린다는 것이다. 해마다 90억 개의 콘돔이 판매되므로, 매립지에 갇혀 있는 라텍스가 수도 없이 많다.

경구 피임법('알약')은 플라스틱으로 포장되어 있긴 해도 쓰레기를 덜 발생시킨다. 이것의 환경적 영향 대부분은 그 속에 든 화학 물질들에서 비롯되는데, 이 물질들은 당신의 몸을 통과해 수로로 흘러든다. 연구 결과, 물속의 합성 에스트로겐은 물고기의 산란에 영향을 미침으로써 해양 생태계의 분열을 야기할 수 있다.

몇 가지 다른 피임법들도 비슷한 문제들을 갖고 있다. 링과 패치는 둘 다 플라스틱으로 만들어져 호르몬을 배출하며 플라스틱 포장재를 남긴다(각각 매달 그리고 매주 교체해야 한다). 격막(diaphram)이나 캡은 2년간 재사용할 수 있고 호르몬이 없는 실리콘 재질이라 덜 해로운 선택지가 된다.

보다 친환경적인 방법들

자궁 내 피임 기구(IUD) 또는 '코일'은 자궁에 삽입해 장기간 사용하는 장치이다. 생태적 관점에서 보면, 이렇게 오래 쓰는 방식은 다른 피임법들에 비해 쓰레기를 덜 발생시킨다. 게다가 알약과는 다르게 IUD는 호르몬을 전혀 배출하지 않거나 소량의 프로게스틴만을 배

출하기 때문에, 사람의 몸을 통과해 수로로 유입되는 화학 물질인 호르몬의 영향은 무시해도 될 수준이다.

배란일을 추적해 피임 최적기를 알려주는 앱들은 환경에 미치는 영향은 거의 없어 보이지만, 몇몇 연구에 따르면 27%의 실패율을 기록해 그 효과에 대한 논란이 있는 상태이다.

친환경 피임법은 정말 여러 가지다. 잘 모르겠다면 의사와 상담하라.

• 당신에게 어떤 방법이 맞는지 생각하라. 피임법을 고르는 것은 개인적 선택이며, 같은 방식이라도 맞지 않는 사람이 있을 수 있다. 다만 친환경을 최우선 과제로 꼽는다면, 몇 가지 유념해야 할 사항이 있다(아래 표 참조).

• 오래가는, 호르몬을 배출하지 않는 임신 조절 방법을 고려하라.

• 생분해되는, 그리고 필요하다면 식물성인 콘돔을 찾아라. 일부 브랜드들은 천연 라텍스와 식물성 윤활제를 사용한다. 사용된 고무가 공정 무역과 지속 가능한 재배를 통해 조달된 것인지 확인하라.

• 콘돔을 변기에 버리지 마라. 하수구를 막고 바다로 흘러들어가 해양 동물 및 조류가 먹게 될 수 있다.

피임법

콘돔
다량의 쓰레기를 발생시키고(생분해되는 것도 오랫동안 남아 있을 수 있다) 사람과 동물에게 해가 될 수 있는 화학 물질들을 함유하는 경우가 많다.

알약
플라스틱 폐기물을 발생시키고 상수도에 호르몬이 유입되도록 하며, 이는 생태계와 인간에게 장기간 해로운 영향을 미칠 수 있다.

코일(IUD)
쓰레기와 화학 물질을 적게 배출하여 지구에 좋다. 다만 기구의 삽입이 사용자에게 지장을 줄 수는 있다.

"친환경적
생활 방식으로의
변화는 중독적이다.
다른 사람들도
함께하도록
격려하라."

성생활을 보다 친환경적으로 하는 방법은?

침실은 환경적인 사안에 포함시키지 않아도 되는 장소라고 생각할 수 있지만, 친환경적인 즐거움을 위해 실천할 수 있는 지속 가능한 변화들이 많다.

당신이 파트너와, 또는 혼자서 성욕을 향상시키기 위해 사용하는 제품 때문에 지구는 작은 대가를 치르게 된다. 천연 재료로 만들어진 상품은 거의 없으며, 대개는 재활용이 가능하게 기획되지도 않는다. 많은 사람들이 섹스나 자위 행위를 더 편하고 즐겁게 하기 위해 윤활제를 사용하지만, 상업적으로 생산된 대부분의 윤활제는 콘돔에 든 것과 동일한 화학 물질들을 함유하며(180쪽 참조), 보통은 재활용이 안 되는 플라스틱 용기에 담겨 있다.

섹스 토이들 역시 환경 문제를 야기한다. 다수가 플라스틱으로 되어 있으며 배터리로 작동한다(140쪽 참조). 일부 섹스 토이 웹사이트들은 재활용 프로그램을 운영하지만, 대개는 부품들을 분리하기가 어려워서 재활용이 불가능하다. 대부분은 매립지로 보내져 오랜 시간에 걸쳐 미세 플라스틱(96쪽 참조)과 실리콘 부품들로 분해된다. 실리콘으로만 된 토이들은 재활용이 좀 더 쉽다. 실리콘은 생산 시에는 재생 불가능한 석유와 천연 가스가 필요하지만, 플라스틱에 비해 깨질 일이 거의 없고 비활성이라 매립지로 가게 되더라도 토양에 화학 물질을 덜 유출시킨다.

천연 재료들, 보다 단순한 제품들을 선택하면 환경에 대한 당신의 양심을 지킬 수 있다.

- 윤활제는 비석유계이며, 파라벤류 같은 화학 물질들을 함유하지 않은 것으로 골라라. 천연 재료, 또 선호에 따

미국의 한 조사에 따르면, 여성의 **65% 이상이 윤활제를 사용한다.**

라서는 비건 재료로 만든 유기농 제품으로 선택하라.
- 홈메이드 윤활제를 만들어보라. 온라인에서 코코넛 오일이나 알로에 같은 재료들을 이용한 다양한 레시피들을 찾을 수 있다.
- 섹스 토이를 살 때는 실리콘보다는 유리나 나무로 된, 잘 만든 고품질 제품을 찾아라. 찾을 수 없다면, 플라스틱보다는 차라리 실리콘을 선택하라.
- 배터리를 쓰지 말고(시중에는 태양열 진동기도 있다), 생분해되는 진동기라는 새로운 시장을 조사해보라.
- 몇 번 열정적으로 사용했다고 고장 나버리는 것 대신 몇 년은 쓸 수 있는 물건에 투자하라.

아이를 가지면서도 친환경적일 수 있을까?

인구 급증은 오늘날 가장 긴급한 환경 문제들 중 하나다. 어떤 사람들에게는 아이를 갖는 것에 대한 접근법 자체가 심각한 환경적 딜레마가 될 수 있다.

현재 세계의 인구는 78억 명이며, 2100년에는 109억 명으로 증가할 것으로 예상된다. 그 모든 사람들이 지구에 부담을 주게 되니, 아이를 갖는 것은 당신이 할 수 있는 일들 가운데 탄소 배출이 큰 일에 속한다.

기후 붕괴를 멈추기 위해, 우리는 2050년까지 일 년에 한 사람이 발생시키는 이산화탄소의 양을 2톤으로 줄여야 한다. 현재 호주인과 미국인은 해마다 각각 약 16톤을, 영국인은 7톤을 발생시킨다. 선진국들을 비교적 가난한 국가들과 비교하면 일인당 영향의 차이가 훨씬 더 극명하다.

인구 과잉을 막으려는 노력들은 종종 인구가 가장 빠르게 성장하는 개발도상국들을 겨냥한 일처럼 느껴지지만, 우리 생태계가 벼랑 끝으로 내몰린 것은 서양의 자원 과다 소비 때문이다. 세계 인구가 급증함에 따라, 과잉 소비된 자원들은 점차 그 수요에 대응하기 위해 고투하게 될 것이다.

또한 우리는 점점 증가하는 인구 때문에 동물 종들과도 마찰을 빚게 된다. 육지 포유류에 대한 한 연구 결과, 거의 절반이 지난 1백 년간 서식지의 80%를 잃었는데, 이는 숲, 물, 식량 등의 천연 자원들을 두고 그들과 경쟁하는 인간의 수가 늘어났기 때문이다.

기후를 의식하는 사람들에게는 아이 갖기와, 그것으로 인해 지구에 더해지는 부담을 저울질하는 것이 대단히 감성적이고 어려운 선택이 될 수 있다. 어

부자 나라의 아이
일 년에 16톤

개발도상국의 아이
일 년에 0.07~0.1톤

◀2017년 일인당 평균 이산화탄소 배출량을 보면 부자 나라와 가난한 나라의 탄소 발자국 간 격차가 여실히 드러난다.

떤 사람들은 아이를 갖지 않기로 결정한다. 2019년 영국에서 설립된 '출산 파업(BirthStrike)'은 기후 비상사태 때문에 아이를 갖지 않기로 결심한 사람들이 모인 협력 단체 겸 정치 운동이다. 또 어떤 커플은 의식적으로 아이를 한 명만 낳기로 약속한다. 2017년의 한 연구를 통해 계산된 결과, 선진국 국민이 아이를 한 명 덜 낳으면 매년 58.6톤 이산화탄소 환산량(그 아이의 자손들까지 고려한 수치)을 줄일 수 있으니, 이는 당신이 취할 수 있는 가장 심오한 환경적 조치들 중 하나일 것이다. 하지만 아이 갖기를 희망한다면, 환경적 영향을 줄일 수 있는 방법들이 있다.

- 아이를 갖는다면, 아이가 자라면서 지구를 돌보는 책임감을 가질 수 있도록 교육하라.
- 아이를 원하지만 지구에 또 한 명의 사람을 더하는 것에 따른 영향이 크게 걱정된다면, 위탁 양육이나 입양도 가능하다. 예를 들어, 호주에서는 매년 4만 명의 아이들이 새 가정을 찾지만 그중 단 0.5%만이 입양된다. 영국에서는 이미 돌봄 기관에 있는 아이들 수에 맞추려면 8천 곳 이상의 위탁 가정이 필요하다.
- 개발도상국 여자아이들 교육을 촉진하는 단체를 지원하라. 가난한 나라의 여자아이들이 꾸준히 교육받을 수 있게 하는 것은 곧 그들이 직업에 종사하고, 결혼 및 출산 시기를 늦추고, 아이를 덜 낳도록 장려하는 것이다.

재사용 가능한 천 기저귀와 일회용 중 어느 것을 선택해야 할까?

일회용 기저귀는 매립지에 쌓이지만, 천 기저귀에는 에너지와 물이 든다.

영국에서는 매년 30억 개의 일회용 기저귀가 사용되는데, 이 기저귀들의 대부분은 매립지로 운반되며 분해되기까지 수백 년이 걸린다. 일부는 연료 자원으로 소각되지만, 이 경우에는 온실 가스 배출을 더하게 된다.

하지만 재사용 가능한 천 기저귀라고 해서 항상 친환경적인 것은 아니다. 어느 보고에 따르면 그 기저귀들을 빠는 데 사용되는 전기를 이산화탄소로 환산하면 2년 6개월 기준 570킬로그램인데, 같은 기간 동안 쓸 수 있는 양의 일회용 기저귀를 생산하는 경우에는 550킬로그램밖에 안 된다. 그러나 책임감 있게 빨고 말린다면, 전반적으로는 천 기저귀가 영향을 덜 미칠 것이다.

- 천 기저귀는 30도에서 빨고, 건조기를 사용하기보다는 널어서 말려라.
- 천 기저귀에 대해 확신이 서지 않는다면, 구매 전 다양한 제품들을 써볼 수 있는 기저귀 '도서관'을 살펴보라.
- 두 가지의 병용을 고려해보라. 밤이나 외출 시에만 일회용 기저귀를 쓰는 식으로.
- 물티슈 사용은 피하라(187쪽 참조).

이유식을 직접 만드는 게
더 친환경적일까?

안 그래도 힘든 이유기는, 당신이 아이를 최대한 지속 가능하게 먹이겠다고 결심한 경우에는 더욱 오르기 힘든 산처럼 보일 수 있다.

다른 가공식품들과 마찬가지로 이유식 역시 공급망이 길 수 있으며, 이는 곧 생산 및 운송 시 탄소 배출량이 크다는 것을 의미한다. 포장도 문제다. 일회용 파우치는 편리하긴 하지만 재활용이 거의 안 돼서 세계의 일회용 플라스틱 문제를 가중시킨다.

음식을 직접 갈고, 잘게 자른 과일이나 파스타 같은 것을 핑거 푸드로 줌으로써 당신만의 부분적인 생산 라인을 구축할 수 있다. 이렇게 하면 아기가 먹는 음식에 정확히 어떤 재료들이 들어갔는지 알 수 있으므로 탄소 또는 물 발자국(55쪽 참조)이 큰 음식들을 피할 수 있다.

시판 이유식을 사 먹인다면 쉽게 찾을 수 있는 좀 더 친환경적인 브랜드들

을 선택하라. 사실, 이유식을 살 때는 다른 음식을 살 때보다 유기농으로 선택할 확률이 더 높다. 영국에서는 시판 이유식의 절반 이상이 유기농 인증을 받은 것들이다.

당신의 아이가 첫 끼부터 친환경적으로 먹도록 도울 방법은 아래와 같다.

- 이유식은 최대한 처음부터 직접 만들어라. 더 친환경적일 뿐만 아니라 영양분도 풍부한 제철 과일과 채소를 선택하라.
- 이유식을 사 먹일 때는 유기농, 국내 생산 제품을 찾아라.
- 파우치 형을 산다면 재활용이 되는지, 또는 재활용되도록 공급처로 반환할 수 있는지 확인하라. 재사용 가능한 파우치를 구매해 직접 만든 이유식을 담을 수도 있다.

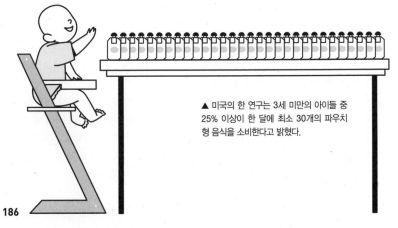

▲ 미국의 한 연구는 3세 미만의 아이들 중 25% 이상이 한 달에 최소 30개의 파우치 형 음식을 소비한다고 밝혔다.

186

가장 친환경적인 유아용품을 선택하는 방법은?

당신의 아이를 위한 최고의 장난감 및 용품을 찾는 일은 친환경과 밀접한 관계가 있다. 플라스틱을 버리고, 전통적인 재료들과 신기술의 조합을 적극 수용하라.

아기가 태어나면 갑자기 사야 할 물건들이 끝도 없는 것처럼 느껴지지만, 많은 것들이 환경에 해가 될 수 있다. 그런 물건의 상당수는 플라스틱으로 만들어졌거나 포장되어 있다. 구매와 처리의 문제를 떠나서, 플라스틱에는 보통 BPA(비스페놀 A)와 프탈레이트가 들어 있다. 이들은 플라스틱이 다양한 모양으로 성형될 수 있도록 유연하게 만드는 역할을 하지만, 유해한 물질로 여겨진다.

유아용품에도 다른 많은 일상용품과 같은 문제들이 똑같이 적용된다. 다행히 요즘에는 보다 친환경적인 대안들을 그 어느 때보다 많이 찾아볼 수 있다.

- 천연 고무 젖꼭지, 실리콘 젖꼭지가 달린 강철 또는 유리병에서부터 나무나 실리콘으로 만든 깨지지 않는 그릇에 이르기까지, 거의 모든 유아용품에서 플라스틱을 쓰지 않은 제품들을 찾을 수 있다.
- 담요, 옷이나 기타 천으로 된 제품들은 합성 섬유보다는 유기농 면이나 천연 섬유를 선택하라. 친환경 기저귀에 대한 내용은 185쪽 참조.
- 아기를 위한 스킨케어 제품을 구매할 때는 유기농, 또는 합성 재료를 함유하지 않은 것을 선택하라. 아니면 주방 찬장을 뒤져보라. 온라인에는 인공

화학 물질이 전혀 없는 '깨끗한' 스킨케어 제품들을 DIY할 수 있는 레시피들이 끝도 없이 많다(스킨케어에 대한 자세한 내용은 81쪽 참조).
- 일회용 물티슈 대신 재사용 가능한 대나무 수건, 또는 아기에게 안전한 팅크나 오일을 적신 천을 사용해 피부에 자극을 주지 않도록 하라. 그래

아기들 중 85%가량이 고무젖꼭지를 쓰는데, 그중 다수가 **플라스틱이다.**

도 일회용 물티슈를 쓰게 된다면(예를 들어 외출 시에) 생분해되는 플라스틱 프리 제품을 선택하라. 대부분의 물티슈들은 버려질 경우 미세 플라스틱으로 분해되므로.
- 재활용 재료들로 만들어진 유모차, 플라스틱 병들로 만든 기저귀 가방 등, 당신이 생각할 수 있는 모든 것의 재활용 버전을 찾아라.
- 아기 침대에는 유기농 매트리스를 선택하고, 스펀지나 화려한 색의 플라스틱 대신 코르크로 만들어진 놀이 매트를 골라라.

▼ 연구 결과, 영국에 사는 일반적인 아이는 열 살이 될 때까지 아래와 같이 많은 장난감들을 소유한다.

플라스틱 장난감은 피해야 하나?

일회용 플라스틱이 수많은 부정적 언론 보도의 주제가 되고 있는 것은 당연한 일인데, 우리 아이들의 플라스틱 장난감은 기후에 더 큰 재앙이 될 수 있다.

공격적인 광고로 부모에게 압력을 가해, 아이들에게 없으면 안 될 것만 같은 최신 제품을 사주도록 하는 장난감 업계는, 매년 전 세계적으로 740억 파운드(2021년 4월 기준 약 114조 원-옮긴이)의 매출을 올린다. 일반적인 어린아이가 소유하는 장난감 수는 최근 크게 증가했으며, 대부분은 금세 쓸모없게 되어 버려진다. 숱하게 많은 싸구려 플라스틱 장난감들은 아이들뿐 아니라 지구에도 수많은 부정적인 면을 갖고 있다. 전 세계 장난감의 약 80%는 중국에서 생산된다. 보통은 공장 환경이 친환경적이지 못하며, 제품들을 세계 곳곳으로 보내면 항공마일이 쌓이게 된다. 또 많은 장난감이 과도한 플라스틱 포장재에 들어 있는데, 그 포장재는 결국 매립지

로 가게 된다.

플라스틱 장난감은 재활용이 되지 않는 경우가 많다. 금속 같은 다른 부품들이 있을 때가 많아서 재활용 시설에서는 그것을 분해하기가 어렵다. 일반 플라스틱들과 마찬가지로, 플라스틱 장난감들에도 재활용 가능 여부를 알려주는 번호 체계가 있다(25쪽 참조).

많은 플라스틱 장난감은 폴리비닐 클로라이드(PVC)로 만들어지는데, 여기에는 여러 가지 화학 첨가물이 들어 있다. 일부 플라스틱에 들어 있는 특히 우려되는 화학 물질로는 프탈레이트와 비스페놀 A(BPA)가 있다. 이들은 호르몬 교란 물질들로, 이제 EU에서는 아이들이 씹거나 빨 수 있는 물건들에 사용하는 것이 금지되었다. 어떤 플라스틱 장

난감들에는 극미량의 중금속이 함유되어 있기도 하다.

아이들이 그들 자신과 지구 모두에게 무해한 즐거움을 누릴 수 있도록 하는 방법은 아래와 같다.

- 나무, 또는 재활용되었거나 환경적 영향이 덜한 재료들(판지 등)로 만든 장난감들을 선택하라.
- 중고 플라스틱 장난감들을 조심하라. 현재의 안전 기준에 맞지 않는 것일 수 있다.
- 처음부터 장난감을 많이 사지 마라. 소비를 줄이는 효과가 있을 뿐만 아니라 연구 결과, 장난감이 많지 않은 아이들은 그 장난감들을 더 오래 갖

모든 어린이용 장난감의
90%는 플라스틱이다.

고 놀며 장난감이 넘쳐나는 아이들에 비해 창의력을 더 많이 발휘한다. 책과 만들기에 더 중점을 두어 아이들의 놀이 시간을 균형 있게 만들어라.

- 장난감 대여 업체를 찾아라. 6개월 정도 빌렸다가, 아이가 크면서 달라지는 요구 사항에 따라 새 장난감으로 바꿔줄 수 있다.
- 오래된 장난감은 매립지로 보내지 말고 물려주거나 기부하라.
- 호의적인 친척이나 친구들에게는 플라스틱 장난감 대신 다른 선물을 제안하라(126쪽 참조).

아이가 자라서 쓸모없게 된 물건을 재활용하는 가장 좋은 방법은?

선진국에서는 과잉 소비가 만연하므로, 아이들의 물건을 물려주는 방법을 찾는 것이 중요하다.

유아용품에서부터 아이 옷과 장난감들에 이르기까지, 아이가 있으면 그 아이가 자라남에 따라 끊임없이 잡동사니를 치우고 또 더 많이 사 모으는 게 일이다. 아이가 커서 흥미를 잃은 물건들이 계속 사용되도록 하는 방법은 충분히 많다.

- 온라인 시장(이베이, 페이스북 등)에서 장난감, 옷과 일부 용품들을 판매할 수 있다.
- 가족과 친구들 간에 연쇄망을 만들어 각자 아이들이 자라면 옷, 책, 장난감 등을 물려주도록 하라.
- 아이의 옷과 장난감을 자선 단체에 기부하라.
- 연령에 맞는 옷이나 장난감들을 묶음 또는 상자째로 빌려주는 업체를 찾아라.
- 지역 보육 시설, 탁아소, 학교 등에 연락해보라. 상태가 양호한 오래된 장난감과 책을 흔쾌히 받아주는 곳들이 많다.

반려동물을 기르는 게 친환경적일까?

많은 사람들에게 반려동물은 삶의 소중한 부분이지만, 반려동물 기르기는 종종 지구에 그 대가를 치르게 한다. 이러한 사실을 자각한다면 반려동물의 탄소 발자국을 줄이는 데 도움이 될 수 있다.

반려동물 기르기가 인기다. 2020년, 미국 총 가구의 67%가 반려동물을 소유하는 것으로 추산되었다. 개, 고양이, 또는 기타 반려동물을 소유하면 개 주인들이 좋아하는 일일 훈련이나 동료애, 위안, 동물들이 정신 건강에 주는 활력 등, 확실한 혜택들이 많다. 하지만, 예를 들어 미국에서는, 반려동물 기르기로 인해 매년 6400만 톤의 이산화탄소와 메탄이 배출되는 것으로 여겨진다. 이는 도로에 1360만 대의 자동차가 더 다니는 것과 같은 것이다.

반려동물의 욕구

반려동물의 먹이(192쪽 참조)와 그들을 따뜻하고, 안전하고, 행복하게 하는 데에 필요한 자원들은 전부 환경에 영향을 미친다. 우리 모두가 축산업 의존도를 줄여야 하는 이 시점에(34~7쪽 참조) 많은 반려동물이 육류 함량이 높은 먹이를 먹는다. 우리의 개와 고양이가 먹는 먹이는 유축 농업(작물 재배와 가축 사육을 결합한 농업 형태-옮긴이)에서 발생하는

온실 가스 중 4분의 1을 차지하는 정도이다. 개와 고양이로부터 나온 쓰레기의 처리 방식(개 배변 봉투와 고양이 모래를 사용하는)도 큰 피해를 준다(193쪽 참조).

집 고양이들은 조류 수의 감소를 야기한다는 심각한 우려와 더불어, 야생 생물에게도 상당한 위험이 된다. 영국에서는 자유롭게 돌아다니는 반려 고양이들이 해마다 2억 7500만 마리의 먹잇감 동물을 죽이는데, 그 중 2700만 마리가 새들이다.

물고기를 키우는 사람들의 경우에는 어항을 관리하는 데에 에너지가 소모된다. 일반적으로 어항은 점차 큰 것을 찾게 되고, 열대어종의 인기가 높아짐에 따라 어항을 더 따뜻하게 유지해야 하는데, 그러면 더 많은 에너지가 든다. 게다가 그런 물고기들을 자연 서식지에서 데려오는 일의 지속 가능성에 대해서도 물음표가 달린 상태다.

비토종 반려동물

반려동물로 길러지기 위해 자연 서식지에서 잡혀오는 원숭이, 열대 조류 같은 외국종들의 수가 증가하는 것도 큰 걱정거리다. 이러한 관행은 보통 불법이며 잔인한 경우가 많다. 예를 들어 극동 지역에서 갑자기 수달을 반려동물로 삼는 게 유행하자, 새끼 수달들을 귀여운 반려동물로 팔기 위해 다 자란 수달들

집 고양이는 가장 위협적인 **침입종** **3위**로 분류된다.

토끼

채소를 먹는다.
나무로 된 우리만
있으면 된다.

닭

거름을 비료로
쓸 수 있다.
알을 낳는다.

염소

채소를 먹는다.
젖을 생산한다.

▲ 연구 결과, 위 동물들이 가장 친환경적인 반려동물
로 밝혀졌다.

을 야생에서 포획하기에 이르렀다. 외국 동물들은 목적지로 운송되기 전까지 감금되어 있는데, 일부는 그 여정에서 살아남지 못한다.

여기서는 아예 반려동물을 기르지 않는 것(그 동물들의 번식 수요를 줄이는 것)이 가장 친환경적인 선택이긴 하나, 반려동물을 기르고 있는, 또는 기르고 싶어 하는 사람들이 보다 친환경적으로 동물을 기를 수 있는 몇 가지 방법이 있다.

- 개나 고양이를 기르고 싶다면, 반려동물 숍이나 사육자로부터 어린 강아지나 고양이를 구매하기보다는, 동물 구조 센터에 연락해보라. 영국에서는 매해 수많은 구조된 개와 강아지가 새 주인을 찾아간다.

- 고양이 모래나 톱밥은 나뭇조각이나 식물성 재료(193쪽 참조) 등 지속 가능한 것을 사용하라.

- 반려동물을 가능한 한 친환경적으로 먹여라(192쪽 참조).

- 반려동물용 샴푸와 트리트먼트는 화학 물질이 들어간 것을 최대한 피하도록 하라.

- 반려동물용 장난감은 플라스틱 프리로 선택하고 침대, 그릇, 줄과 기타 용품들은 경매 사이트에서 상태 좋은 중고로 구하는 것을 고려하라.

- 외국 동물을 기르는 것은 결코 친환경적이지 못한(아니면 대부분의 경우 인정이 없는) 일임을 명심하라.

가장 친환경적인 반려동물 먹이는 무엇인가?

개와 고양이를 먹이는 일은 지구상의 육류 생산에 부담을 더하는 것이지만, 반려동물 먹이를 비축할 때도 보다 친환경적인 선택을 할 수 있다.

반려동물 먹이는 육류 생산에 관련된 자원들(토지, 동물, 에너지) 중 25%라는 어마어마한 부분을 소모한다. 당신의 개와 고양이의 먹이가 어디에서 오는지, 어떻게 만들어지는지가 곧 환경 비용을 발생시킨다. 대량 생산된 육류(36~7쪽 참조)를 사용한 저렴한 브랜드들은 저렴하고 고도로 가공된 음식 브랜드와 마찬가지로 환경에 굉장히 부정적인 영향을 미친다. 그 범위의 반대쪽 끝에 있는 프리미엄 또는 '미식가(gourmet)' 브랜드들은 종종 사람이 먹어도 된다고 여겨지는 육류를 함유하는데, 이 경우 내장과 기타 식욕이 떨어지는 부위들까지 모두 사용하여 쓰레기를 줄일 수 있는

기회를 놓치게 된다.

개와 고양이가 채식을 할 수 있을까?

개들은 탄수화물 소화에 필요한 아밀라아제 효소를 생산하므로 곡물성 먹이를 먹을 수 있으며 이론적으로는 채식을 견딜 수 있다. 비건 또는 베지테리언 개 먹이도 있지만, 개의 건강 유지를 위해서는 각종 단백질과 비타민이 필요하므로 주의할 필요가 있다. 어떤 연구에 따르면 베지테리언 개 먹이들 중 4분의 1에는 필수 영양소가 충분히 함유되어 있지 않았다. 고양이들은 어쩔 수 없는 육식 동물이며 비건 또는 베지테리언 먹이로는 살아갈 수 없다. 반려동물 먹

추산에 따르면
고양이의 52%,

그리고 **개의 59%가**
과도한 양의 먹이를 먹는다.

이의 환경적 영향을 제한하기 위한 방법은 다음과 같다.

- 개를 기른다면 육류와 채소를 함께 주는 것을 고려하라.
- 곤충이나 배양육(37쪽 참조)으로 만든 개 먹이처럼, 이제 막 시장에 나오기 시작한 혁신적인 제품들을 계속 눈여

미국에서는 **개와 고양이**를 먹이는 데에 **토지 자원의** **20%**가량이 든다.

겨보라. 일부는 여전히 환경에 영향을 끼칠 수도 있지만, 미래에는 보다 나은 해결책을 제공할 수 있다.

- 고양이를 기른다면 유기농 먹이나, 어떤 육류를 사용하는지에 대해 분명히 밝히는 브랜드의 제품을 선택하라.
- 재활용이 가장 쉬운 캔에 든 먹이, 또는 퇴비화 가능한 봉투에 든 사료를 구매하라.

배변 봉투와 고양이 모래는 어떻게 해야 하나?

그 많은 배변 처리용 비닐 봉투와 산처럼 쌓이는 고양이 모래는 친환경과는 거리가 멀다. 우리는 더 나은 해결책을 찾아야 한다.

개를 기르는 사람은 일반적으로 해마다 1천 장의 배변 봉투를 쓴다. '생분해되는' 배변 봉투는 일반 비닐보다는 낫지만, 이론이 있으니 주의하라. 일부는 사실상 전혀 분해되지 않고, 분해된다고 해도 수십 년이 걸린다. 점토성 고양이 모래는 '노천 채굴'을 통해 생산된다. 점토층에 닿기 위해 표토가 제거되면 초목이 파괴되고, 서식지 상실 및 광물 고갈이 발생하며, 홍수 위험까지 더해진다. 크리스털 모래 역시 채굴이 필요하며 발암성 물질 함유 가능성이 있다.

- 전원 지역에 산다면 개똥을 막대기로 휙 쳐서 덤불 속으로 넣는 방법을 사용하라. 단 수로나 길 위로 떨어지지 않도록 주의해야 한다.
- 옥수수 전분으로 된 배변 봉투를 선택하라. 분해가 가장 잘된다.
- 정원이 있다면 개똥을 비료로 만드는 기계를 구매하는 것도 방법이다. 개똥에는 질병을 옮기는 세균이 들어 있으므로 집에서 퇴비화하는 것은 권장하지 않는다.
- 실내용 고양이 배변 통을 놓아두지 말거나, 아니면 나뭇조각이나 종이 같은 천연 성분으로 된 것을 사용하라.

친환경적인 죽음이란?

그다지 기분 좋은 주제는 아닐 수도 있지만, 점점 더 많은 사람들이 지구에 주는 부담을 제한하는 방안을 찾고 있는 상황에서, 친환경 장례에 관한 대화는 중요하다.

점차 커지고 있는 장례 공간 문제는, 아마 점점 더 많은 사람들이(미국인들 중 50%를 막 넘긴 수를 포함해) 매장보다는 화장을 선택하고 있는 이유 중 하나일 것이다. 하지만 화장 한 건당 400킬로그램의 이산화탄소가 배출되어, 대기 중 온실 가스의 무게를 더한다. 매장은 탄소 배출에 직접적으로 기여하지는 않지만, 땅 속 공간의 필요성 문제에 더해 환경에 또 다른 영향을 미친다. 한 가지 주요한 영향은 방부 처리액의 독성 물질과, 화학 요법 같은 치료로 인한 화학 물질들이 시간이 지남에 따라 관 주변 토양으로 유출되는 것이다. 다른, 보다 친환경적인 선택들이 가능하다. 2017년 영국에서는 전체 매장의 10%에서 대안책이 적용되었으며, 자기 장례의 환

인간의 시신은 **퇴비화 매장실**에서 완전히 분해되기까지
30일밖에 안 걸린다.

경적 영향을 제한하고자 하는 사람들이 많아짐에 따라 그 수는 증가하고 있다. 잠시만 시간을 내서 당신의 선택에 대해 생각하고, 당신이 원하는 바를 가장 가까운, 사랑하는 사람들과 공유한다면 더 친환경적인 죽음을 맞이하는 데 도

움이 될 것이다.

친환경 관과 자연장

자연장이 인기를 얻고 있다. 화학 보존제나 방부 처리액 없이, 지속 가능한 방식으로 공급된 재료들(판지, 버드나무, 고리버들 등)로 만든 관을 사용하여 시신을 자연적으로 빨리 분해되도록 해주는 것이다.

자연장은 종종 숲이나 다른 자연 지역에서 수목장 형태로 치러진다. 장례식은 원한다면 매장터와는 별개의 장소에서 종교적 또는 비종교적 진행자에 의해 진행된다. 전통적인 묘비(대리석과 화강암 등 채굴을 해야 하는 재료들로 만들어지는) 대신 나무나 작은 점판암 조각들이 표시물 또는 정표로 놓이게 된다. 환경에 영향을 덜 미치는 이러한 방법은, 사람이 종래의 묘지들에 비해 자연과 더 통합적인 방식으로 땅에 묻히도록 해준다. 가족들에게는 다시 가볼 수 있는 특별한 곳이 생기고, 장례비용은 땅을 보전하는 데 보탬이 될 것이다.

대안 매장법

'퇴비화' 매장이 미국, 호주를 비롯한 몇몇 나라들에 점차 도입되고 있다. 나뭇조각과 살아 있는 식물 재료를 이용해 시신을 효율적으로 분해하여, 한 달 남짓 만에 흙으로 만드는 것이다. 영

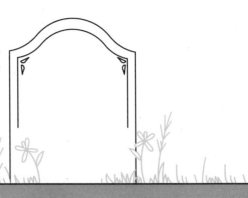

▼ 굉장히 많은 양의 재료와 화학 물질들이 고인과 함께 묻힌다. 아래는 해마다 미국에 묻히는 양이다.

7만 3천kg의
견목재 판

5만 3천 톤의
강철

140만 톤의
콘크리트

310만 리터의
포름알데하이드

국과 미국의 일부 기업들은 '레조메이션(resomation)' 또는 '수분해장(water cremation)'이라 불리는 방식을 사용하는데, 이는 알칼리 용액으로 시신을 몇 시간 만에 용해시켜 뼈만 남기며, 그 뼈는 가족들이 가져갈 수 있다. 용액은 사용 후 정수 처리장으로 가게 된다.

친환경적인 죽음과 관련된 다른 실천들
고인의 가족은 대나무같이 생분해되는 재료로 만들어진 '바이오 유골함' 또는 '살아 있는 유골함'을 요청할 수 있다. 화장된 유골은 유골함 바닥에 깔고 그 위에 배양 혼합물을 올린 뒤, 거기에 어린 나무를 심는다. 유골함은 땅에 묻히고, 분해되며 나무가 자란다.

많은 가족이 조문객들에게 헌화(123쪽 참조) 대신 정해진 자선 단체에 기부하기를 요청한다. 또 조문객들은 고인의 소망을 존중하여 장례 차량, 이동, 경야 등에서 배출되는 탄소를 상쇄하도록 요청받을 수도 있다. 이런 방법들에 대해 도움을 주는 친환경 장례 관리사들이 있다.

생태적 고려가 필수인
여행과 교통

가장 친환경적인 교통수단은?

등하교, 쇼핑 외출, 매일의 통근이 전부 합산되니, 탈것을 지혜롭게 선택하라. 바퀴 넷 달린 것보다는 둘이 낫고, 먼 거리에는 기차가 최선의 선택이다.

교통수단은 지구상의 온실 가스 배출량 중 가장 큰 부분을 차지하는 요인들 중 하나로, 모두 합쳐 총 배출량의 약 14%를 차지한다. 많은 사람들이 이동 방법에 대해 자주 결정을 내리므로, 친환경적인 각각의 행동이 진짜 변화를 가져올 수 있는 분야이다.

단거리를 이동한다면 말할 필요도 없이 걷기가 다른 모든 교통수단을 이긴다. 자전거 역시 배출량이 0이며, 국내 제조 브랜드를 구매함으로써 환경적 영향을 낮추면 항공마일을 줄일 수 있

다. 전기 자전거와 스쿠터는 좀 더 복잡한데, 자세한 내용은 맞은편 쪽에서 다룬다.

편리함보다는 양심

휘발유와 디젤 버스는 평균적으로 이동거리 1킬로미터당 약 1.3킬로그램의 이산화탄소를 발생시키지만, 그 효율성은 버스에 탄 사람 수에 따라 달라진다. 혼자 휘발유나 디젤차를 타는 것보다는 버스가 거의 항상 더 나은 반면, 차에 네 명을 태운다면 인당 탄소 배출

▼ 아래의 2018년 수치에서 볼 수 있듯이, 도로의 탈것들은 전 세계적으로 수송 관련 이산화탄소 배출량의 최대 부분을 차지한다.

기차: 0.01%

대형 트럭과 밴: 30%

자동차와 버스: 44%

량이 일반 버스에 비해 줄어든다. 기차는 가장 친환경적인 대중 교통수단이다. 디젤이나 전기로 움직이지만 전기의 비율이 커지고 있으며, 다만 나라마다 상황은 크게 다르다. 독일은 2025년까지 철도망의 70%를 전기화시키는 것을 목표로 하고 있으며, 스위스는 이미 100%, 그리고 영국은 42%에 머무르고 있다.

그러므로 이동거리, 또 누구와 함께 또는 무엇을 가지고 가야 하는지에 따라 환경에 영향을 덜 미치는 몇 가지 선

전기 기차는 자동차보다
**이산화탄소를 80%
덜 배출한다.**

택지들이 있다. 장거리 여행에는 전기 기차가 최선이며, 그다음은 버스이다. 중거리 여행에는 기차가 가장 친환경적이고, 다음은 꽉 찬 자동차, 그다음이 버스이다. 혼자 차를 몰고 가는 것이 두 번째로 나쁜 선택이며, 가장 나쁜 건 비행기 여행이다(206~7쪽 참조).

- 가능하면 목적지까지 걷거나 자전거를 타고 가라.
- 할 수 있으면 기차를 타라.
- 자동차를 타야 한다면 친구나 직장 동료와 카 셰어링을 할 수 있는지 확인해보라(205쪽 참조).

전기 자전거와 스쿠터는 친환경적일까?

많은 도시들에서 전기 자전거와 전기 스쿠터가 큰 인기를 끌고 있지만, 이들이 탄소 중립적인 것은 아니다.

전기 스쿠터는 통근 시 이산화탄소 배출을 줄여주는 훌륭한 친환경적 선택인 것처럼 보인다. 전기 자전거 역시 엄청난 인기몰이를 하고 있다. 예를 들어 호주에서는 지난 몇 간간 그 수가 세 배 증가했다. 전기 자전거는 1회 충전으로 약 80킬로미터를 주행하며, 일부 신형 스쿠터들은 128킬로미터까지도 갈 수 있다.

하지만 원료, 생산, 운송 문제까지 고려하면, 그림은 좀 더 복잡해진다. 최근 미국의 한 연구는 전체 수명 주기를 고려하면 전기 자전거와 전기 스쿠터가 버스, 걷기, 일반 자전거보다 못하다는 사실을 증명했다. 그리고 배터리 문제도 있다. 전기 차(202쪽 참조) 경우와 마찬가지로, 모터 구동 배터리는 생산 시 에너지와 자원이 많이 들고 폐기도 어렵다. 게다가 충전 시 사용되는 에너지가 재생 가능한 것으로 공급된다는 보장도 없다.

전기 자전거 및 전기 스쿠터와 자동차 중에서 선택한다면 자전거나 스쿠터를 골라라. 하지만 걷기나 일반 자전거와 비교하면, 전기식이 더 친환경적이지는 않다.

도시의 어떤 교통수단이
오염을 가장 덜 일으킬까?

도시 여행이 얼마나 친환경적인가 하는 문제는 부분적으로는 지역 당국의 배출량 감소 계획과도 연관이 있지만, 당신의 개인적 선택들도 중요한 요인으로 작용한다.

도시의 공기 질은 늘 문제가 된다. 도시에서의 탄소 배출은 지구의 기후 위기를 악화시킬 뿐만 아니라, 그 도시에 사는 사람들에게 유독한 수준으로 대기를 오염시킨다. 그것이 우리 몸에 미치는 모든 영향에 대해서는 이제 막 알려지기 시작한 상태이다. 호흡기 건강에 미치는 영향은 잘 기록되고 있지만(어린아이와 노인들이 특히 취약함), 그 밖에도 공기 오염이 인지 건강에도 영향을 주고 코

로나19에 대한 취약성에도 한몫을 한다는 사실이 밝혀졌다. 도시 오염을 철저하게 줄이는 것은 건강을 유지하는 열쇠이자, 기후 변화와의 싸움에서 중대한 일보이다.

보다 친환경적인 도시들
앞서 생각하는 도시들은 전기식 또는 탄소 중립적인 대중교통 체계에 투자하고, 자전거 도로를 더 많이 설치하고 있

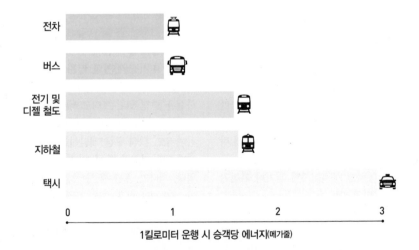

▲ 이것은 여러 가지 교통수단을 최대 수용 인원으로 운행했을 시의 에너지 효율성을 나타낸다. 더 효율적인 수단이라는 것은(재생 가능한 방식으로 공급된 에너지와 결부되어) 배출량이 더 적음을 의미한다.

다. 그 외에도 차 없는 날에서부터 보행자 전용 구역 늘리기, 공해차량 제한지역 지정, 배출량이 적거나 없는 교통수단에 대한 지원 확대에 이르기까지, 다양한 계획들이 시행되고 있다.

개인적 수준에서는 걷기, 자전거 타기, 대중교통의 환경적 장단점들 유념하기 등이 가장 친환경적인 일이 될 수 있다.

- **걷기와 자전거 타기**는 도로에서 이산화탄소를 배출하지 않는다.
- **전차**는 평균 이동 시간과 승객 수 같은 요인들을 고려할 때 가장 친환경적인 교통수단들 중 하나이다. 전기식 전차는 가스를 배출하지 않으며, 재생 가능한 에너지를 사용하는 것들은 특히 더 친환경적이다.
- **버스**는 효율적으로 운영될 경우 전차를 거의 따라잡을 정도로 친환경적이다. 가장 친환경적인 버스는 승객 수가 많고, 이용이 쉽고 수요가 많은 노선을 제공하며, 지속 가능한 에너지원으로 바꾸었거나 바꿔가고 있는 것들이다. 영국에서는 2006년 런던의 버스들에 처음으로 하이브리드 엔진을 도입했고, 전기 및 수소 버스들이 뒤를 이었다. 많은 유럽 국가들 역시 수소 버스로 바꿔가고 있다.
- **지하철**은 승객들에게는 공해가 될지 모르지만, 환경적으로는 버스 바로 다음으로 친환경적이다. 대도시들에서는 지하철이 많은 사람들을 목적지에 빠르게 데려다주기 위해 만들어진다. 예를 들어 런던에서는 코로나19 이전에 매일 300~400만 명이 지하철을 이용했다. 런던 지하철은 브레이크의 힘을 활용해 재활용 에너지를 만드는 등, 지속 가능한 연료 방안들을 고려하고 있다.
- **'친환경' 택시**는 배출량이 없거나 적은 차들로, 현재 일부 도시들에서 운행된다. 택시 호출 앱은 대중교통 이용자 수를 줄이고, 사람들이 걷거나 자전거를 타기보다는 택시를 타도록 조장할 수 있기 때문에(2018년 미국의 한 보고에 따르면 응답자의 60%가 이것이 사실이라고 말했다), 환경적 영향에 대한 논란이 계속되고 있다. 택시 앱은 도로 위의 자동차 수를 늘려 도시의 혼잡도를 증가시켰으며, 이는 비전기식 탈것들의 속도를 늦추어 공기 오염을 심화시키는 결과를 낳았다. 택시 앱을 사용한다면, 부디 카풀 옵션을 선택하라.
- **페리**는 도시를 돌아다니기에 좋은 방법처럼 보이지만, 그것의 환경적 효율성은 사용되는 연료 공급원과 규제 방식에 따라 달라진다. 대부분 화석연료로 페리를 운행하는 도시들에서는, 페리로 인한 배출량이 자동차로 인한 것보다 약 1백 배 더 많다. 유럽에서는 점점 더 많은 도시들이 통근자들을 위한 전기 페리에 투자하고, 자동차를 대체하기 위해 더 긴 노선을 개발함으로써 페리를 점차 친환경적인 선택으로 만들어가고 있다.

전기 차는 얼마나 친환경적일까?

전기 차는 친환경 교통수단의 혁명으로 칭송받지만, 그 깨끗한 정도는 부분적으로는 그것이 어떻게 만들어지는지, 그리고 동력이 되는 에너지가 어디서 공급되는지에 달려 있다.

영국에서 신규로 등록되는 차량의 10%를 차지하는 전기 차는 기후 위기에 대한 열망적인 해결책으로 간주된다. 하지만 전기 차로 인한 배출량 추정치는 상당히 다르며, 여러 가정들에 의존한 것이다. 어느 보고는 전기 차 한 대의 평생 배출량을 휘발유나 디젤차 배출량의 3분의 1로 추산했다.

종류와 관계없이 자동차를 생산할 때는 탄소 비용이 발생한다. 전기 차의 경우에는 그 대부분이 배터리와 관련되어 있다. 전기 모터를 움직이는 구동 배터리 제작은 배출량이 엄청나게 많은 과정이다. 전기 차 제작 시에는 평균적으로 8.8톤의 이산화탄소가 발생하며, 휘발유 차는 5.6톤이 발생한다. 일단 사

2050년까지 유럽 전기 차들의

이산화탄소 배출량이

73% 줄어들 것으로 예측된다.

용되기 시작하면 완전 전기 차의 경우 탄소를 직접적으로(배기가스의 형태로) 발생시키지는 않지만, 브레이크와 타이어 먼지로부터 발생되는 공기 오염 입자들은 여전히 존재한다. 그리고 충전에 관한 한, 전기 차가 친환경적이려면 배터

리를 구동하는 데 사용되는 전기가 친환경적이어야 한다. 그 전기가 재생 가능한 에너지원으로부터 공급된다면 더할 나위 없이 좋다. 재생 가능한 에너지가 더 널리 이용될수록(134~5쪽 참조) 전기 차도 더 친환경적이 될 것이다.

전기 차라고 다 같지는 않다. 배출량은 하이브리드, '주행거리 연장형(range extender)', 완전 전기 차가 다 다르다.

- 완전 전기 차는 배터리를 주전원으로 충전한다. 재생 가능한 에너지를 사용한다면, 주행 시 배출량은 0이다.
- 주행거리 연장형은 저속 주행 시에는 소형 예비 엔진으로 배터리를 구동시켜 재충전 전까지 더 멀리 운행할 수 있다. 이 차들에는 약간 작은 배터리들이 사용되어 생산 시 환경적 영향이 줄어들지만, 대부분의 경우에는 여전히 화석 연료로 움직이는 연소 기관이 사용된다.
- 하이브리드는 일반 연소 기관과 구동 배터리(브레이크를 밟을 때, 그리고 고속으로 주행 시 엔진에서 발생하는 에너지를 저장하는)를 모두 갖고 있다. 일부 하이브리드 차들은 플러그를 꽂아 충전할 수도 있다. 추가적인 무게 때문에 효율이 떨어져서 고속으로 달리면 배터리가 꽤 빨리 닳는다.

에어컨을 거는 것과 창문을 열고 달리는 것 중 어느 쪽이 더 친환경적일까?

에어컨 사용이 가장 친환경적인 냉방법인지 여부는 언제 사용하느냐에 달려 있다.

자동차 에어컨은 배터리로 가동되며, 배터리는 휘발유나 디젤차의 경우 엔진으로 재충전된다. 에어컨 사용은 연료 소비를 늘린다(아니면 전기 차의 경우에는 더 잦은 배터리 충전이 필요하다). 하지만 창문을 내리고 달리면 고속에서 항력이 발생하는데, 그러면 차의 속도가 느려져 같은 속도를 유지하는 데 더 많은 연료가 필요하게 된다. 두 가지 방법이 다 연료 효율을 떨어뜨리는 상황에서 어느 쪽을 선택해야 할까?

답은 운행 속도에 따라 다르다. 고속도로에서는 당신의 차가 가능한 한 공기 역학적이어야 연료 효율이 높아지므로 에어컨을 사용하는 것이 더 친환경

적이다. 반면에 도심에서는 창문을 내리는 편이 더 나은 선택이다. 짧은 거리를 이동할 때는 에어컨을 틀면 연비를 25%까지(아주 더울 때) 줄일 수 있다. 다음과 같은 점들을 유념하도록 하라.

- 시속 90킬로미터 미만에서는 보통 창문을 내리는 것이 더 연료 효율적이며, 시속 90킬로미터가 넘으면 에어컨이 더 친환경적이다.
- 차에 타기 전에 차 문과 창문들을 열어놓으면 뜨거운 공기를 없앨 수 있다.
- 교통 체증에 걸리면 가능한 한 에어컨을 꺼서 에너지 소비를 줄여라.
- 가능하면 그늘에 주차하라.

새 차 구입 시
가장 친환경적인 선택은?

가장 친환경적인 선택은 아예 차를 소유하지 않는 것이지만, 그래도 운전을 하고자 한다면 전기 차를 받아들이거나, 다른 방식으로의 전환을 계획해야 할 때이다.

전기 차는 생산 시 많은 탄소 비용이 발생하지만(202쪽 참조), 휘발유나 디젤차와 비교할 때 더 많은 배출량은 사용 시 배출량에 의해 2년 내에 상쇄된다.

중고 하이브리드 또는 전기 차도 좋은 선택이 될 수 있다. 전기 차의 경우 배터리의 수명 주기를 고려해야 하지만, 대부분은 제조업체가 5~8년이라는 상당한 보증 기간을 준다. 새 휘발유 차는 보통 오래된 휘발유 차에 비해 연료 효율이 좋지만, 화석 연료로 움직이는 차를 한 대 더 사는 것은 가장 친환경적이지 못한 일이다. 많은 나라에서 향후 10여 년간 휘발유 차의 구매가 금지되었으니, 우리는 그러한 탈것들로부터 서서히 벗어나야 한다.

자동차 임대

차 사용을 전체적으로 줄이고 싶다면, 차를 소유하지 말고 정말 필요할 때만 빌리는 것이 좋은 해결책이 될 수 있다. 이 방법은 또 걷기, 자전거 타기나 기차 및 버스 이용을 장려하는 효과도 있다. 일부 도시들은 전기 차 단기 임대 제도

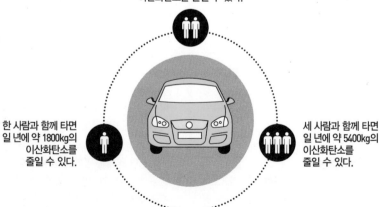

두 사람과 함께 타면 일 년에 약 3600kg의 이산화탄소를 줄일 수 있다.

한 사람과 함께 타면 일 년에 약 1800kg의 이산화탄소를 줄일 수 있다.

세 사람과 함께 타면 일 년에 약 5400kg의 이산화탄소를 줄일 수 있다.

▲ 자동차에 더 많은 사람이 함께 탈수록, 이산화탄소 배출량이 더 많이 줄어든다.

를 운영한다.

카 셰어링

카풀 제도는 새로운 것이 아니다. 일부 나라들은 카풀 차선을 지정하는 등 이러한 제도를 장려하지만, 그것이 별다른 인기를 끌지 못하는 곳들도 있다. 그럼에도 불구하고 카풀은 교통 체증을 줄이고 자동차 의존적인 우리의 습관을 바꿔준다는 점에서 훌륭한 아이디어이다. 다른 사람들과 카 셰어링을 함으로써 당신은 온실 가스 배출을 상당히 줄일 수 있다.

요즘에는 동행자들과 짝을 맺어주고 비용을 분담할 수 있도록 도와주는 카풀 앱들이 있다. 당신이 안심하고 이용할 수만 있다면, 그것은 편리한데다 배출량도 줄여주는 해결책을 제공할 것이다.

차 사용을 최대한 줄이는 것이 보다 친환경적인 세상으로 나아가는 열쇠이다.
- 정말 지금처럼 자주 차를 쓸 필요가 있는지, 아니면 차 없이도 그럭저럭 지낼 수 있는지를 평가해보라.
- 먼 거리를 가기 위해 차를 임대할 때는, 가능하면 하이브리드나 전기 차를 선택하라. 만약 불가능하다면 연료를 많이 소비하는 SUV보다는 경제적인 휘발유 차 모델로 골라라.
- 더 이상 주행할 수 없는 차 대신 새 차를 구매한다면(그리고 금전적 제한이 없다면), 가장 친환경적인 선택은 새 전기 차를 사는 것이다.

교통 체증 시에는 공회전이 나을까, 시동을 껐다가 다시 거는 게 나을까?

휘발유나 디젤 엔진을 몇 분씩 공회전시키는 것은 무해해 보일지 모르나, 이러한 습관은 전혀 친환경적이지 않다.

공기 오염은 가장 심각한 환경 문제들 중 하나이며 도시 지역이 확장됨에 따라 향후 몇 년간 더 심해질 예정이다. 정지 상태에서 엔진을 계속 켜두면 공기 오염이 늘어나며, 이는 모두의 건강에 영향을 미친다. 자동차 배기가스는 유독할 뿐만 아니라 온실 가스의 주범이 된다.

이 경우 상황은 꽤 단순하다. 정지 시 엔진을 10초 이상 공회전시키면 엔진을 껐다가 다시 시작하는 것보다 더 많은 에너지를 소모하고, 온실 가스도 더 많이 배출된다. 이것의 누적 효과는 분명한 영향을 낳아서, 엔진을 공회전시키는 대신 꺼두는 10분마다 0.5킬로그램의 이산화탄소를 줄일 수 있다. 다행히 이는 끊기 어렵지 않은 습관이다.
- 자동차가 멈추면 엔진을 꺼라. 많은 신형 차들은 자동적으로 엔진이 꺼지게 되어 있다.
- 도로에서의 오염 문제를 전체적으로 없애려면 전기 차로 바꿔라(202쪽 참조).

비행기 여행은 포기해야 하나?

비행기를 아예 타지 않는 것이 가장 친환경적이긴 하지만, 만일 불가능하다면 비행기 여행 시 당신이 환경에 미치는 영향을 줄이는 데 도움이 되는 몇 가지 조치들이 있다.

2019년 전 세계 항공 업계는 총 온실가스 배출의 2%를 차지했다. 비록 이것은 전 세계 자동차 산업보다는 적은 수치이긴 하나, 더 국제화된 세계에서 비행기 여행이 점차 늘어남에 따라 계속 상향 궤도를 그리고 있다. 뉴욕과 런던을 오가는 비행기의 승객당 이산화탄소 배출량은 개발도상국의 일반적인 국민 한 사람이 일 년 동안 배출하는 양보다 많다. 일부 항공사들은 화석 연료의 대안을 찾기 위해 노력하고 근거리 비행용 전기 비행기를 개발하고 있지만, 항공이 탄소 중립적이 된다는 것은 아직 까마득한 이야기이다.

한 시간의 비행으로 평균
250kg 이산화탄소 환산량이
배출된다.

증가 추세
비행기 여행을 포기하고 느린 여행, 국내 여행으로 바꾸는 것은 대부분의 다른 친환경적 조치들을 능가할 만큼 개인적 배출량을 줄이는 최선의 방법이다. 한 해에도 여러 번 비행기를 타는 것이 흔한 나라들에서는 비행기 여행에서 벗어나려는 움직임이 인기를 끌고 있다. 스웨덴인들의 23%는 '플뤼그스

캄(flygskam, 'flight shame', 비행기를 타는 것은 수치라는 의미–옮긴이)'을 이유로 연중 비행 횟수를 줄였는데, 이는 부분적으로는 환경운동가 그레타 툰베리의 비행기를 타지 말자는 주장 덕분이었다. 그녀의 주장은 신세대들이 느린 여행의 즐거움을 재발견하게끔 영감을 주었다. 하지만 업무상, 또는 외국에 사는 가족을 방문하기 위해 때로는 빠른 여행이 불가피한 사람들도 많다.

2020년 초 봉쇄령 기간에 비행은 90%가 줄었다. 불과 몇 달 전만 해도 환경운동가들이 불가능하다고 여겼던 일이었다. 그 결과, 도시 지역의 공기 오염이 사라져 새들이 소리 높여 노래하고, 많은 사람들이 공중 보건의 위험과 환경 파괴 가능성을 고려할 시 비행, 특히 출장의 필요성을 재평가하게 되었다. 많은 공항들이 더 이상 몸집을 늘리지 않게 된 것은 그 지역 환경과 전 지구적 이산화탄소 배출량 측면에서 큰 이점이다. 그러나 이러한 우리의 행동 변화가 과연 계속 이어질까?

비행기 여행을 하지 않기로, 아니면 줄이기로 마음먹었다면 다음을 지키도록 하라.

- 당신의 서약을 소셜 미디어를 통해 공유함으로써 다른 사람들까지 고무시켜라.
- 휴가 때에는 장거리보다는 집에서 가

2019년의 비행 횟수는
거의 **3900만 회**에 달했다.

배출량의 **25%**는
착륙과 **이륙** 시 발생된다.

2014년, 영국에서 비행의 **70%**는
영국 인구의 **15%**가 이용했다.

까운 곳에 목적지를 정하고, 기차, 페리, 자전거, 버스, 또는 자동차로 여행할 계획을 심혈을 기울여 세워라.

- **휴가 횟수는 줄이되 기간은 길게** 함으로써 여행 기간을 더 길게 잡을 수 있게 하라. 예를 들어, 며칠밖에 안 되는 짧은 휴가들을 1~2주 기간의 휴가로 합치고, 기차로 여행하라.

그래도 비행을 해야 한다면 환경적 영향을 최소화하는 방법은 다음과 같다.

- **당신의 탄소 배출을 상쇄하라.** 항공사가 예약 과정에서 이를 제공하는 경우도 있지만, 그렇지 않다면 개인적으로 상쇄하기란 결코 쉬운 일이 아니다. 나무 심기가 가장 흔한 상쇄 방식이라 당신이 심은 나무의 상태를 실시간으로 알려주는 소비자 친화적인 나무 심기 앱들이 많이 생겨나고 있다. 하지만 여러 논란이 있는 분야이므로(208~9쪽 참조) 계획을 잘 세워야 한다.

- **보다 친환경적인 항공사를 선택하라.** 모든 비행기가 다 똑같은 양의 탄소를 배출하는 것은 아니다. 승객 수용력, 항공기 종류 등의 요인들이 그 비행의 환경적 영향을 달라지게 한다. 항공사와 항공기 종류를 비교해 선택에 도움을 주는 온라인 계산기들이 있다. 친환경적인 여행사들에 대한 수요가 높아질수록 업계도 더 빠르고 폭넓게 반응할 것이다.

- **직항을 이용하라.** 배출량의 대부분이 기타 비행 시보다는 이륙 시에 발생되므로, 장거리를 비행하는 경우에는 구간 수가 가장 적은 여정으로 선택하라.

- **가볍게 여행하라.** 비행기가 무거워질수록 배출량도 늘어나게 되므로 짐을 줄여라(근거리인 경우에는 특히 더). 옷과 세면도구를 최소화하고, 가능하면 종이책 대신 디지털 책으로 바꿔라.

- **일반석을 이용하라.** 비행기에 사람이 많이 탈수록 공간 활용이 잘되며, 전체적으로 필요한 비행기 수가 줄어들게 된다.

탄소 상쇄가 정말 될까?

탄소 상쇄는 복잡하게 들릴지 모르지만 점차 다가가기 쉬운 일이 되어가고 있다. 정말 가치 있는 상쇄를 위해서는 올바른 마음가짐으로 접근하는 것이 중요하다.

탄소 상쇄(이산화탄소 배출을 그것에 대처할 활동에 자금을 지원함으로써 보상하는 것)는 좋은 아이디어로 보일지도 모르지만, 밝혀진 바에 따르면 문제가 있다. 이는 종종 오염을 유발하는 기업들과 관계된 것으로, 그들은 탄소 상쇄를 연막으로 삼아 자기들이 발생시키는 배출량보다 많은 양을 상쇄하기 때문에 탄소 중립적이라

고 주장하며 무제한적인 성장을 계속해 나가기 때문이다. 상쇄는 하던 대로 계속 할 수 있는 '감옥 탈출 카드' 같은 것이 아니다. 오히려 탄소 발자국 감소와 더불어 사용되어야 하는 하나의 도구이다. 최고의 시나리오는 이산화탄소 배출이나 오염을 다 멈추는 것이겠지만, 실제 생활에서는 상쇄가 필요하며, 더

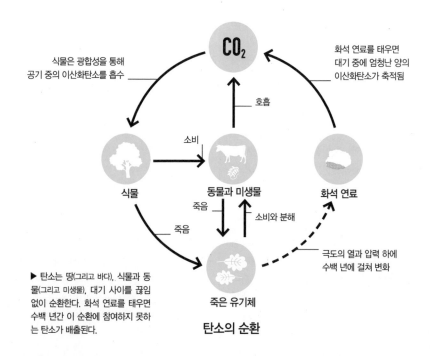

식물은 광합성을 통해 공기 중의 이산화탄소를 흡수

화석 연료를 태우면 대기 중에 엄청난 양의 이산화탄소가 축적됨

CO₂

호흡

소비

식물

동물과 미생물

죽음

소비와 분해

화석 연료

죽음

극도의 열과 압력 하에 수백 년에 걸쳐 변화

죽은 유기체

탄소의 순환

▶ 탄소는 땅(그리고 바다), 식물과 동물(그리고 미생물), 대기 사이를 끊임없이 순환한다. 화석 연료를 태우면 수백 년간 이 순환에 참여하지 못하는 탄소가 배출된다.

많은 사람이 그렇게 해야만 한다.

비록 실천하는 사람이 아직은 얼마 되지 않지만, 상쇄는 증가 추세를 보인다. 2019년, 비행기 여행객들의 단 1%만이 그들의 여정을 탄소 상쇄했지만, 이 수치는 2008년과 비교하면 140배 늘어난 것이다(상쇄가 보다 쉬워짐에 따라).

상쇄 방법은?

탄소 상쇄를 통해 당신이 휴가 동안 발생시킨 배출량의 영향을 곧바로 없앨 수는 없지만, 전 세계의 배출 총량을 줄이는 데에 도움이 된다.

탄소 배출을 상쇄하는 최선의 방법, 어떤 계획에 투자할 것인가, 또 얼마나 상쇄시킬 것인가 하는 문제들에 대해서는 논란이 있다. 상쇄 방법들로는 나무 심는 비용 부담하기, 풍력과 태양열 등 재생 가능한 에너지원에 투자하기, 산림 파괴 줄이기나 연료 효율이 높은 조리용 스토브, 태양열 조리기, 깨끗한 식수 제공 프로젝트들을 위한 기금 모금하기 등이 있다. 나무는 향후 수십 년간 탄소 흡수원 역할을 하여 증가한 이산화탄소를 빨아들임으로써 기후 변화에 대한 최고의 방어책들 중 하나가 된다.

이제 모두 다음과 같은 일에 참여할 때이다.

• 탄소 상쇄 앱이나 계산기를 사용하라. 비행뿐만 아니라 삶의 모든 측면에서 상쇄 방안들을 쉽게 찾을 수 있도록 해준다.
• 독립적 인증을 통해 검증되었거나 전년도 환경 영향 산출 결과를 공유하는 상쇄 조직을 선택하라.
• 당신이 상쇄를 함께하고자 하는 기업이 당신이 기부할 프로젝트에 대해 투명하게 공개하는지(그 위치와 목표에 대해) 확인하라. 또 그들은 정기적으로 그 진행 상황을 웹사이트에 올리거나 당신에게 직접 알려주어야 한다. 프로젝트가 진행되는 지역의 사람들을 고용하거나 그들에게 도움을 주는 기업들을 찾아라. 나무에 투자하기로

어느 인증기관의 보고에 따르면,
2018년과 2019년 사이에 상쇄권을 매입한 개인의 수는 300% 증가했다.

결정했다면 탄소 흡수원으로서 가장 효율적인 수종들, 토착민이 쫓겨나지 않아도 되는 지역들로 알아보라.
• 빠르고 쉬운 방법이 필요하다면, '탄소 상쇄권'을 구매하라. 이것은 풍력과 태양열 프로젝트 기금 조성 등을 위해 판매되는 증권이다.

"여행에 대한
태도를 바꾸는 것은
기후 붕괴에 맞서
싸우는 데 절대적으로
중요하다."

가장 친환경적인 휴가지는?

얼마나 멀리 가는지, 언제, 어디를 방문하는지에 따라 당신의 휴가는 친환경적이 될 수도, 환경적 위험이 될 수도 있다.

2019년, 총 14억 명이 휴가를 떠났다. 지구상의 일부 지역은 다른 지역들에 비해 더 많은 방문객들을 맞이했다. '과잉 관광(overtourism)'이라는 용어는 인기 있는 관광지들이 너무 많은 관광객들로 넘쳐나 환경과 주민들에게 부정적인 영향을 미치는 상황(베니스와 마추픽추처럼)을 일컫는 것이다. 과잉 관광은 주택 부족, 기반 시설의 훼손, 쓰레기와 오염의 증가를 야기할 뿐 아니라 물 공급에도 부담을 준다.

'관광 부족(undertourism)'은 방문객 수를 감당할 수 있는 지역에서 발생하는, 과잉 관광과는 반대의 시나리오를 일컫는다. 다음 휴가를 지혜롭게 계획하여 인기 있는 지역들에 사람이 몰리는 일을 완화시키도록 하라.

- 버킷리스트 관광지나 소셜 미디어에서 각광받는 곳들보다는 덜 알려진 나라를 방문하라. 아니면 국내 탐방 여행도 좋다.
- 겨울 여행처럼 비수기를 이용하거나 학교 방학을 피해 휴가를 가라.
- 지역 주민들과 그들의 생활방식을 배려하라.

과잉 관광

헝가리 👤👤👤👤👤👤👤

아이슬란드 👤👤👤👤👤👤👤👤

크로아티아 👤👤👤👤👤👤👤👤👤👤👤👤👤👤👤👤

👤 지역 인구
👤 관광객 수

관광 부족

케냐 👤👤👤👤👤👤👤👤👤👤👤👤👤👤👤👤👤👤👤👤👤👤👤👤👤👤👤👤👤👤👤👤👤👤👤

파푸아뉴기니 👤👤

탄자니아 👤👤👤👤👤👤👤👤👤👤👤👤👤👤👤👤👤👤👤👤👤👤👤👤👤👤👤👤👤👤👤👤👤👤👤

▲ 극성수기 기준 주민 대 관광객의 비율로 나타낸 관광 밀도를 놓고 볼 때, 위 나라들은 양 극단에 위치한다.

생태 관광은 무엇이며 왜 중요한가?

여행 발자국을 줄이기 위해 여행을 올 스톱시킬 필요는 없다. 지구를 더 의식하며 여행한다면 변화를 만들 수 있다.

관광업은 2019년 기준 세계의 모든 일자리의 10분의 1을 차지할 정도로 굉장히 큰 산업이다. 또 인간의 활동으로 인해 발생하는 온실 가스의 8%를 차지하기도 한다.

하지만 보다 지속 가능한 여행 방법들이 있다. 책임감 있는 관광객으로서, 우리 모두는 휴가나 일생일대의 경험이 환경에 불필요한 해를 가하지 않기를 원한다. 생태 관광은 여기서 한 걸음 더 나아간다. 환경적 영향을 줄이는 것에 그치지 않고, 당신의 휴가가 실제로 휴가지에 긍정적인 기여를 하도록 만드는 것이다. 이것은 관광을 수단으로 사람과 지구를 돕는 일이다.

당신의 다음 휴가를 최대한 친환경적으로 만들 수 있는 다양한 방법들이 있다.

- 휴가를 자연에서 더 많은 시간을 보내는 기회로 삼아라. 캠핑, 글램핑을 하고, 자전거를 타고, 걷는 휴가를 즐겨라.
- 여행을 가는 길도 하나의 경험으로 여기고, 기차나 자전거를 이용한 느린 여행을 포용하라.
- 숲, 해변이나 기타 자연 환경에 있는 '흔적 남기지 않기(leave no trace)' 표지를 잘 지켜라. 쓰레기는 적절히 처리하라. 가장 좋은 방법은 당신의 방문지에 아무런 흔적을 남기지 않고

어느 보고에 따르면 **휴가객들의 87%는 지속 가능한 여행**을 원한다.

집으로 가져가는 것이다.
- 지역 보존 프로젝트 기금 마련을 위한 자전거 투어처럼, 지역적 계획을 돕는 활동들을 찾아보라.
- 당신의 숙소가 플라스틱 프리 정책을 운영하는지(맞은편 쪽 참조), 지역적 계획을 위해 환원하는지, 지역 경제를 지원하는지 확인하라. 대형 체인보다는 친환경 호텔을 선택하라.
- 휴가를 이용해 실용적인 친환경 기술(영속농업 코스 등)을 배워라.
- 자원봉사 휴가를 조심하라. 당신은 좋은 의도였을지 모르지만, 공인되지 않은 자원봉사 프로그램들이 많고, 일주일 동안 학교 건설을 돕는다고 들이닥치는 일은 지역 사람들의 일자리를 빼앗게 될 뿐만 아니라 부족한 자원을 유용하게 쓸 수 없게 만든다.

휴가 때 플라스틱을 덜 쓰는 방법은?

평소와 다른 외출 시나 여행 시 플라스틱을 쓰지 않는 것은 하나의 도전이다. 조금만 미리 계획하면 플라스틱 프리 휴가를 즐길 수 있다.

플라스틱을 쓰지 않으려던 계획은 우리가 집을 떠남과 동시에 사라져버리고, 결국 일회용 플라스틱 소비의 증가로 이어진다. 다행히 휴가 때 플라스틱을 흥청망청 쓰는 일을 피할 수 있는 쉬운 방법들이 있다.

- 재사용 가능한 장바구니, 물병, 커피컵을 꼭 챙겨가라. 생수 대신 수돗물(마셔도 안전한 나라들에서)이나 정수된 물을 요청하라. 안전한 식수를 구할 수 없다면, 스테리펜(SteriPEN, 휴대용 정수기 브랜드-옮긴이)이나 물 살균용 알약을 구비하라.
- 재사용 가능한 커틀러리 세트(지속 가능하게 공급된 대나무로 된 것이 좋다)를 챙겨가 소풍이나 여행 중 식사 시에 사용하라.
- 호텔에 있는 미니 세면도구들을 쓰지 말고 플라스틱 프리 세면도구 키트를 싸가라. 비즈왁스 랩으로 싸거나 금속 통에 담을 수 있는 고체 치약, 대나무 면봉, 고체 샴푸와 샤워 젤 바 등을 선택하라.
- 조사를 하라. 플라스틱 프리 휴가에 대한 관심을 일깨우며 책임감 있는 사파리 여행과 모험적인 투어를 운영하는 업체들이 점차 늘고 있다. 플라스틱 프리에 관한 한, 여러 독립 호텔들이 국제적 대형 체인들보다 훨씬 앞서가고 있다.

- 미리 계획하라. 가는 길에 먹을 음식은 플라스틱으로 포장된 간편식을 구매하기보다는 집에서 싸가도록 하라.

☑ 고체 또는 플라스틱 프리 세면도구
☑ 재사용 가능한 커틀러리
☑ 재사용 가능한 물병
☑ 재사용 가능한 장바구니

▲ 휴가 때는 친환경 필수품들을 잘 챙기면 손쉽게 플라스틱 프리 여행을 떠날 수 있다.

감사의 말

끊임없는 지원을 해준 베스(Beth)와, 기자 겸 저자가 내가 할 수 있는 최고의 일이라는 생각을 심어준 우리 엄마께 감사한다. 그리고 마틴(Martin)에게도. 그가 없었다면 〈페블〉도 없었을 것이고, 방대한 환경 교육이나 긴급한 활동을 시작할 엄두도 못 냈을 것이다.

DK 팀에게, 역대 가장 지속 가능한 책들 중 하나를 창조하는 일에 몸을 던지고, 소비자들을 변화시키는 일에 도움을 주고자 애써준 데 대해 감사한다.

모든 환경운동가, 열정적인 이론가, 플래카드를 흔드는 시위자, 희망을 품은 운동가, 그리고 걱정하는 부모들에게도 감사한다.

우리가 함께 행동한다면 해낼 수 있다. 지금 시작하자.

그린워싱 어떤 기업이 환경에 더 해로운 활동들은 숨긴 채 일부 활동을 환경적으로 유익하다고 홍보하는 것.

기후 변화 인간의 활동(특히 화석 연료 연소)으로 인한 평균 온도의 상승으로 발생한 지구 기후의 장기적인 변화.

다이옥신 환경에서 끈질기게 살아남으며 먹이 사슬을 따라 축적되는 독성 화합물.

단일재배 주어진 땅에서 한 가지 종류의 작물 또는 가축(특히 농작물이나 산림 작물)만을 기르는 일.

메탄(CH_4) 화석 연료 연소, 방목 가축, 매립지에서의 부패, 쌀 경작뿐만 아니라 천연 습지, 녹고 있는 영구 동토층에서도 발생하는 온실 가스로, 이산화탄소보다 25배 더 강력하다.

미세 플라스틱 길이가 5밀리미터가 안 되는 작은 플라스틱 조각들. 큰 플라스틱이 분해될 때 물, 토양, 그리고 동물의 몸속에 축적된다.

바이오매스 어떤 지역에 있는 유기체의 총량. 또한 유기물질, 즉 식물질, 음식물 쓰레기, 동물의 배설물 등으로 만들어진 연료.

부영양화 수역에 주로 농업으로 인해 유출된 영양분들이 지나치게 많아지는 것. 조류의 과잉 성장과 수질 악화 등의 결과로 이어진다.

사막화 건조 지대의 땅이 되돌릴 수 없을 정도로 척박해져 더 이상 식물이 자랄 수 없을 정도가 되는 과정.

산림 파괴 보통은 산업형 농업을 위해 많은 수의 나무들을 벌채해 땅을 개간하는 일.

생물 다양성 주어진 지역 내의 다양한 생명체들과, 그들 간의 복잡한 상호 작용.

생분해 세균과 기타 유기체들에 의해 자연적 성분들로 완전히 분해되는 것.

생태계 생명체들의 공동체이자 물리적 환경으로, 영양분 순환과 에너지 흐름에 의해 서로 연결됨.

수소불화탄소(HFCs) 주로 냉매로 사용되는 합성 화학 물질로, 아주 강력하고 오래 남아 있는 온실 가스이다.

수압 파쇄법 고압의 액체를 지하 암반층에 주입하여 석유나 가스를 추출하는 방식으로, 논란이 많음.

오존(O_3) 지구 대기의 상층부에 한 층을 형성하는 가스로, 태양의 해로운 자외선으로부터 지구를 보호한다. 대기 하층에서 인간의 활동으로 그 농도가 증가할 경우에는 온실 가스이자 오염원이 될 수도 있다.

온실 가스 대기 중에 존재하며 태양으로부터의 열을 가두어 지구를 덥히는(온실 효과로 알려진 과정) 가스들. 6대 온실 가스는 수증기, 이산화탄소, 메탄, 이산화질소, 불화 가스, 오존으로, 이들은 존재량, 지속성, 온난 효과가 가지각색이다.

유기농 합성 화학 비료, 살충제, 또는 유전자 조작 없이 재배된 것.

유전자 변형(GM) 생물의 유전자를 조작하여 원하는 특성을 갖게 하는 일(제초제 저항성 농작물 등).

이산화탄소 환산량(CO_2-eq) 총 배출량을 이산화탄소로 환산한 양으로, 온실 가스 배출량의 척도.

이산화탄소(CO_2) 탄소 순환의 주요소. 산림

파괴와 화석 연료 연소 등 인간의 활동들로 인해 대기 중에 배출되는 주된 온실 가스이기도 함.

재생 가능한 에너지 무제한적인 또는 다시 채울 수 있는 공급원에서 나온 에너지.

재활용 가능 분해해서 재구성하여 새 물건을 만들 수 있음.

탄소 발자국 활동, 생산, 개인, 조직, 또는 서비스에 의해 직접적 또는 간접적으로 발생하는 온실 가스 배출량.

탄소 상쇄 대기 중의 탄소량을 이전의 활동으로 인해 배출된 탄소량만큼 감축하는 활동을 조정하거나, 그러한 활동에 투자하는 과정.

탄소 순환 탄소가 대기, 바다, 생명체 사이를 이동하는 과정, 208쪽 참조.

탄소 흡수원 방출량에 비해 대기로부터 더 많은 탄소를 흡수하는 체계. 주요 천연 탄소 흡수원으로는 식물, 바다, 토양이 있다.

퇴비화 가능 특정한 조건(퇴비)에서 비교적 단시간 내에 세균과 기타 유기체들에 의해 자연적 성분들로 분해될 수 있음.

파라벤류 보통 화장품과 개인 관리 용품의 보존제로 사용되는 합성 화학 물질들로, 호르몬 기능 파괴와 같은 건강 문제들을 야기할 수 있다고 알려져 있다.

해양 산성화 바닷물이 대기 중의 이산화탄소를 흡수해 산성화되어, 그 안에 사는 종들에게 영향을 끼치는 화학적 과정.

화석 연료 오랜 옛날 부패한 유기 물질로 인해 형성된 천연 생성물로 원유, 석탄, 천연 가스 등이 있다. 이제는 인간이 에너지원으로 사용한다.

휘발성 유기 화합물(VOCs) 실온에서 쉽게 휘발되는 특정 화학 물질들. 건강에 해롭고 흔한 재료들(페인트, 접착제, 세제, 건축 자재 등)에서 방출되는 경우가 많다.

ㄱ

가공식품 44, 56, 57
가구 설비 120~121
가방, 장보기 112~113
가스레인지와 오븐 20
가정 난방 시스템 136
가정 냉난방 136~137
가죽 102~103
가축 사육 34, 35, 41, 67
개와 고양이 190, 191, 192~193
개인의 행동주의 16~17
건조기 99
걷기 198, 201
검은색 플라스틱 114
격막/캡 180
견과류 우유 43
고무 131, 180
고무젖꼭지 187
고양이 모래 193
곤충 유인 148
골프 176~177
공급망 48, 49, 50, 51, 56, 66, 117, 118~119, 163, 186
공기 오염 13, 66, 84, 92, 137, 151, 200, 205
('이산화탄소 배출'도 참조)
공기 질, 실내 162~163
공유 오피스 166
공정 무역 45, 51, 57, 59, 105, 123
공정 채굴 105
과산화수소 84
과일과 채소 기르기 49, 52, 156~157

과잉 관광 211
과잉 소비 91, 100
교통수단 48, 49, 198, 200, 206, 207
국제산림관리협의회 120, 169
귀리 우유 43
그레타 툰베리 206
그린워싱 51, 84
금과 은 105
금속 가구 121
금속 포장재 114~115
기기 대기 모드 138, 139
기저귀 185
기차 여행 199
기후 변화 10, 12, 43, 128, 147, 200
기후 비상사태 10~11, 185
꽃, 절화 123, 163
꾸미기 프로젝트 122

ㄴ

나무 바닥 122
나무 심기 207, 209
난방 시스템 136~137
남획 39
냉방 203
냉장고 21, 27
네오프렌 177
노천 채굴 193
노트북과 태블릿 141, 142
녹색 요금제 134, 135
농업 34, 36, 42, 44, 67

ㄷ

다이옥신 30, 76, 78
단열 137
단일재배 15, 40~41, 46, 56, 57
달걀 35
닭고기 34
대기 모드 138, 139
대나무 73, 77, 92, 94~95, 195
대마 94~95
데이터 센터 168
데크 154, 155
도시 200~201
도시락 통 125
돌 포장 154, 155
동물 복지 36~37, 82~83, 95, 190~191
두부 41
두유 43
드라이클리닝 101
디자인 146~147
디지털 작업 168

ㄹ

라텍스 131, 180, 181
랩 53, 65
레조메이션('수분해장') 195
리넨 94~95

ㅁ

마이크로 그리드 135
머리 염색제와 이완제 84
메탄 12, 36, 37, 129, 160, 190
면 12, 31, 94~95, 113, 187
면도 73
면도기 73
면봉 87
멸종 14, 148
목욕과 샤워 72
목재 가구 120, 121
무리한 경작 15
문구류와 사무용품 167
물 안보 12~13
물병 125, 177
물주기 153
물티슈 83, 87, 187
미세 플라스틱 30, 53, 80, 85, 87, 92, 96~97, 99, 112, 114, 130, 183

ㅂ

바닥 포장재 154~155
바비큐 64
바이오 플라스틱 114
바이오매스 134, 135
바이오매스 보일러 137
반려동물 기르기 190~193
반려동물 먹이 190, 192~193
반려동물 장난감 191
반짝이 103, 128
반채식주의자 35
반품 117

방취제 75
배변 봉투 193
배양육 37
배터리 140, 199, 202, 203, 204
백 포 라이프 113
버스 198~199, 201
벌레 사육장 161
벽돌 포장 155
벽지 122
변기 물 내리기 77
보석 105
보험 175
부영양화 41, 42, 150
불꽃놀이 130
블록체인 기술 50
비건 가죽(플레더) 102~103
비건 식단 34~35, 62
비누와 샴푸 74~75
비닐 터널 159
비데와 물 분사기 76~77
비료와 살충제 15, 41, 46, 47, 57, 58, 62, 148
비스페놀 A(BPA) 187, 189
비즈왁스 랩 53, 65, 115
비코프(B Corp) 51, 174
비행기 여행 199, 206~207
빌 37
빗물 수집 151, 153
빗물 정원 147
빨래 자연 건조 99

ㅅ

사막화 90
사물 인터넷 139
사슴 고기 37
산림 파괴 12, 40, 42, 45, 55, 58, 68, 82, 90, 105, 120, 134
산업형 농업 10, 34, 35, 40~41, 42, 56, 57, 68
살충제 148
새 차 사기 204, 205
새우 55
색종이 조각 131
샐러드, 포장된 55
생리 팬티 78, 79
생리컵 78, 79
생물 다양성 12, 14, 39, 42, 45, 46, 54, 56, 62, 146
생분해되는 재료들 29, 30, 31, 52, 59, 79, 81, 86, 87, 94, 95, 99, 101, 103, 104, 107, 131, 159, 177, 181, 187, 193, 194, 195
생선 39, 67
생일 선물 126
생태 관광 212
샤워 72
샴푸 74~75
서핑 177
석유 생산량 15
선글라스 104
선물 126, 167
선물 포장 127
선크림 81
설거지 23, 29
설탕 57

섬유유연제 99
성생활 183
세계 인구 증가 184
세계적 문제 13~14
세계적 오염 문제 13~14, 61
세제 30, 98~99
세탁 97~99, 185
세탁기 97, 98
섹스 토이 183
소고기 34, 36, 37
소액 금융 175
소이왁스 랩 53, 65
소풍 65
소프 넛 98~99
소프트드링크 57, 61, 115
손전등 140
쇼핑 108~131
쇼핑백 112~113
수돗물 213
수량계 72
수력 발전용 댐 134
수렵육 37
수목장 194
수산화나트륨 84
수소불화탄소(HFCs) 21, 137
수소염화불화탄소(HCFCs) 21
수압 파쇄법 134
수직 농법 46~47
수질 오염 41, 78, 84, 90, 102, 103, 140, 143 '미세 플라스틱' 도 참조
숯 64
셰이빙 폼 73
슈퍼마켓 110~111

스마트 계량기 139
스마트 홈 기술 138~139
스마트폰 143
스키 176, 177
스킨케어 용품 80~81
스킨케어 제품과 화장 80~83, 187
스토브와 오븐 20
스트로 125
스트리밍 171
스트링 백 113
스팽글과 반짝이 103
스펀지와 수세미 29
스포츠와 여가 활동 176~177
식기세척기 23
식물 출처 163
식용유 45, 83
식품 신선도 유지 52, 53
신문과 잡지 173
실내용 식물 162~163, 167
실리콘 180, 183
실링팬 137
실크 94~95, 97
쌀 우유 43
쓰레기 14, 22, 25~27, 56, 65~67, 69, 73~74, 78, 85, 87, 91, 101, 103~104, 110~111, 118, 160~161
쓰레기 줍기 177
씨앗 163
씨앗 종이 128

아기 물티슈 185, 187
아몬드 밀크 35, 43
아보카도 35, 55
아세테이트 104
아이 갖기 184~185
아이들 물건 189
안경 104
안경과 선글라스 104
알루미늄 캔 115
알루미늄 포일 53, 65
알약 180, 181
암모니아 84
액상 과당(HFCS) 57, 61
야생화 서식지 147, 148~149
야생화 초원 148, 151
양고기 34, 36
양식 어류 39
어항 190
에너지 배출 감사 167
에어컨 137, 147, 203
에코에그(세탁) 98
엔젤 투자 175
엔진 공회전 205
여러 사람을 위한 케이터링 69
여행 213
여행용 키트 213
열섬 154
열펌프 137
염화불화탄소(CFCs) 21
영국/미국 규제 22
영속농업 15, 158
영수증, 종이 111
오염 12, 13
오존 12, 21

옥상 녹화 147
옥수수 56, 57
온라인 쇼핑 116~117
온라인 주문 116~117
온실 가스 12, 21, 34, 36, 42, 129, 134, 140, 185, 198, 205 '이산화탄소 배출'도 참조
온실 가스 배출 34, 36, 42, 44, 48, 49, 67, 190, 198, 200, 206, 207
올리브유 45
옷 만들기와 수선 93
옷걸이 101
옷과 신발의 재활용 106~107
와인, 맥주, 증류주 62~63
왁싱 73
완두콩 단백질 우유 43
외국의 반려동물 190~191
외식 66~67
요리법 20
욕실 70~87
욕실 쓰레기 73, 74, 78, 85, 87
우유, 유제품이 들어 있지 않은 42~43
울 94~95, 97
웨트슈트 177
위생 용품 78~79
유기농 46~47, 51, 186
유기농 고기 37
유기농법 15, 37, 46~47, 51
유리 포장재 114~115
유리(안경) 104
유리와 금속 용기 22, 114~115

유아용품 187
유전자 변형(GM) 작물 41, 43, 46
유제품 34, 35, 42
육류 소비 34, 35, 36~37, 67
육류와 유제품 34, 35, 36~37, 41, 67
윤활제 181, 183
은행 업무 174~175
음식 용기 22
음식 포장 52, 53, 58, 59, 61, 65, 68, 118
음식물 쓰레기 14, 22, 25, 26~27, 56, 65, 66, 67, 69, 110~111, 118, 160, 161
음식점 66~67
의류 92, 96~97
의류 및 패션 쓰레기 14, 91, 101, 103, 104
이메일 171
이산화탄소 배출 15, 118~119, 이유식 186
이탄 44, 157
인권 문제 91, 140, 141
인덕션 20
인사 카드 128
인조 잔디 155
인증 51
인터넷 사용 168, 170
일터 167
일회용 플라스틱 52, 61, 74, 97, 112, 113, 125, 167, 186
입양과 위탁 양육 185
잉크 8

자갈 154, 155
자기가 먹을 식품 직접 기르기 49, 52, 156~157
자동차 여행 199
자선적 기부 175
자연 방목 동물 51
자연 방목 제품 51
자원봉사 휴가 212
자전거 타기 198, 199, 201
잔디 150~151, 155
잔디깎이 151
장난감 188~189
장보기 27, 110~111, 115, 119
장식용 깃발과 색 테이프 131
장신구 105
장작 난로 137
재사용 가능한 부대용품 125, 213
재사용 가능한 컵 60, 125
재생 가능한 에너지 134~137, 202
재활용 에티켓 22, 24~25
재활용 플라스틱 25, 30, 73, 121
전기 스쿠터 199
전기 자전거 199
전기 차 111, 116, 202, 204, 205
전기레인지와 오븐 20
전기면도기 73
전동 칫솔 86
전자 폐기물 141, 142
전자책 9, 172

전차 201
절화 생산 123
정원 159
정원에 물 주기 153
제로 웨이스트 푸드 숍 45,
115, 119
제철 49, 67
종이 8, 168, 169
종이 없는 사무실 168
종이 제작 169
종이봉투 112, 113
주방 30, 159
중수 153
지역에서 생산된 48~49, 50,
52, 67, 111
지하철 체계 201
집에서부터 걸어가기 166

ㅊ

차 임대 204~205
차아염소산 나트륨 30
창의적인 요리 27
책 바꿔 보기 172
책 생산 172
책 인쇄와 출판 8~9, 172
천연 자원, 고갈 13, 15
청바지 97, 99
체육관 177
출산파업(BirthStrike) 185
치실 87
치아 시드 55
친환경 매장 194~195
친환경 식품들 55

친환경 유아용품 187
친환경 일터 166~167
친환경적인 천연 섬유 94~95
칫솔 86, 115

ㅋ

카 셰어링 199, 205
커피 캡슐 58~59
커피와 커피 만들기 58~59, 60,
202
컴퓨터 141, 142
코로나19 유행병 10, 16, 200,
206
코일/IUD 180~181
코코넛 밀크 43
코코넛 오일 45
콘돔 180, 181
콘크리트 154, 155
콘택트렌즈 85
콤팩트 형광등(CFL) 167
콩 12, 40~41, 158
퀴노아 55
크리스마스트리 129
클라이밋와이즈(ClimateWise)
175
키친타월 31

ㅌ

탄소 상쇄 9, 168, 207, 208~209
탄소 순환 150, 208
탄소 흡수원 12, 46, 129, 146,
157, 209

탐폰 78, 79
태양열 발전 111, 134, 135
택시 201
토양 건강 15, 46, 56, 146,
153
토양 침식 15, 46
토트백 112, 113
통근 166
퇴비 157, 160
퇴비 더미 160
퇴비화 25, 59, 157, 160
퇴비화 매장 195
투자, 윤리적 175
티 타월, 냅킨, 행주 31
티백 59

ㅍ

파라벤류 75, 80, 82, 180
파티 장식 131
판지 22, 24, 68, 69, 121,
160, 189, 194
판촉물 계획 167
팜유 44~45, 80, 82, 83
패스트 패션 90~91
패스트푸드 68
팻버그 87
퍼클로로에틸렌 101
페리 201
페어 와일드(Fairwild) 51, 81
페인트 122
폴리비닐 클로라이드(PVC) 102,
103, 141, 155, 188
폴리우레탄(PU) 29, 102

폴리프로필렌 59, 60, 87
풍력 터빈 134, 135
풍선 131
프린터 토너와 카트리지 167
프탈레이트 187, 188~189
플라스틱 포장 52, 53, 58, 59, 61, 65, 68, 118
플라스틱 프리 159
플러그 138, 139
피임 180~181

하이브리드 차량 201, 202, 204
합성 섬유 92, 96, 99
항공마일 35, 48, 66, 67, 156, 188
항생제 내성 36
해양 산성화 15
헬륨 풍선 131
헴프 우유 43
홍수 154, 193
화분 159
화석 연료 20, 64, 134, 208
화장 82~83, 194~195
환경, 사회, 지배구조(ESG) 펀드 174
후로시키(천 포장) 127
휘발성 유기 화합물(VOCs) 120, 122, 162, 173
휴가 211~213
휴대전화 충전기 140
휴지 76~77

기 타

LED 전구 111, 167
MDF 121
TCO 인증 141

그러니까, 친환경이 뭔가요?

| 초판 | 1쇄 발행 2021년 7월 10일 |
| | 3쇄 발행 2022년 7월 30일 |

지은이	조지나 윌슨 파월
옮긴이	서지희
펴낸이	한승수
펴낸곳	문예춘추사

편집	이상실, 권민성
디자인	심지유
마케팅	박건원, 김지윤

등록번호	제300-1994-16
등록일자	1994년 1월 24일
주소	서울시 마포구 동교로27길 53 지남빌딩 309호
전화	02-338-0084
팩스	02-338-0087
블로그	moonchusa.blog.me
E-mail	moonchusa@naver.com

| ISBN | 978-89-7604-469-3 (03330) |

Original Title: Is It Really Green?: Everyday eco dilemmas answered
Text copyright © 2021 Georgina Wilson-Powell
Copyright© Dorling Kindersley Limited, 2021
A Penguin Random House Company

For the curious
www.dk.com